Das Atomgeschäft mit Brasilien

Ein Milliardenfiasko

Inhalt

Vorwort

Dieses Buch behandelt den deutsch-brasilianischen Atomvertrag. Es spricht von Größenwahn, Geldgier, Korruption, Unverstand und tropischen Merkwürdigkeiten. Aus einem Jahrhundertgeschäft wurde ein öffentliches Ärgernis. Handelskrieg statt Partnerschaft, das ist die Realität. Grandiose Pläne deutscher und brasilianischer Politiker verwandelten sich in Wirtschaftskrise, Arbeitslosigkeit und Bauruinen.

Es gibt in Brasilien ein unübersetzbares Wort, und das heißt „jeito". Es bedeutet soviel wie Geschick haben, ein Händchen haben für schwierige Situationen. Mit „jeito", so wird überall in Brasilien versichert, werden sich die Brasilianer elegant aus dem ungeliebten Atomgeschäft des Jahrhunderts wieder herauswinden. Während die 1979 an das Ruder gekommene Regierung Figueiredo Bonn noch mit treuem Blick und festen Worten ihre Atomvertragstreue beschwor, begann Brasilia die systematische Mobilisierung der öffentlichen Meinung gegen das undurchführbare Monstergeschäft.

Atomkraftgegner, vom Projekt ausgeschaltete Wissenschaftler, Physiker und Umweltschützer durften jetzt ungehindert zu Wort kommen. Um den Zorn der an Atomvertragslieferungen beteiligten Unternehmer Brasiliens zu schüren, stoppte die brasilianische Regierung ihnen die Bezahlung ihrer Rechnungen. „Kein Geld", das war die Entschuldigung, als verzweifelte Bauunternehmer im Juni 1980 ihre seit Monaten überfälligen Rechnungen bei der brasilianischen Atombehörde „Nuclebrás" eintreiben wollten. Ging die Aufwiegelung der öffentlichen Meinung nicht schnell genug, griff Brasilia zu publikumswirksamen Beschlagnahmeaktionen kritischer Zeitungen, ja selbst der Schreck von Neonazismus und Antisemitismus wurde bemüht, um Brasiliens einflußreiche jüdische Kolonie und Publizisten gegen das deutsch-brasilianische Vertragswerk einzustimmen. „Eine jüdisch-kommunistische, von Moskau und Washington gesteuerte Verschwörung von Unternehmern, Politikern, Wissenschaftlern, Militärs und Publizisten", so stufte ein der Presse zugespieltes und am 6. Juni 1980 veröffentlichtes „Dokument“ der brasilianischen Geheimdienste die Gemeinschaft der Atomkraftgegner ein.

Die harten „facts of life“ überholten jedoch 1980 Brasilias Volksaufwiegelungskampagne. Ob Brasilia vertragstreu bleiben wollte, diese Frage stellte sich jetzt nicht mehr. Mit 55 Milliarden Dollar im Ausland verschuldet, mit Wirtschaftskrise und sozialen Unruhen hatte der tönerne Koloß seinen internationalen Kredit verspielt, ja selbst deutschen Banken war das vormalige Wirtschaftswunderland Lateinamerikas mark-unwürdig geworden. Der Atomvertrag war nicht mehr realisierbar, Bonn aber blind für den jetzt aufkommenden Deutschenhaß, bestand weiterhin auf seinem Jahrhundertgeschäft.

Das Buch „Loucura Nuclear“ erschien im April 1979 erstmals in Brasilien. In der jetzt vorliegenden deutschen, überarbeiteten Fassung verzichtete der Autor auf die Kapitel „Wiederaufarbeitung“, „Schneller Brüter“, „Plutoniumswirtschaft“ und „Safeguards“. Zu diesen Themen gibt es in Deutschland berufenere Sprecher.

Das vorliegende Buch fußt auf inzwischen offiziellen Quellen. Um mögliche Konflikte und Rechtsstreitigkeiten zu vermeiden, wurde das Manuskript schon am 20. Dezember 1978 schriftlich den Firmen Kraftwerk Union AG und SIEMENS AG zur eventuellen Berichtigung und Ergänzung zur Verfügung gestellt. Nach langer interner Debatte beschlossen KWU und SIEMENS jedoch, auf eine Stellungnahme zu verzichten. Dem Autor wurde sein Angebot vom 20. Dezember 1978 Ende Januar 1979 kommentarlos zurückgesandt. Auch die Anfang April 1979 fernschriftlich und brieflich vorgetragene Bitte um Stellungnahme zum Text der im Bundeskartellamt registrierten Verträge des Weltelektrokartells der IEA (International Electrical Association) wurde nicht beachtet. Das deutsche Bundeskartellamt wusch sich dagegen wie Pilatus die Hände: „In allen Ländern der industrialisierten Welt, soweit sie Kartellgesetze haben, gibt es Regelungen für Exportkartelle. Sie sagen de facto, was im Ausland passiert; für die nationale Situation sind sie ohne Bedeutung. Wenn es also dem Vorteil inländischer Firmen dient, irgendwo in der Welt den Wettbewerb zu beschränken, dann wären wir die letzten, ihnen das zu verbieten. Unsere Gesetze gleichen damit „nur den Gesetzen der anderen.“

Seit nunmehr 125 Jahren tritt die Familie des Autors für gute deutsch-brasilianische Beziehungen ein, dafür wurde sie verschiedentlich mit Haft und brasilianischem Konzentrationslager belohnt. Der Autor selbst stand vor dem Militärgericht. Der Atomvertrag gefährdet den deutschen Namen in Lateinamerika schwerstens. Der Autor bedauert zutiefst, scheinbar gegen deutsche Interessen Stellung nehmen zu müssen.

K.R.M.

Tropisches Paradies

Schön sind sie, die Buchten von Angra dos Reis, des „Ankerplatzes der Könige". Sie würden jedem Tourismus-Prospekt Ehre machen. Hunderte einsamer Inseln, leichte Brandung, weiße Strände, tiefblaues kristallklares Wasser, dahinter sanfte, von dichten Urwäldern bewachsene Hügel, die schnell in die Steilhänge der 2.000 Meter hohen Serra da Bocaina übergehen. Schäumende Gebirgsbäche stürzen direkt in das Meer, die Bucht selber ist das Paradies der Unterwasserjäger. Über allem thront die häufig von Gewitterwolken umrahmte, einem drohenden Zeigefinger ähnliche Bergspitze des „Frade", zu deutsch Mönch.

Eine Dampfkesselexplosion zerfetzte in dieser Bucht im Jahre 1905 den Rumpf des nagelneuen Kreuzers „Aquidabã". Das Schiff versank schnell. Haie stürzten sich auf Brasiliens zum Festmahl versammelten Admiräle; es gab nur wenige Überlebende. Der Tragödie wurde ein Denkmal errichtet. Es befindet sich auf einer einsamen, der „Affeninsel" (Ilha dos Macacos) gegenüberliegenden Felsspitze des Festlandes.

Eine auf Kredit in England gekaufte Kriegsflotte sollte damals von Brasiliens unaufhaltbarem Aufstieg zur See- und Großmacht zeugen. Die „Aquidabã" versank; die furchterweckenden „dreadnoughts" „Minas Gerais" und „São Paulo", mit Rammsporn ausgerüstete Schlachtschiffe, schmückten jahrzehntelang noch die Bucht von Rio de Janeiro. Brasilien ist ein friedliebendes Land; Feinde besitzt es nicht. Einsätze der Flotte wurden deshalb nur nach Angra dos Reis, zu Feierlichkeiten und zum Paradieren vor der dortigen Marineakademie, der Schule vieler bedeutender brasilianischer Admiräle, gefahren.

Das Schlachtschiff „São Paulo" fand in den sechziger Jahren ein mysteriöses Ende. Zum Abwracken nach England geschleppt, verschwand es spurlos in einer vor den Azoren abgerittenen Sturmnacht. Die aus dem Flottenkauf stammenden Schulden wurden nie bezahlt, jedoch, wie in Brasilien üblich, immer effizient verwaltet, das heißt umgeschuldet.

Siebzig Jahre nach dem Ende der „Aquidabã“ sollte die Bucht von Angra dos Reis nun von Brasiliens endgültigem Aufstieg zur Weltmacht zeugen. So jedenfalls wollte es der deutschstämmige Diktator Ernesto Geisel.

Brasilien, der lateinamerikanische Riese, das Land der unendlichen Urwaldströme, der mächtigen Wasserfälle und des größten Wasserkraftpotentials der Welt, tat sich mit Deutschland, dem Land des Wirtschaftswunders, der qualifiziertesten Ingenieure und der tüchtigsten Verkäufer zusammen, um der Welt zu zeigen, wie die Energie des Atoms friedlich bezwungen werden kann. Deutsche Atomreaktoren, die größten der Welt, sollten Brasilien den Status einer Großmacht verleihen, Kernkraftwerke seine Visitenkarte werden.

In Deutschland herrschte Jubel über das den Amerikanern „weggeschnappte“ Geschäft. Hinweise auf die sich ausbreitenden „Favelas“, Armenviertel der brasilianischen Großstädte, auf mögliche Elends- und Hungeraufstände, Zweifel an der Solvenz der Brasilianer etwa oder Warnungen vor dem Ehrgeiz, ausgerechnet die anspruchsvollsten und teuersten Technologien des 20. Jahrhunderts im tropischen Südamerika zu erproben, all das konnte leicht als schwache Einwände abgetan werden.

Deutschlands Ruf als Industrienation stand auf dem Spiel. Den Amerikanern galt es daher zu zeigen, was die Deutschen können. Auf jedem Gebiet sollten die Rivalen lernen, was deutsche Tüchtigkeit zu leisten vermag; selbst den Ruf des „ugly American“, des häßlichen Amerikaners, galt es zu übertrumpfen.

„Warum billig, wenn es auch teuer geht?“ hieß die Devise. 51.000 Megawatt betrug der Spitzenbedarf der deutschen Elektrizitätsverbraucher im kalten Januar 1979, und Deutschland wird als eigentlich angemessen entwickeltes Land betrachtet. Die bisherige Bestandsaufnahme ergibt dagegen für Brasilien ein Wasserkraftpotential von 216.000 Megawatt, wobei noch längst nicht alle Ströme und Wasserfälle untersucht wurden. Weniger als ein Drittel des Atomstromes kostet ein umweltfreundliches Kilowatt Wasserkraft in Brasilien, „fringe benefits“ wie Flußregulierung und Bewässerung nicht eingerechnet. Trotzdem setzte die Regierung Geisel auf Atomkraft.

Die Brasilien-Verträge sicherten den deutschen Fabriken jahrelang Vollbeschäftigung, warb die KWU für sich und ihr Geschäft. „Nicht Mißtrauen wäre angebracht, sondern Vertrauen in den guten Willen zweier Länder, ihren Bewohnern mit wirtschaftlichem Fortschritt verbesserte Lebensbedingungen zu schaffen und zu sichern“, argumentierten die deutschen Kernkraftwerkbauer.

Die Freude über das „größte Geschäft des Jahrhunderts" währte kurz. Schon im Anlauf scheiterten die Meilerbauer an lokalen Tükken von „Itaorna", dem Strande des „faulen Steins", wie die Indianer, Ureinwohner der Bucht von Angra dos Reis, ihn vorausschauend nannten. Den Lateinamerikanern ging dagegen sehr schnell der finanzielle Atem aus. 45 Milliarden Dollar war das ganze Atompaket im Jahre 1979 wert. 291 Millionen Dollar waren in Angra vergraben, als im Oktober 1979 der erste Wechsel über 40 Millionen Cruzeiros (ca. 2,5 Millionen Mark) gegen die brasilianische „Nuclebras" mangels Zahlung zu Protest gegeben werden mußte.

Im März 1979 wechselte Brasiliens Regierung. Der leutselige General Figueiredo löste den wortkargen, einsamen „Alemão" Geisel ab. „Wir werden unseren Verpflichtungen aus dem Atomvertrag selbstverständlich nachkommen" verkündete die neue Regierung, wies aber gleichzeitig auf technische und wirtschaftliche Probleme hin, die die Inbetriebnahme der Meiler verständlicherweise etwas verzögern könnten.

Im März 1979 wurden die Bauarbeiten an den deutschen Reaktoren vorläufig eingestellt. Einzig 1600 mächtige, in den Sand gesetzte Grundierungspfähle zeugen von harter fünfjähriger Arbeit deutscher Experten. Wie kam es zu diesem Desaster?

Atommonopole

Die Energie des Atomes auszubeuten schien einfach. Kernspaltung erzeugt Hitze, die leicht in Dampf umgewandelt werden kann. Man nehme also ein paar schwarz schimmernde Urantabletten, fülle sie in Rohre und stecke diese in ein Wasserbad. Schon brodelt's und dampft's. Man baue eine Turbinenschaufel und einen Generator dahinter – und heraus kommt Strom. So einfach läßt sich im Prinzip das Funktionieren eines Kernkraftwerks beschreiben; und beinahe so einfach stellten sich in aller Welt Politiker, Wirtschaftler und Techniker lange Zeit auch die Praxis atomarer Stromgewinnung vor.

Das erste Kernkraftwerk der Welt nahm am 27. Juni 1954 in der Stadt Obninsk bei Moskau den Leistungsbetrieb auf, 1956 folgte der englische Reaktor Calder Hall. 1957 begann der amerikanische Meiler „Shipping Port" Strom in das öffentliche Elektrizitätsnetz einzuspeisen. Die Welt begann vom „Zum Messen zu billigen Strom" zu träumen. In den Vereinigten Staaten schossen Reaktoren wie Pilze aus dem Boden. Allein 27 Kernkraftwerke wurden zwischen 1965 und 1966 in Auftrag gegeben. Washington schätzte, daß in den USA bis zum Ende des zwanzigsten Jahrhunderts 1.000 Reaktoren in Betrieb genommen werden würden.

Die Gesamtleistung der nordamerikanischen Atommeiler erreichte Mitte 1976 bereits 40.000 Megawatt, was etwa 8 % der Gesamtleistung aller Kraftwerke des Landes entsprach. Auch in anderen Ländern wurde der Auftrag von Kernkraftwerken beschleunigt vorangetrieben. Atomstrom begann Europas Industrien und Haushalte zu versorgen. Die friedliche Nutzung der Kernkraft schien Wirklichkeit geworden zu sein.

Unter der Schockwirkung der ersten Atombomben hatten die Regierungen der USA, Großbritanniens und Kanadas im November 1945 entschieden, alle Informationen über Kernenergie strengster Geheimhaltung zu unterwerfen. Noch 1945 verabschiedete der amerikanische Kongreß das MacMahon Gesetz, das die Weitergabe oder den Export nuklearer Informationen, Technologien und Ausrüstungen verbot. Präsident Harry Truman warnte: „Die Atombombe ist viel zu gefährlich, als daß man sie einer Welt ohne Gesetz und Recht überlassen könne. Wir haben uns deshalb entschlossen, ihr Geheimnis solange zu bewahren, bis Mittel und Wege gefunden worden sind, uns und die Welt vor totaler Zerstörung zu bewahren".

Gefährlicher als die doch etwas entfernten Risiken eines Atomkrieges bot sich den Augen des State Department aber eine andere Gefahr dar: Potentielle Konkurrenznationen könnten durch billige Atomenergie eines Tages wirtschaftlich so erstarken, daß sie der amerikanischen Weltherrschaft Schach würden bieten können.

Dieser Gefahr galt es vorzubeugen. Beherrschung der Quellen strategischer Rohmaterialien gehört zu den traditionellen Praktiken alteingestammter internationaler Politik. Da ohne Uran oder Thorium weder Reaktoren betrieben noch Atombomben gebaut werden können, beschloß Washington diese Rohstoffe der Kerntechnik weltweit unter Kontrolle zu bringen. In den ersten Nachkriegsjahren beherrschten die USA buchstäblich die Vereinten Nationen. Noch im Jahre 1946 legten sie deshalb der Welt den Baruch-Plan vor, demzufolge alle nuklear verwendbaren Mineralien, sowie die gesamte Entwicklung der Kerntechnik nebst Weitergabe relevanter Informationen unter strenge internationale Aufsicht und Kontrolle zu stellen sei.

Der Baruch-Plan scheiterte nach fast zweijähriger Diskussion an der Opposition der Sowjetunion, die den Bau ihrer Atombombe nicht der Kontrolle der Vereinigten Staaten aussetzen wollte. Die Explosion der russischen Atombombe schockte die Welt im August des Jahres 1949. Washington und Moskau erkannten jedoch gleichzeitig, noch während ihres atomaren Wettrüstens, daß weitere Verbreitung von Atombomben und -technologie nicht opportun sei, und deshalb Drittländern der Zugang zur Kerntechnik und nuklearen Rohstoffen erschwert werden müsse.

Bittere Erfahrung hatte Washington gelehrt, daß ein reines Verbreitungsverbot von Atomgeheimnissen wenig fruchtete und andere Nationen nur zu stets größerer Eigenanstrengung antrieb. Präsident Dwight Eisenhower wollte klüger sein. Am 8. Dezember 1953 schlug er der Vollversammlung der Vereinten Nationen sein Programm „Atome für den Frieden" (Atoms for Peace) vor, um „die Furcht vor dem Atom aus der Seele der Menschheit zu vertreiben". Eine konsequente Bündnispolitik unterstellte potentiell bedrohte Länder dem Schutz der amerikanischen Atommacht. Ihnen wurde so der Anreiz zum Bau eigener Atomwaffen genommen.

Der U.S. Atomic Energy Act 1954 leitete die Liberalisierung der amerikanischen Atomgesetzgebung ein. 1955 schon wurde in Genf eine internationale Nuklear-Tagung veranstaltet, auf der mehr als 1.100 wissenschaftliche Arbeiten vorgelegt wurden. Alle für den Bau eines Kernkraftwerkes relevanten Daten wurden debattiert, die konkrete Möglichkeit der wirtschaftlichen Stromerzeugung durch Kernenergie überprüft, so daß „jedes Land, das über eine genügende Anzahl qualifizierter Fachkräfte, Physiker, Chemiker, Metallurgen und Elektroingenieure – sowie über Uran verfügte, ein breitangelegtes Atomprogramm starten und entwickeln kann".

1956 versammelten sich Vertreter von zwölf Ländern in Washington, um die Statuten der IAEA (International Atomic Energy Agency) vorzubereiten, die noch im September des gleichen Jahres der Vollversammlung der Vereinten Nationen vorgelegt wurden. Die Kontrolle der Nutzung der Kernenergie für friedliche Zwecke und der Ausschluß ihres militärischen Mißbrauches bildeten damals schon ein zentrales Problem, das nicht befriedigend gelöst werden konnte. Das Prinzip der auf jedes Projekt anzuwendenden Sicherungsmaßnahmen wurde von einigen Ländern der Dritten Welt als neue Form des Neokolonialismus kritisiert.

Washington wartete jedoch nicht erst den Konferenzverlauf ab, sondern begann gleich Reaktoren, Brennstoffe und Know-How an interessierte Anwärter zu liefern. Bedingung: Die Anlagen dürften nicht für militärische Zwecke benutzt werden. Das Ziel: Abhängigkeiten zu schaffen und eigenständige Nuklearforschung anderer Länder zu kontrollieren und eventuell gar zu unterbinden, was den USA auch zweifellos in einigen Fällen gelang, zum Beispiel mit Brasilien.

Weltweiter Verkauf von Leichtwasserreaktoren, die nur mit in Nordamerika angereichertes Uran betrieben werden konnten, wurde zum Hauptbestandteil der Nicht-Verbreitungspolitik Washingtons. Amerikanische Liefergarantien für Reaktorbrennstoff machten die Errichtung von eigenen Anreicherungsanlagen in den Abnehmerländern überflüssig und knüpfte ein Netz von wirtschaftlichen und technologischen Bindungen, die jeder Zeit als politisches Druckmittel angewandt werden konnten. Gute Geschäfte verbanden sich mit Nicht-Verbreitungsinteressen.

Der Schock kam am 18. Mai 1974, um 8.05 Uhr morgens, Ortszeit, als Indien als erste Atommacht der dritten Welt in der Wüste von Radschasthan in hundert Meter Tiefe eine „friedliche Atombombe" in der Stärke von 15.000 TNT – etwa der Hiroshima-Bombe, zuendete. Das Plutonium entstammte zwei Natururanreaktoren des kanadischen Typs CANDU. 10.400 Personen, unter ihnen 2.400 Wissenschaftler hatten das indische Atomforschungszentrum Trombay aufgebaut.

Die indische Bombe löste ein „Wettrüsten der Armen" aus. Pakistan wollte nicht zurückstehen. „Wir werden Indien einholen, und wenn unsere Bürger nur noch Gras essen" schwor Zulfikar Ali Bhutto, Pakistans Diktator jenes Jahres.

Die Mehrzahl aller Länder erkennt zweifellos die Gefahren, die in der hemmungslosen Ausbreitung von Atombomben liegen. Da Atomwaffen neben wenig Vorteilen erhebliche Risiken birgen, unterzeichneten viele Nationen den sogenannten Nicht-Verbreitungsvertrag und unterwarfen ihre Forschungsprogramme der Aufsicht und den Sicherheitsbestimmungen der International Atomic Energy Agency. Anderen Ländern bedeutete die „Bombe" jedoch STATUS oder Überwindung von Unsicherheit und Isolierung ihrer Regierungen.[1]

Da Kernreaktoren durch Neutroneneinfang aus dem nichtspaltbaren Uran 238 Plutonium „erbrüten", erhöht sich Tag für Tag die Gefahr weiterer Proliferation von Atombomben.
Die bedeutendsten Uranlagerstätten der Welt liegen in Nordamerika, Kanada und Australien, drei traditionell auf Nicht-Verbreitung eingeschworene angelsächsische Länder. Nur Nordamerika, Frankreich, England, die Sowjetunion und vielleicht noch China besitzen Anreicherungsanlagen, als Brennstoffverkäufer treten aber nur die USA und die UdSSR auf.

Urananreicherung durch Gasdiffusion ist teuer, Anfangsinvestitionen und anschließender Stromverbrauch hoch. Es dauert viele Jahre, bis eine Anreicherungsanlage in Betrieb genommen werden kann. Deutsche, holländische und englische Wissenschaftler entwickelten zwar ein billigeres Verfahren der Urananreicherung durch Ultrazentrifugen, dafür besitzen ihre Länder aber kein eigenes Uran.

Als die Bundesrepublik Deutschland 1974 Reaktoren und sensible, d.h. den Bombenbau ermöglichende Nukleartechnologie Ländern der dritten Welt wie Brasilien zu verkaufen begann, fiel es den Amerikanern nicht schwer, diesen Weiterverbreiter unter Druck zu setzen.

Deutsche Atommeiler brennen in Nordamerika angereicherten Kernbrennstoff. Unter Hinweis auf bürokratische Schwierigkeiten stellte die Atomic Energy Commission (AEC) schon im März 1974 ihre Lieferungen für angereichertes Uran ein. Stillstand drohte den Reaktoren der RWE (Rheinisch-Westfälischen Elektrizitätsgesellschaft); Bonn mußte auf strategische Uranreserven zurückgreifen. Kurz darauf stellte die AEC Uranlieferungen für 45 in den achtziger Jahren anzufahrende Auslandsreaktoren unter Vorbehalt. Zwei in Brasilien und zehn in Deutschland zu bauende KWU-Meiler konnten nicht mehr mit gesicherter Brennstoffversorgung rechnen. Washington argumentierte: „Die Kapazitäten der zuletzt 1956 ausgebauten amerikanischen Anreicherungsanlagen sind erschöpft".[2]

1978 wurde Washington deutlicher. James Schlesinger, ehemaliger Verteidigungsminister der Nixon-Regierung und derzeitiger Energiepapst Carters warnte: „Die Vereinigten Staaten sind Westeuropas wichtigste Lieferanten angereicherten Urans. Wenn die Europäer nicht mehr mit regelmäßigen nordamerikanischen Lieferungen rechnen können, beginnt ihre Lage ernst zu werden. Sie hängen in vielem von uns ab, zum Beispiel auch mit ihrer Verteidigung".[3]

Brasilianische Nuklearpläne

Daß Brasilien sich an dem zum Ende des zweiten Weltkriegs eingeleiteten Wettlauf der Nationen um die friedliche und militärische Nutzung der Atomenergie beteiligen würde, stand schon früh fest.

Stolz wies der brasilianische Admiral Alvaro Alberto auf der ersten Sitzung des 1946 gegründeten Atomausschusses der Vereinten Nationen den amerikanischen Baruch-Plan zurück, der die weltweite Entwicklung der Kernenergie internationalen Kontrollen unterstellen wollte. Die amerikanische Forderung nach Zusammenlegung aller nuklearen Materialien unter die internationale Verwaltung eines speziell dafür zu schaffenden Organs stieß auf Brasiliens entschiedene Ablehnung.

Als unterentwickeltes Land besaß Brasilien zwar weder genügend Kernphysiker, geschweige denn Atomforschungszentren oder die zu ihrer Schaffung benötigten gewaltigen Mittel. Es vertraute aber auf die in seiner territorialen Weite eventuell zu findenden reichhaltigen Uranlager. Warum sich unnütz anstrengen, um das Rad noch einmal zu erfinden, sagten sich brasilianische Politiker, die Welt braucht Uran, und Know-How läßt sich kaufen.

Aus dem Jahre 1947 stammt die von Admiral Alvaro Alberto entworfene These der „spezifischen Kompensationen". Brasilien sollte nach dieser Auffassung alle für Kernprojekte benötigten Mineralvorkommen verstaatlichen und Kernrohstoffe nur noch gegen Lieferung von Technologie, technischer Hilfe und Ausbildung von Wissenschaftlern liefern.[4] Washington wollte dagegen seine Hand auf eventuell vorhandene brasilianische Uranlager legen.

Seit 1894 schon exportierte Brasilien thoriumhaltige Monazitsände, die zwischen 1904-1916 systematisch von der Société Minière Industrielle Franco-Brésilienne ausgebeutet wurden. Seit dem Jahre 1945 lieferten die Brasilianer auch den Nordamerikanern Monazitsände, mit denen sie selber nichts anzufangen wußten. Washington hatte gründlich eingekauft. Die auf 30 Jahre auszudehnenden brasilianischen Lieferverpflichtungen überstiegen die seinerzeit bekannten Monazitvorkommen. Die offiziellen Monazitverschiffungen wurden jedoch 1948 eingestellt, als sich herausstellte, daß Washington nicht bereit war, seine Kerntechnologie mit den Brasilianern zu teilen. Der Monazitschmuggel begann zu blühen. Über 100.000 Tonnen thoriumhaltiger Sände wurden als Schiffsballast abgefahren. 1952 wurden die Washingtoner Forderungen deutlich formuliert. Umfangreiche zwischen Brasilien und den Vereinigten Staaten abgeschlossene Militärabkommen enthielten Sonderklauseln über die Lieferung strategischer Mineralien an die USA, die „besonders die der gemeinsamen Verteidigung dienenden Rohstoffe" umfaßte. Als Brasilien vor die Wahl gestellt wurde, entweder brasilianische Truppen als Beitrag zur gemeinsamen Verteidigung des Westens gegen den internationalen Kommunismus nach Korea zu entsenden, oder die Lieferung strategischer Rohstoffe wieder aufzunehmen, gab es klein bei.

1952 wurde das sogenannte „Zweite Atomabkommen" zwischen Brasilien und den USA geschlossen. Thoriumhaltige Monazitsände wurden wieder verkauft, die brasilianischen Forderungen nach Lieferung moderner Versuchsreaktoren, wissenschaftlicher Geräte und technischer Hilfe im Austausch gegen Atommineralien aber außer acht gelassen.

Im folgenden Jahr versuchte Admiral Alvaro Alberto, Chef des brasilianischen, für Kernforschung zuständigen CNPq (Conselho Nacional de Pesquisas), noch einmal aus den Vereinigten Staaten moderne Kerntechnologie zu erhalten, geriet dabei aber mit den damals noch gültigen Bestimmungen des MacMahon Gesetzes in Konflikt, das die atomare Proliferation über den Weg des Ausfuhrverbotes von Kerntechnologie zu unterbinden suchte. 1953 wandten die Brasilianer sich deshalb an Europa. Die französische Société des Produits Quimiques des Terres Rares erklärte sich bereit, den Südamerikanern eine Uranaufbereitungsanlage zu liefern.

In Hamburg traf sich Alvaro Alberto mit Wilhelm Groth und Otto Hahn. Die deutschen Physiker hatten ein neues Verfahren der Urananreicherung durch Ultrazentrifugen entwickelt, das sie aber nicht anwenden konnten. Das am 2. März 1950 von den drei Hohen Komissaren der Aliierten in der Bundesrepublik erlassene Gesetz Nr. 22 verbot die „Erzeugung, Herstellung, Gewinnung, Verarbeitung, den Bau, den Aufbau, den Kauf, die Beschaffung, den Empfang, den Besitz, Gebrauch, Lagerung, Verkauf, Einfuhr oder Ausfuhr von Materialien und Anlagen der Kerntechnologie". Die Brasilianer kamen den Deutschen deshalb wie gerufen. Man wurde sich schnell handelseinig. Groth versprach dem brasilianischen Regierungsvertreter, die für die Urananreicherung erforderlichen Ultrazentrifugen in Brasilien weiterzuentwickeln. „Gebt uns die Mittel, und wir werden euch die Ultrazentrifugen bauen. Dann reisen wir nach Brasilien und beenden dort die Entwicklungsarbeiten". Absolute Verschwiegenheit war unumgänglich. „Wenn sich herausgestellt hätte, daß wir mit den Deutschen zusammen Urananreicherungsanlagen bauen, hätten wir eine internationale Krise heraufbeschworen" erklärte Alvaro Alberto später einem Untersuchungsausschuß des brasilianischen Parlaments.

Unter strengster Geheimhaltung ließ Alvaro Alberto sich den Kauf der Ultrazentrifugen von Präsident Vargas genehmigen; er erbat die Amtshilfe des Außenministeriums, um die Geräte durch den brasilianischen Zoll zu schleusen. Das Außenministerium gab den Nordamerikanern offenbar einen Wink, denn wenig später schon wurden die Zentrifugen des Admirals noch vor ihrer Verschiffung auf Anordnung des amerikanischen Hochkommissars für Deutschland, James Conant, beschlagnahmt.

Washington beschloß, Alvaro Albertos ehrgeizigen Kernenergieplänen ein Ende zu setzen. Ein dem brasilianischen Sicherheitsrat zugeleitetes Geheim-Memorandum der US–Botschaft verurteilte das „deutsche Abenteuer in Brasilien" aufs schärfste, und betonte dabei klar, „daß die Einführung eines Anreicherungsverfahrens für spaltbares Uran in Brasilien mit Hilfe einer wichtigen Organisation eines europäischen Landes, dem gesetzlich die Erlangung dieses Metalls untersagt ist, als potentielle Gefährdung der Sicherheit der USA und der westlichen Hemisphäre betrachtet werden kann." Das Memorandum wies ferner darauf hin: „Sollte das Projekt durchgeführt werden, bestünde kaum noch die Möglichkeit einer weiteren Zusammenarbeit mit den Vereinigten Staaten".[5] Die Entlassung Alvaro Albertos wurde gefordert.

Im Jahre 1954 wurde in Washington das Gesetz PL 480, euphorisch unter den Namen „Food for Peace" bekannt, verabschiedet und eine neue Ära in der US-Nahrungsmitteldiplomatie eingeleitet. „Befreundete" ausländische Regierungen erhielten mit 2 bis 3 Prozent verzinsbare und in 30 bis 40 Jahren rückzahlbare Dollarkredite zur Finanzierung von Einfuhren nordamerikanischer Agrarprodukte. Die USA begannen mit umfangreichen Weizenlieferungen für die hungernde Bevölkerung des Nordostens Brasiliens zu winken. Ob Brasiliens Abhängigkeit von Treibstofflieferungen der amerikanischen Ölkonzerne auch als Druckmittel ins Gespräch kam, ist nicht bekannt. Wie dem auch sei, Rio de Janeiro beschloß auf Eisenhowers „Atoms for Peace" Programm einzuschwenken und künftig auf sämtliche Bemühungen einer eigenständigen Kernenergieforschung und -entwicklung zu verzichten. Brasilien verkaufte 5.000 Tonnen thoriumhaltigen Monazitsands, die mit 100.000 Tonnen nordamerikanischen Überschußweizens des Types Hard Winter 2 entgolten wurden.[6]

Ein 200 Millionen Dollarkredit rettete ferner die wieder einmal in Zahlungsnöten steckenden Lateinamerikaner vor peinlicher Insolvenz. Als Gegenleistung räumten sie dafür internationalen Konzernen zahlreiche Wettbewerbsvorteile, wie die zollfreie Einfuhr von Maschinen und Ausrüstungsgütern ein, die einheimischen Betrieben selbstverständlich verweigert wurden. Die wirtschaftliche Entwicklung des Landes war wieder einmal unter Kontrolle gebracht.

Alvaro Alberto wurde seinerseits im März 1955 wegen „verwaltungstechnischer Unfähigkeit" entlassen; der Bau einer französischen Uranaufbereitungsanlage wurde aufgegeben, „da Brasilien derzeit keinerlei Urananreicherungspläne mehr verfolge".[7]

Wenig später, am 3. August 1955 unterzeichneten Brasilien und die Vereinigten Staaten ein Abkommen über „Zusammenarbeit und friedliche Nutzung der Kernenergie", dem am 16. November 1955 ein „Prospektionsabkommen für Uran" folgte. Brasilien verpflichtete sich, Nordamerika 10 Jahre lang das gesamte gefundene Uran nach Abzug des brasilianischen Bedarfs zu verkaufen. Als Gegenleistung der Amerikaner erhielt das 1956 in São Paulo gegründete Institut für Kernenergie (IEA, Instituto de Energia Atómica) einen kleinen Forschungsreaktor, sowie eine geringe Menge angereicherten Urans.

Während die brasilianischen Kernenergiepläne ad acta gelegt wurden, verhalfen die nach PL 480 bevorschußten Weizenlieferungen der USA der Stadtbevölkerung zu billigem Brot.[8] Die brasilianischen Bauern jedoch, durch fast geschenkten Weizen hoffnungslos unterboten, gaben den Weizenanbau auf, der einst blühende Staat Rio Grande do Sul verelendete. Die brasilianischen Weizenimporte stiegen während der ersten fünf Jahre der amerikanischen Lieferungen auf 2,4 Millionen Tonnen. Washington hatte auf der gesamten Linie gesiegt. Die Kernenergie erhielt in Brasilien nur noch Lippendienst. Brasilianische Militärs begeisterten sich aber weiterhin für „friedliche Bomben".

Präsident Castelo Branco legte die ersten Grundsteine für die anfangs in aller Stille formulierte „Politik der friedlichen Bombe": „Als ein Land, das sich im Kampf um seine Entwicklung befindet, haben wir Prioritäten, die oftmals von denen der entwickelten westlichen Länder divergieren (...) Wir müssen nicht nur das, was uns hilft, akzeptieren, sondern genauso das ablehnen, was uns zur Realisierung unserer Ansprüche und unserer nationalen Berufung als ein großes und starkes Land nicht entgegenkommt".

Während der Verhandlung des am 14. Februar 1967 unterzeichneten Vertrages von Tlatelolco zur Entnuklearisierung Lateinamerikas, setzte Brasilien all sein diplomatisches Geschick ein, um sich das Recht zu sichern, sogenannte „friedliche Bomben" bauen zu können. Das Abkommen räumte dann auch den Vertragspartnern grundsätzliche Rechte ein, „Atomexplosionen für friedliche Zwekke durchzuführen".[9]

Der Regierung Costa e Silva bedeutete der Begriff Kernenergie wirtschaftliche Entwicklung. Am 6. April 1967 erklärte der neue brasilianische Präsident: „Kernenergie ist das beste Instrument der Entwicklungsländer, um den Abstand zu den entwickelten Nationen zu verringern"; wenige Tage später wies er darauf hin, daß die Entwicklung der Kernenergie unbedingt die Durchführung friedlicher Explosionen beinhalte.[10] Immer wieder träumten brasilianische Militärs von „friedlichen Sprengungen, die zum Beispiel eine schiffbare Verbindung zwischen den Flußbecken des Paraná und des Amazonas herstellen könnten".

„Kernkraftwerke liefern uns das Plutonium für friedliche Sprengkörper, mit denen wir Straßen bauen können", erklärte Oberst Luiz de Alencar Araripe, Nuklearspezialist und Berater der brasilianischen Delegation der Genfer Abrüstungskonferenz, 1967 einem exklusiven Kreis von Militärs, aber er erkannte gleichzeitig: „Der Weg wird hart und dornig sein, und wir werden einige Hindernisse überwinden müssen, bevor wir ins Atomzeitalter eintreten können. Wir haben das Kohle-Zeitalter versäumt und sind verspätet ins Erdölzeitalter eingetreten. Wir können es uns nicht leisten, dem Atomzeitalter hinterherzuhinken. Wenn wir es tun, entäußern wir uns des Rechts, den Status einer Großmacht anzustreben. Geografische Weite, bevorzugte Stellung in Lateinamerika, industrielle Entwicklung, demographisches Wachstum, all dies wird uns wenig nützen, wenn wir nicht die Kernenergie beherrschen lernen".[11]

Von Kernkraftwerken wurde in Brasilien damals wenig gesprochen. Das Land besaß viel Wasserkraft; die Wettbewerbsfähigkeit von Atommeilern war noch nicht bewiesen. Öl konnte billig gekauft werden. Warum also sich mit Atomstrom befassen? Präsident Juscelino Kubitschek dachte zwar Ende der fünfziger Jahre an den Bau eines Kernkraftwerkes, dessen Pläne aber von seinem Nachfolger verworfen wurden. Einige Jahre lang wurden mit Frankreich Kaufverhandlungen geführt, die aber zu keinem Abschluß kamen, obwohl französische Techniker und Ingenieure sich schon in Brasilien mit ersten Vorbereitungen für den Reaktorbau beschäftigten.

Ende der sechziger Jahre wandte Brasilia sich an Westinghouse. Der amerikanische Konzern sollte den Brasilianern bei der Entwicklung von Thoriumreaktoren helfen. Das ständige Gerede von der „friedlichen brasilianischen Bombe“ verschreckte aber die Amerikaner. Sie winkten ab. Das brasilianische Forscherteam der „Arbeitsgruppe Thorium“ des Kernforschungszentrums Belo Horizonte wurde aufgelöst, das schon ausgearbeitete eigene Reaktorprojekt verschwand im Archiv.[12] „Technologie muß gekauft und nicht selber entwickelt werden. Warum das Rad zum zweiten Mal erfinden?“ hieß das Motto der Regierungstechnokraten.

Schizophrenes Verhalten kennzeichnete Brasiliens Atompolitik. Verbalen Kraftakten der stets auf Unabhängigkeit und Souveränität bedachten Diplomaten und Militärs stand die systematische Behinderung der Entwicklung einer eigenen Kerntechnologie gegenüber. Der unerhörten Herausforderung der an Eigenentwicklung von Atomreaktoren denkenden Kerntechniker des Landes mußten Schranken gesetzt werden. Ächtung, Entlassung, Verbannung und Entziehung aller bürgerlichen Rechte traf die bedeutendsten brasilianischen Atomphysiker und Gelehrten.

Brasilien träumte weiterhin von den Segnungen der Kernenergie, die das Land zweifellos zur Großmacht machen würde, obwohl das Gespräch nur noch zuweilen auf die „friedliche brasilianische Bombe“ kam, von der Journalisten, Politiker und Militärs zuweilen phantasierten, verschreckte der Mythos der „brasilianischen Bombe“ immer noch die Welt. Was aber damit anzufangen sei, falls man es einmal habe, wußte eigentlich niemand. Raketen oder weittragende strategische Bomberflotten besaß Brasilien nicht. An Krieg mit den Vereinigten Staaten, die UdSSR, Europa oder China war nicht zu denken. Die Bombe auf Paraguay, Bolivien oder die Guyanas der Sekten zu werfen, lohnte wahrhaftig den Aufwand nicht. Die mächtigen Stauwerke des Paranáflusses konnten dagegen als wahre Bomben aus Wasser den einstigen Rivalen Argentinien bedrohen. Das Brechen oder die Sprengung der Dämme hätten Überschwemmung und Tod über Argentinien gebracht. Die Sicherheit der Dämme, von deren Stromerzeugung die brasilianische Wirtschaft abhing, durfte nicht mehr durch kriegerische Zusammenstöße in Frage gestellt werden. Brasilien hatte keine Verwendung mehr für die „Bombe“, es sei denn als innerpolitisches Argument einzelner um die Macht ringender Gruppen.

Die deutsche Atomindustrie

Die Geschichte der deutschen Atomindustrie begann im Jahre 1949. Trotz Alliiertenverbots wurde eine Kernphysikalische Kommission aufgestellt. Ihre Aufgabe war es, Überlegungen anzustrengen, was nach eventueller Aufhebung der Atomverbote in der Bundesrepublik auf dem Gebiet der Atomenergie eigentlich geschehen solle. Sie hatte wesentlichen Anteil daran, daß die Bundesrepublik sich 1953 an der CERN-Centre Européen de Recherches Nucléaires (Europäisches Kernforschungszentrum) beteiligte.

1954 wurde eine reaktorphysikalische Arbeitsgruppe am Max-Planck-Institut in Göttingen gebildet. Finanziell unterstützt wurde diese Arbeitsgruppe hauptsächlich durch die eigens zu diesem Zweck gegründete Physikalische Studiengesellschaft mbH, hinter der die deutsche Großindustrie stand. Von Firmen wie AEG, Siemens, Hoechst, Bayer, Demag, Deutsche Babcock & Wilcox, BBC, Krupp, Gutehoffnungshütte, Mannesmann, Metallgesellschaft, alle Mitglieder der Physikalischen Studiengesellschaft, gingen die Hauptinitiativen zur Bildung einer bundesdeutschen Atomwirtschaft aus, und noch heute bilden die meisten dieser Konzerne den Mittelpunkt der Atomindustrie.[13]

Die Verbote der Alliierten für deutsche Atomforschung und Technik wurden im Mai 1955 aufgehoben. Wirtschaft, Staat und Wissenschaft in der Bundesrepublik waren sich im klaren, daß nur durch enges, gemeinsames Vorgehen der zehnjährige Rückstand aufgeholt werden könnte. Dabei sicherte sich die Industrie von vornherein den Haupteinfluß auf dem Gebiet der kommerziellen Anwendung und Umsetzung der Atomenergie, während sie dem Staat die Hauptinitiative auf der finanziellen Seite und der Strahlenschutzgesetzgebung überließ. Auch der Wissenschaft gelang es, in ihrem Bereich weitgehende Selbständigkeit zu erringen.

Das deutsche Atomprogramm war jedoch von Anfang an von Kontroverse gezeichnet. Es waren Stimmen laut geworden, die eine atomare Aufrüstung der Bundeswehr befürworteten. Die maßgeblichen deutschen Atomphysiker sprachen sich aus diesem Grund im April 1957 in der Erklärung der „Göttinger 18" gegen die militärische Nutzung der Atomenergie aus.

Zu Beginn des gleichen Jahres beschlossen die führenden Vertreter der Atomwirtschaft das Eltviller Programm. Bis zum Jahre 1965 sollten fünf 100-Megawatt Leistungsreaktoren entwickelt und gebaut werden. Die Anzahl fünf kam dabei nicht auf Grund wissenschaftlicher Überlegungen zustande, sondern war Resultat der Konkurrenz von fünf Firmenkonsortien, die alle an den finanziellen Unterstützungen des Bundes teilhaben wollten. Ende 1957 wurde das Eltviller Programm offiziell sanktioniert und bildete den Kern des ersten deutschen Atomprogramms. Von den fünf geplanten Reaktoren wurden tatsächlich nur zwei gebaut, nämlich der 15-Megawatt Forschungsreaktor in Jülich, und der 100-Megawatt Leistungsreaktor in Niederaichbach, der nach kurzer Betriebszeit wegen Unwirtschaftlichkeit abgeschaltet werden mußte.

Unrealistische Planung hinsichtlich der Finanzierungsvorstellungen sowie Fehleinschätzung des Forschungsstandes führten zum Abbruch des Programms und zu einer „wirklichkeitsnäheren" Neukonzeption. Die Hälfte der Verluste wurde dem Steuerzahler durch bedingt rückzahlbare Darlehen, auf dessen Rückzahlung bei Mißlingen der Entwicklung verzichtet wird, aufgebürdet.

Da die deutsche Atomindustrie durch die Fehlschläge des Eltviller Programmes in eine kritische Periode geraten war, schlug das Bundesministerium für Atomfragen ein „Programm für fortgeschrittene Reaktoren und Versuchsatomkraftwerke" vor. „Wegen des großen Interesses der deutschen Reaktorbauindustrie an dieser Entwicklung, werden die Kosten mindestens mit 20 Prozent von den ausführenden Firmen und bis zu 80 Prozent vom Bund getragen" erklärte Dr. Kuhne, damals Referent für Reaktorbau im Bundesministerium für wissenschaftliche Forschung.

Deutsche Energieunternehmen wollten jedoch schnell Betriebserfahrungen mit Kernkraftwerken machen. Der Bau des ersten deutschen Atomkraftwerkes in Kahl am Main wurde deshalb parallel zum Eltviller Programm in Auftrag gegeben. Den kerntechnischen Teil der Anlage bezog die AEG von der General Electric Co. Der Reaktor wurde schon 1961 in Betrieb genommen.

Die Atomindustrie versuchte inzwischen beharrlich, die Kernenergie als Schlüssel für die wirtschaftliche Zukunft Deutschlands auszuweisen und das Schicksal der deutschen Wirtschaft an die Entwicklung dieses Industriezweiges zu knüpfen. Immer wieder drängten die Interessenten der Atomindustrie auf staatliche Unterstützung. In einer vom deutschen Atomforum, das die Interessen der

Industrie vertrat, im April 1961 ausgearbeiteten, von der deutschen Atomkommission übernommenen und Adenauer zugeleiteten Resolution hieß es u.a.: „Sowohl die deutsche Situation wie auch die internationale Lage machen es dringend notwendig, die Durchführung des Reaktorentwicklungsprogramms in seiner ganzen Breite mit allen verfügbaren Mitteln zu beschleunigen. Auch in der Bundesrepublik wird in absehbarer Zeit die Erzeugung von Atomstrom aus bereits erprobten Reaktortypen in revierfernen Gebieten die Rentabilitätsgrenze gegenüber Strom aus Steinkohlebergwerken erreichen.... Wie sehr es gerade auf praktische Erfahrungen ankommt, lehrt der Bau des Karlsruher Reaktors, bei dem sich eindeutig gezeigt hat, daß selbst renommierte Fachfirmen nicht immer in der Lage sind, auf Anhieb die komplizierten Anforderungen der Reaktortechnik auch an konventionellen Teilen der Anlage zu erfüllen... Es gibt tatsächlich nur einen Weg, im Reaktorbau den Vorsprung des Auslandes einzuholen, nämlich die Eigenentwicklung von Leistungsreaktoren und die Errichtung von Großanlagen. Wenn aber jetzt nicht umgehend das unseren technischen und wirtschaftlichen Möglichkeiten angepaßte Reaktorentwicklungsprogramm in seiner ganzen Breite zur Durchführung kommt, besteht die ernste Gefahr, daß dieser Anschluß überhaupt nicht mehr erreicht werden kann und die Bundesrepublik auf dem für die künftige Energieversorgung so entscheidend wichtigen Gebiet der Kernenergiegewinnung vom Ausland abhängig wird und hier auf das Leistungsniveau nuklear unterentwickelter Länder absinkt. Wenn man berücksichtigt, daß von der Reaktortechnik in geradezu universeller Weise die stärksten Impulse ausgehen, sind die Konsequenzen eines solchen Rückstandes gar nicht abzusehen. Die Realisierung der Projekte des deutschen Reaktorentwicklungsprogramms *verlangt erhebliche Zuschüße der Öffentlichen Hand* zur Deckung der außerordentlich hohen Forschungs- und Entwicklungskosten für den Reaktorbau sowie der *Verluste und Risiken beim Reaktorbetrieb*, die das bei industriellen Projekten bisher gewohnte Ausmaß bei weitem übersteigen und *daher der Privatwirtschaft nicht zumutbar sind*".[14] Die Lobby der deutschen Atomindustrie war wirklich einflußreich. Kein Industriezweig wurde anschließend von der Bundesregierung so nachhaltig gefördert wie die Kerntechnik, und über kein Projekt wurde die Öffentlichkeit so unzureichend aufgeklärt und irreführend unterrichtet.

Das 1969 fertiggestellte Kernkraftwerk Obrigheim, 340 Megawatt Leistung und 1965 bestellt, wurde noch mit amerikanischer Westinghouse-Lizenz und Know-How gebaut. Ein wesentlich größerer Reaktor, Stade, 600 MW, wurde schon 1967 in Auftrag gegeben, noch bevor überhaupt Betriebserfahrungen von Obrigheim vorlagen.

1969 unterstützte die Bundesregierung dann das Entstehen der KWU (Kraftwerkunion), einer Gemeinschaftsgründung der Elektrokonzerne AEG und SIEMENS, die 1977 eine hundertprozentige Siemenstochter wurde.

Erstes Ziel der schnellwachsenden Atomwirtschaft sollte die Energieversorgung der 80er Jahre und die Verminderung der Abhängigkeit von Ölimporten sein. Auch galt es, das amerikanische Kernbrennstoffmonopol zu brechen. Stattliche Subventionen wurden in die Entwicklung des Brennstoffkreislaufs, einschließlich Urananreicherung und Wiederaufarbeitung gesteckt. Von nun an nahm die Menge der Aufträge sprunghaft zu.

Im Mai 1969 unterschrieb die RWE (Rheinisch Westfälisches Elektrizitätswerk AG) den Bauvertrag für den 1.200 MW Meiler in Biblis, der doppelt so groß wie das Atomkraftwerk in Stade und fast viermal so groß wie der Reaktor in Obrigheim werden sollte. Die Welt begann aufzuhorchen. Mit einigen wenigen Reaktoraufträgen hatten die deutschen „Nachzügler“ die internationalen Marktführer eingeholt und überrundet. Selbst die KWU versäumte es nicht, den „Mut“ der deutschen Stromversorgungsunternehmen zu bestaunen. Ein sicheres Tarifmonopol half den Elektrizitätswerken dabei. Der Stromabnehmer zahlte jeden Verlust. „Natürlich gab es Skeptiker unter den Bewunderern so raschen Fortschritts“, schrieb die KWU in ihren Jahresbericht 1975 „aber trotz allen Pessimismus überwog die Weitsicht, der Mut und der *Glaube* der Stromversorgungsunternehmen, der uns unsere Leistungen ermöglichte“.[15]

Deutschland schien den Wettlauf um die friedliche Nutzung der Kernenergie gewonnen zu haben. Die KWU verzichtete fortan auf amerikanische Reaktorbaulizenzen.

Schwerwiegende technische Schwierigkeiten des Kernkraftwerkes Würgassen (670 MW) fügten der AEG zwar erhebliche Verluste zu und brachten sie fast an den Rand des Ruins, andere Meiler schienen aber gut zu funktionieren. Bei der Bundesregierung brach Begeisterung für die nukleare Energie aus. Ohne Petroleum und ohne Uran, setzte Bonn voll auf die Karte der Atomenergie, um nicht zum Armenhaus der Welt zu werden. 40 Meiler sollten schleunigst gebaut werden, der Anteil des Atomstroms von 7 % der deutschen Versorgung im Jahre 1974, auf 45 % bis 1985 angehoben werden.[16] Die größte Atominvestition der Welt sollte in Deutschland vorgenommen werden.

Am 26. Februar 1975 begann BIBLIS A Atomstrom kommerziell in das öffentliche Netz der RWE einzuspeisen. Seit 1974 schon lief der Meiler versuchsweise. Seine Zuverlässigkeit und Verfügbarkeit schienen außerordentlich hoch. Die Garantie von 5.200 Betriebsstunden lief knappe Monate nach Übergabe aus, eine hohe Verfügbarkeit von 90 % wurde erreicht. Auch Stade lief wie ein Uhrwerk. Deutsche Reaktoren schienen Goldeier der Energiewirtschaft zu sein.

Trotz aller technischen Erfolge stand die deutsche Atomwirtschaft jedoch vor großen Problemen. „Unser Unternehmen arbeitet nunmehr seit sechs Jahren, doch wir haben bisher noch keinen Pfennig verdient“, klagte 1975 ein Sprecher der KWU, des größten deutschen Produzenten von Kernkraftwerken. Die Rechnung für das Unternehmen war einfach. Eine Kapazität zum Bau von sechs Atommeilern im Jahr ist nach Ansicht der Kraftwerkbauer notwendig, um Atommeiler-Anlagen zu einem vernünftigen Preis anbieten zu können. „Wir erwarten, daß auf mittlere Frist in der Bundesrepublik jährlich vier Kernkraftwerke in Auftrag gegeben werden und wir davon drei Aufträge bekommen. Zur Auslastung unserer Kapazität brauchen wir dann noch drei Exportaufträge im Jahr“.

Deutsche Reaktoren zu verkaufen war jedoch nicht einfach, „weil die Bundesrepublik die höchsten Sicherheitsauflagen der Welt hat und die Ausländer deutschen Standard wünschen, wenn sie bei uns bestellen“. Etwa 20 Prozent des Kaufpreises deutscher Meiler gingen auf Konto Sicherheit.

Bei einer durchschnittlichen Bauzeit von sechs Jahren könnte die KWU den Bau von 36 Anlagen gleichzeitig verkraften. In den Auftragsbüchern standen 1975 jedoch nur 17 Aufträge aus dem In- und Ausland. Die Kapazität der Reaktorbauer war kaum zur Hälfte genutzt.[17] Kernkraftwerke zu exportieren war nicht einfach. „Viele hungrige Hunde raufen sich um einige wenige Knochen“ erklärte Klaus Barthelt, Vorstandsvorsitzender der KWU. Für die Deutschen gestaltete sich der Export wie das Rennen zwischen Hase und Igel. Wo immer die Deutschen hinkommen, sitzen schon die Amerikaner und rufen: „Ich bin all da!“ verglich Heinz Michaels die Lage in „Die Zeit“ vom 20. Juni 1975.

Nordamerikanische Gesellschaften beherrschten den internationalen Markt. Washington unterstützte den US-Reaktorverkauf mit nicht von der Hand zu weisenden Argumenten. Leichtwasserreaktoren, wie sie auch die Deutschen verkaufen wollten, werden mit angereichertem Uran betrieben, und nur die Amerikaner konnten potentiellen Reaktorkäufern Kernbrennstoff liefern, das sogar die Deutschen beim amerikanischen Monopol erstehen mußten. „Um zu ihren Aufträgen zu kommen, kämpfen die Amerikaner im internationalen Wettbewerb mit harten Bandagen. In welchem Land auch immer ein Kernkraftwerk geplant wird – Amerikas Diplomaten agieren, als stünden sie auf den Gehaltslisten der amerikanischen Konzerne. US-Botschafter sind sich nicht zu schade für harte Verkaufsgespräche mit den Regierungen, bei denen sie akkreditiert sind", berichtete „Die Zeit". „Heute erhalten wir von den deutschen Diplomaten auch gute Unterstützung", lobte ein KWU-Sprecher 1975. „Doch an das amerikanische Engagement reicht das noch nicht heran".

Beliebte Argumente gegen die Deutschen waren dabei immer „diplomatische" Hinweise auf den Atomsperrvertrag, der deutsche Exporte erschwere, und darauf, daß die Deutschen nicht die Lieferung von Brennelementen garantieren könnten. Unverhohlen pochten die Amerikaner auf ihr Monopol für die Lieferung von angereichertem Uran.

Die amerikanische Blockade war verhängnisvoll. Bis 1975 hatte die KWU nur vier Exportaufträge ergattert, je ein Werk für Argentinien, Holland, Österreich und die Schweiz.

Auch an der Heimatfront begannen sich Probleme zu zeigen. Bürgerinitiativen stoppten den Bau zahlreicher Kernkraftwerke. Emotionen entluden sich. „Lieber heute aktiv als morgen radioaktiv", lautete die Devise der Kernkraftgegner. Bei Whyl kam es schon 1974 zu den ersten Bauplatzbesetzungen. Brokdorf und Grohnde folgten. Polizei mußte gegen die Bevölkerung mobilisiert werden. Bürgerkriegsähnliche Zustände begannen das Bild der Bauplätze der Kernkraftwerke zu beherrschen. Den zuweilen blutigen Zusammenstößen folgten langfristige Prozesse. Der Bau zahlreicher Meiler wurde verzögert und in einigen Fällen gar eingestellt. Gerichtliche Sicherheitsauflagen begannen die Kosten in astronomische Höhen zu treiben.

Schwarze Wolken schwebten über der deutschen Atomwirtschaft. Es fehlten Aufträge, oder sie konnten nicht ausgeführt werden. Entlassungen drohten Wissenschaftlern und Technikern der KWU, teuer erkaufte Erfahrung drohte verloren zu gehen.

Für die deutsche Atomwirtschaft begann der Kampf ums nackte Überleben.

Washingtons Nicht-Verbreitungspolitik bot einen Ausweg. Die Bundesrepublik Deutschland beschloß, nicht nur Reaktoren, sondern auch den gesamten Brennstoffkreislauf, einschließlich Urananreicherung und Wiederaufarbeitung mit entsprechender Plutoniumgewinnung zu verkaufen. Bonn begann dem Weltmarkt jenes „gewisse Etwas" anzubieten, das die amerikanischen Konzerne nicht verkaufen durften.

Entwicklungsländern deutsche Kernkraftwerke des Typs Biblis und, möglicherweise, auch „die Bombe“ zu liefern, wurde zum Leitmotiv Bonner Nuklearpolitik. Mit prestigehungrigen Ländern der Dritten Welt abgeschlossene nutzbringende Verträge sollten Gewinn und Arbeitsplätze der KWU sichern helfen. Die Chefverkäufer des Herstellerwerks Kraftwerk Union, Klaus Barthelt und Hans Hirschmann, begannen aus dem Koffer zu leben. Sie jetteten vom Iran nach Südafrika, von der Sowjetunion nach Brasilien, von Japan in die Volksrepublik China. Barthelt klagte: „Ich muß sogar samstags verhandeln“.[18]

Kaum war der reiselustige Wirtschaftsminister Friderichs in Teheran gelandet, wo er Verhandlungen über die deutsche Erdöl- und Erdgasversorgung führen wollte, da übermittelte der Schah dem Bonner seine Wünsche: Atomkraftwerke made in Germany für den Iran. Wenig später, im Herbst 1975, wiederholte sich im Wüstenemirat Kuweit die Szene: Die Herren über Öl und Sand wollten am liebsten gleich einen Atomreaktor vom Typ „Biblis“ ordern. Doch Friderichs mußte sie enttäuschen: Für das kleine Land am Persischen Golf (880.000 Einwohner) ist der deutsche Atommeiler, mit 1.200 Megawatt der leistungsfähigste der Welt, viel zu groß.

Als eine Sowjetdelegation das Kernkraftwerk Biblis besichtigte, waren die Russen besonders beeindruckt, daß die Bauern direkt neben dem Kraftwerkzaun in aller Ruhe ihre Weizenfelder bestellten. In der Sowjetunion ist das undenkbar. Wegen der geringeren Sicherheitseinrichtungen bauen die Sowjets ihre Atomkraftwerke in dünn besiedelten Gebieten und legen breite Sicherheitszonen darum.

Aus dem Besuch entwickelte sich der Plan für ein Dreiecksgeschäft. Wegen der Sicherheitskomponente wollten die Sowjets für den dichtbesiedelten Raum Königsberg gleich zwei Atommeiler vom „Typ Biblis“ kaufen. Bezahlt werden sollte mit Stromlieferungen nach Westberlin und in die Bundesrepublik. Auch an dem Know-How für Atomkraftwerke, die etwa dreimal leistungsstärker sind als die sowjetischen Standardreaktoren, zeigten sich die Russen interessiert. Nach längerem Zögern gaben sogar die Amerikaner und Engländer ihre Einwilligung. Der Abschluß des Geschäftes scheiterte jedoch daran, daß es nicht gelang, sich mit der DDR über den Verlauf der Stromleitungen zu einigen.

Der Druckwasserreaktor Biblis, der von der hessischen Kleinstadt aus seit dem Frühjahr 1975 Industriebetriebe und rund zwei Millionen Bürger mit Strom versorgte, sollte Exportschlager der deutschen Industrie werden.

Die Bonner Atompolitiker und Leiter der KWU entwickelten wahre Verkäufermentalität. Atommeiler mußten verkauft werden. Was die Käufer damit machten, ob sie die Reaktoren gebrauchen oder gar bezahlen konnten, ob die Geschäfte überhaupt durchführbar waren, interessierte nicht. Immer neue Verkaufserfolge gab es zu berichten, der Umsatz mußte stimmen. Für die deutsche Atomwirtschaft wurde der Reaktorexport zum reinen Geschäft, „A matter of Marks and Pfennigs from which questions of a political nature should be excluded".[19]

Der Kauf der brasilianischen Reaktoren

Im Jahre 1967 meinte General Costa e Silva, damals amtierender Präsident Brasiliens, daß zu einer aufstrebenden Großmacht eigentlich auch ein richtiger Leistungsreaktor gehöre. Noch im gleichen Jahr begann die Eletrobrás, staatliche Holding aller brasilianischen Stromversorgungsunternehmen, erste Schritte zum Kauf eines Meilers zu unternehmen.

Einige Jahre später, 1970, begannen in Angra dos Reis, der Bucht der Könige, die ersten Bauarbeiten. Am 26. Januar des gleichen Jahres wurden die Angebotsumschläge internationaler Reaktorhersteller geöffnet. Wie üblich konkurrierten Westinghouse und General Electric mit Siemens und AEG, die seinerzeit noch getrennt firmierten. Auch England bemühte sich um den Auftrag; den Zuschlag auf Lieferung eines 620-MW Druckwasserreaktors erhielt jedoch Westinghouse, da die amerikanische EXIMBANK den brasilianischen Kauf mit einem 138 Millionen Dollar Kredit finanzierte.

„Unsere härtesten Konkurrenten sind eigentlich nicht Westinghouse oder General Electric; unser härtester Konkurrent ist die amerikanische Export-Import-Bank", hieß es später übereinstimmend bei der KWU und in Bonner Ministerien, „und wenn wir versuchen, die Zinsbelastung durch allerlei Tricks herunterzuschleusen, dann geht die Eximbank noch um 2 Prozent darunter," klagte Ministerialdirigent Schmidt-Küster vom Bundesforschungsministerium, „was sich bei etwa sechsjähriger Bauzeit schnell auf einige staatliche Millionensummen summiert."

Westinghouse verpflichtete sich, den Brasilianern ein schlüsselfertiges Kernkraftwerk zu liefern. Technologietransfer war nicht vorgesehen. Abgebrannter Kernbrennstoff war in die Vereinigten Staaten zurückzuliefern. Brasilien hatte ein Prestigeobjekt gekauft.

Dem Westinghouse-Vertrag begann auch gleich der Geruch fragwürdiger Geschäftspraktiken anzuhängen. Für den Kauf verantwortliche Leiter und Vorstandsmitglieder des Reaktorbauträgers

„FURNAS“ wurden sofort nach der Vertragsunterzeichnung zu wesentlich höheren Gehältern von der Bankgruppe Bozano Simonsen eingestellt, die Westinghouse Geschäftsinteressen auf verschiedenen Gebieten besonders erfolgreich vertrat.[20]

Brasilianische Kerntechniker kritisierten den Kauf eines schlüsselfertigen, von ausländischem Brennstoff abhängigen Atommeilers. Mit natürlichem Uran zu beschickende Schwerwasserreaktoren des in Kanada entwickelten und in Argentinien, Indien, Israel und Pakistan teilweise gebauten Typs CANDU schienen ihrer Ansicht nach den brasilianischen Gegebenheiten wesentlich besser angepaßt zu sein.

Der Physiker Luiz Rosa Pinguelli begründete die Ansicht der Wissenschaftler: „Für Schwerwasserreaktoren brauchen wir keine großen und teuren Reaktordruckbehälter. Als Moderator benutzen wir Schwerwasser, in das wir den in zahlreiche einzelne Druckrohre abgefüllten Kernbrennstoff direkt eintauchen. Natururanreaktoren können, wie es das indische Beispiel bewies, von Entwicklungsländern gebaut werden. Ihr Betrieb ist gefahrloser. Reaktordruckbehälter, die bersten und so tödliche Radioaktivität verbreiten können, gibt es nicht. Wir brauchen außerdem als Brennstoff nur natürliches Uran, sind somit vom Import oder Herstellung teuren angereicherten Urans unabhängig. Die Herstellung von Schwerwasser ist zwar relativ teuer, die Herstellungsverfahren jedoch schon allgemein bekannt, und jedermann zugänglich.“[21]

Einige Jahre vorher hatte sich Argentinien für Schwerwasserreaktoren entschieden. Die Möglichkeit, ohne Anreicherung eigenes Natururan als Kernbrennstoff nutzen zu können, hatte den Ausschlag gegeben. Kanada konnte überdies über außerordentlich gute Betriebserfahrungen mit diesem Reaktortyp berichten. Vier in Pickering aufgebaute 500 MW Meiler erreichten 1976 eine hohe mittlere Verfügungszeit von 93%. Auch der von Siemens gebaute argentinische Meiler ATUCHA arbeitete hervorragend und wurde sogar auf die Liste der weltbesten Kernkraftwerke gesetzt.

Schwerwasserreaktoren haftete jedoch ein unüberwindbares Stigma an. Sie waren nur von Entwicklungsländern gekauft oder gebaut worden, es handelte sich also offensichtlich um „Atommeiler der Armen“. Nordamerika und Frankreich bauten dagegen mit angereichertem Uran betriebene, leicht effizientere Druckwasserreaktoren, deren Versorgung mit Kernbrennstoff die für militärische Zwecke gebauten nordamerikanischen und französischen Anreicherungsanlagen gewährleisteten. Auch Deutschland hatte sich für Druckwasserreaktoren entschieden; es war ohnehin vom Import angereicherten oder natürlichen Urans abhängig.

Brasilien war 1974 das Land des Wirtschaftswunders, und nichts schien seinen unaufhaltbaren Aufstieg zur Weltmacht stoppen zu können. Die Vereinigten Staaten, Frankreich, die Bundesrepublik Deutschland, sogar die Sowjetunion hatten sich für Druckwasserreaktoren entschieden; es war daher nur selbstverständlich, daß auch Brasilien diesen Weg beschreiten würde. Schließlich waren Schwerwasserreaktoren ja nur für die unterentwickelten Völker da, die sich nichts besseres leisten konnten.

Brasilien besaß 1974 wirklich hervorragende Beziehungen zu Westinghouse. Mario Henrique Simonsen, Gründer und Vorstandsmitglied der Bozano Simonsen Gruppe, die seit einigen Jahren die Interessen des nordamerikanischen Konzerns vertrat, war in jenem Jahr zum Finanzminister des gerade neu ernannten Präsidenten Geisel avanciert.[22] Endlich konnte Brasilien daran denken, den Erzrivalen Argentinien, der schon einen Reaktor betrieb, auch auf nuklearem Gebiet zu überrunden. Als Brasilia beschloß, den gesamten Brennstoffkreislauf, einschließlich Urananreicherung und Wiederaufarbeitung, sowie einige Reaktoren einzukaufen, war es deshalb nicht weiter verwunderlich, daß dieses Geschäft des Jahrhunderts erst einmal der Westinghouse vorgeschlagen wurde.

Da Washington jedoch auf NON-Proliferation und Atomsperrvertrag eingeschworen war, wurde der Westinghouse kurzerhand der Export sogenannter sensibler Technologie der Urananreicherung und Wiederaufarbeitung, die die Amerikaner eigentlich auch selbst noch nicht beherrschten, verboten. Als die Atomic Energy Commission sich dann auch noch weigerte, den Brasilianern feste Lieferzusagen über angereichertes Uran für den schon sich in Bau befindlichen Westinghouse Meiler zu machen, gab es nichts mehr zu verhandeln. Brasilia brach sämtliche Gespräche ab. „Wir glaubten, daß das Geschäft abgeschlossen sei; dann aber kam die Angelegenheit der Lieferung angereicherten Urans auf", beschwerte sich A.L. Bethel, Vize-Präsident der Westinghouse, vor einem Untersuchungsausschuß des amerikanischen Kongresses.[23]

Brasilien befand sich wirklich in einer üblen Zwickmühle; es hatte zwar einen Reaktor gekauft und in seinen Bau inzwischen über 1 Milliarde Dollar investiert, niemand aber wollte Kernbrennstoff liefern. Die Lateinamerikaner begannen sich notgedrungen nach anderen Partnern umzusehen.

Auf einer Pressekonferenz in Brasilia äußerte der damalige deutsche Außenminister Willy Brandt Ende der sechziger Jahre das Interesse seines Landes, mit Brasilien auf dem Gebiet der Kernenergie wissenschaftlich zusammenzuarbeiten. Kurz vorher war der Siemens ein beachtlicher Coup gelungen. Die Deutschen hatten den

Nordamerikanern den Auftrag für das argentinische Kernkraftwerk ATUCHA vor der Nase weggeschnappt. Auch mit Brasilia glaubte Bonn ins Geschäft kommen zu können.

Manoel Pio Correa, der brasilianische stellvertretende Außenminister, von Philipp Agee als CIA-Mann gerühmt, war ein wendiger, erfahrener Geschäftsmann. 1967 hatte er den Vereinigten Staaten die Lieferung zweier von der brasilianischen Kriegsmarine dringend erwünschter Raketenzerstörer vorgeschlagen, die er mit der Entsendung brasilianischer Truppen nach Vietnam zu bezahlen gedachte. Dies berichteten zumindest später freigegebene Geheimpapiere der U.S. Botschaft. Siemens beschloß, Manoel Pio Correa als Präsidenten der Siemens do Brasil anzuheuern, außerordentliche Geschäfte sollten bearbeitet werden.

1969 unterzeichnete Forschungsminister Stoltenberg ein Regierungsabkommen mit Brasilien. Wissenschaftliche Zusammenarbeit auf verschiedenen Gebieten, wie der Kernenergie und der Raumfahrt, waren vorgesehen. Das Abkommen führte schnell und unbürokratisch zu einem Austausch von Wissenschaftlern. Bereits 1970 hielten 12 führende deutsche Kernkraft-Spezialisten Sommerkurse an den Kernforschungsinstituten von Rio de Janeiro, Belo Horizonte und São Paulo ab. Die russische Armeezeitung „Roter Stern" witterte Unrat und äußerte die Vermutung, die Bundesregierung wolle womöglich Brasilien in ihr „atomares Spiel" verwickeln.[24] Die Londoner „Sunday Times" berichtete dagegen, „daß die Deutschen in Brasilien Entwicklungen durchführen, die sicher nicht die Billigung der Weltöffentlichkeit fänden, falls sie in Deutschland durchgeführt würden." Andere Autoren vermuteten militärische Absichten hinter der brasilianischen Raketenforschung mit deutscher Hilfe.

Ab 1972 arbeiteten deutsche und brasilianische Experten eine „Studie zur Entwicklung und zum Aufbau des Brennstoffzyklus und der Reaktorindustrie" aus. Ein detaillierter Plan zur Einführung der Kernenergie in Brasilien bei wachsender Eigenbeteiligung der brasilianischen Industrie war das 1974 vorgelegte Ergebnis dieser Studie. Mitte 1974 schlug der Staatssekretär im Forschungs- und Technologieministerium, Hans-Hilger Haunschild, anläßlich eines Treffens der deutsch-brasilianischen Wissenschaftskommission in Brasilia den Brasilianern den Abschluß eines großen Nuklearvertrages vor. Wenig später platzten in Washington die mit Westinghouse geführten Verhandlungen; die brasilianische Delegation erhielt Anweisungen, sofort abzureisen, da ein Atomvertrag mit Deutschland ausgearbeitet würde.

Ende September desselben Jahres flog dann eine deutsche Delegation nach Brasilien. Ihr gehörten Dr. Schmidt-Küster, Ministerialdirigent im Bundesforschungsministerium, Professor Erwin Becker, der Vater des als „jet nozzle" bekannten Urananreicherungsverfahrens, sowie Dr. Hans Frewer, Vorstandsmitglied der KWU, an. In weniger als einer Woche wurde der deutsch-brasilianische Atomvertrag ausgehandelt.

Da den deutschen Delegationsmitgliedern der Verkauf des Urananreicherungsverfahrens per Ultrazentrifuge an Brasilien als „politisch nicht zu verantworten" erschien, einigten sich die prospektiven Partner, gemeinsam das Trenndüsenverfahren zu entwickeln. Beide Seiten legten ihre Pläne in einem Protokoll fest, und die deutsche Delegation kehrte Anfang Oktober 1974 nach Bonn zurück, wo die Ergebnisse der Gespräche übermittelt wurden.

Die endgültige Einigung fand am 12. Februar 1975 statt; die amerikanische Regierung wurde eine Woche später von der Bundesregierung informiert. Die Verhandlungen erfolgten unter strengster Geheimhaltung, die durch eine in beiden Ländern verhängte Nachrichtensperre bis zur letzten Phase der Verhandlungen garantiert wurde.

Deutschland hatte beschlossen, den Brasilianern den gesamten Brennstoffkreislauf zu verkaufen, und das Geschäft war so groß, daß Bonn nicht einmal zögerte, auch noch nicht entwickelte Verfahren, wie Trenndüsenanreicherung oder Wiederaufarbeitung, gleich mit zu verkaufen.

Daß Washington auf den Atomvertrag reagieren würde, daran konnte wegen der bekannten Nicht-Verbreitungspolitik nicht gezweifelt werden. Es war also nicht weiter verwunderlich, daß gleich nach Bekanntgabe des Geschäfts eine vierköpfige amerikanische Delegation in Bonn auftauchte, um die deutsche Regierung vom Verkauf sensitiver Technologie an Brasilien abzuhalten.

Klaus Scharmer vom Kernforschungszentrum Jülich verteidigte den Atomvertrag: „Brasilien kann, wenn es will, selbst Reaktoren bauen. Nur ein Partner, der diese Lage kennt, vermag langfristige Beziehungen herzustellen. Wir sahen, daß es wenig intelligent gewesen wäre, den Brasilianern fertige „Kernkraftwerke" zu verkaufen. Wir müssen die Kluft, die entwickelte und unterentwickelte Länder trennt, überbrücken. Wir müssen die Entwicklung der Zurückgebliebenen beschleunigen." Auch andere Bonner Regierungssprecher wußten das Abkommen mit wirklich schönen und bewegenden Worten zu preisen.

„Die Zeit der Herrschaft der Industrienationen ist vorbei. Entwicklungsländer können und dürfen nicht mehr übersehen werden. Sie sind nicht mehr gewillt, die in der Vergangenheit erlittenen Diskriminierungen weiterhin zu dulden. Ihr Reichtum und ihr Einfluß, die immer unterschätzt wurden, beginnen sich jetzt bemerkbar zu machen. Die Schwächung traditioneller Hegemonien, die Überwindung technologischer Schranken, die Diversifizierung der Bezugsquellen, alle diese Vorgänge beseitigten Barrieren, die der Eigenentwicklung von Atomwaffen entgegenstanden. Wir sehen jetzt, daß wir nur noch politische Kontrollinstrumente besitzen, und daß unsere einzige Strategie die Eingliederung der Entwicklungsländer in unser globales System sein kann. Diese Eingliederung erfordert Technologietransfer, der jedoch nur im Austausch gegen guten Willen und das Versprechen des guten Verhaltens seitens des begünstigten Landes erfolgen kann."[25]

Die „Neue Rhein-Zeitung" stand jedoch mit beiden Füßen auf dem Boden. Sie übertrieb nicht, als sie trocken feststellte: „Dieser Atomvertrag wird der umstrittenste Pakt der deutschen Industrie sein."

Die Euphorie

Der 27. Juni war ein Festtag in Bonn. Deutsche und brasilianische Fahnen flatterten auf allen öffentlichen Gebäuden. Die Energie des Atoms sollte endgültig bezähmt werden, und zu diesem Zwekke wollten sich zwei Länder vereinen.

Ein wahrer Potentat, Ernesto Geisel, herrschte uneingeschränkt in einem fernen Tropenland. Jetzt galt es, dem Lande seiner Vorfahren zu zeigen, was der „Ernstel“ in Brasilien erreicht habe. Seine persönlichen Abgesandten befanden sich jetzt in Bonn, und sie brachten den Deutschen, wie es sich zu solch festlichen Anlässen richtig gehört, eine reiche Morgengabe mit. Die deutsche Atomindustrie sollte zur Weltmacht aufsteigen und dazu wollten Brasilianer ihr, koste es was es wolle, die Steigbügel halten.

An jenem festlichen Tag unterschrieben der deutsche Außenminister Hans Dietrich Genscher und sein brasilianischer Partner Francisco Azeredo da Silveira ein umfangreiches deutsch-brasilianisches Kooperationsabkommen zur gemeinsamen Entwicklung der Kernenergie. Ein „Jahrhundertgeschäft“ war abgeschlossen worden. Das über 15 Jahre sich erstreckende Regierungsdachabkommen umfaßte zahlreiche Rahmenvereinbarungen, so unter anderem:

- die Lieferung von bis zu 8 Leichtwasserreaktoren mit einer Leistung von 1.250 MW.
- die Prospektion, den Abbau und die kommerzielle Nutzung brasilianischen Urans, wobei Brasilien sich verpflichtete, nach Dekkung seines Eigenbedarfes 20 % der Uranproduktion in die Bundesrepublik zu exportieren.
- die Lieferung
- einer Fabrik zur Uranerzaufbereitung
- einer Fabrik zur Herstellung von Brennelementen
- einer Urananreicherungsanlage, die nach dem von der Gesellschaft für Kernforschung in Karlsruhe entwickelten Trenndüsenverfahren (jet nozzle) arbeiten soll

- einer Reaktorfabrik
- einer Pilot-Anlage für die Wiederaufarbeitung bestrahlter Brennelemente.

Alle Partner waren überglücklich. Sichtlich erleichtert, meinte Ministerialdirigent Schmidt-Küster vom Bundesforschungsministerium: „Was dieser Vertrag für uns bedeutet? Es ist der Schritt über den Berg". Die deutsche Presse jubelte. „Milliardengeschäft mit Brasilien". „Lange hat man im Bundesministerium und bei der Kraftwerk Union KWU zittern müssen, ehe der Einstieg ins internationale Geschäft mit der Atomkraft gelang. Über Jahre hatten die Amerikaner ihren deutschen Konkurrenten den Rang abgelaufen. Jetzt endlich scheint das „Made in Germany" auf dem atomaren Sektor einen Ruf erlangt zu haben, den auch die Amerikaner fürchten müssen. Tatsächlich braucht die KWU mit ihrem Paradestück, dem Druckwasserreaktor vom Typ Biblis, den technischen Vergleich mit Amerika nicht zu fürchten. Biblis ist das zur Zeit größte Kernkraftwerk der Welt. Es gehört gleichzeitig zu den sichersten Einrichtungen, die bisher von Menschen gebaut wurden – eine Folge der überaus hochgeschraubten Auflagen in der Bundesrepublik. Die wirtschaftliche Komponente des Streits um die deutsche Beteiligung am Bau von zwei Atomkraftwerken in Brasilien überwiegt beinahe noch die politische. In Brasilien wird man sich für die deutsche Atomkrafttechnik entscheiden, ob sie zu einer weltweiten Versorgungswirtschaft wird oder nicht".[26]

Der Atomvertrag schien ein idealer Fall der Zusammenarbeit zwischen hochentwickelter Industrienation und rohstoffreichem Entwicklungsland zu sein. Deutschland war der Abschluß des größten Geschäftes der Welt gelungen. Sämtliche von Amerikanern erzielten Verkaufserfolge konnten mit einem Schlag übertroffen werden. Das Abkommen würde 300 deutsche Betriebe mit Aufträgen versorgen, die Arbeitsplätze von 13.000 Mitarbeitern der KWU schienen endgültig gerettet zu sein.

Hans Dietrich Genscher stieß einen Toast auf seinen brasilianischen Kollegen aus. „Das internationale Gewicht Brasiliens nimmt von Tag zu Tag zu. In einer Welt voller Unruhe und Wiedersprüche erscheint Ihr Land, Herr Minister, als ein Pol der Ruhe und des Gleichgewichts". Der Atomvertrag schien die Verwirklichung eines alten Traumes zu bedeuten. Kernenergie würde nun endlich Brasiliens Eintritt in den kleinen und geschlossenen Klub der wirklichen Weltmächte ermöglichen. Mit sichtbarer Rührung kündigte Regierungssprecher Senator Virgilio Tavora, das Abkommen an. „Der heutige Tag, verzeiht mir den Gemeinplatz, ist ohne Zweifel einer der wichtigsten unserer Geschichte. Mit welchem Stolz, mit welchem Hochgefühl darf ich heute die ehrende Pflicht erfüllen, unserer Nation die Grundlagen eines wohl einzigartigen Abkommens bekanntzugeben. Noch ist es zu früh, seine diplomatische Bedeutung voll zu übersehen, es verbleibt aber kein Zweifel, daß es unsere gesamte Entwicklung entscheidend beeinflussen wird. Grundlage unserer Großmachtansprüche, bedeutet es einen mit großen Buchstaben geschriebenen SIEG. Nie vorher war unser Land so in den Schlagzeilen vertreten".

Selbst der Botschafter der Volksrepublik China in Brasilien drückte „seine volle Genugtuung" über die Unterzeichnung des Abkommens aus.

Regierungstechnokraten begannen zu träumen. „Mindestens 63 Reaktoren mit einer Gesamtleistung von 81.000 Megawatt werden wir in den nächsten 25 Jahren bauen, 1998 werden acht Meiler ihren Betrieb aufnehmen, 1999 weitere neun und dann im Jahre 2.000 andere 10 Kernkraftwerke", wurde einem auserwählten Kreis der „Escola Superior de Guerra", der Kriegsschule, Wiege aller brasilianischen Großmachtträume, verkündet.

Brasilien war zwar schon hoch im Ausland verschuldet, trotzdem schreckte der außergewöhnliche Umfang des Geschäftes niemand. „Wir werden einen erheblichen Teil des Geschäfts mit Uranexport bezahlen. Heute schon kostet Uran US $ 50,- pro Kilo, morgen wird es das Doppelte kosten. Unsere bekannten Lager umfassen 300.000 bis 500.000 Tonnen (sic) und es gibt sichere Anzeichen, daß im Amazonasgebiet weitere reiche Lagerstätten zu finden sind"[27] erklärte Paulo Nogueira Batista, vom Diplomaten zum verantwortlichen Leiter des gesamten brasilianischen Kernenergieprogrammes avanciert.

Bonn glaubte den Worten des Präsidenten der Nuclebrás. Finanzminister Mario Henrique Simonsen stand jedoch mit beiden Füßen auf der Erde. „Ein wesentlicher Teil der Lieferungen wird von den Deutschen „à fonds perdu" finanziert werden", erklärte er schon am 1. Juli 1975 der Zeitung O Estado de São Paulo.

Eine dem großen Anlaß angemessene Behandlung durch die Presse verhinderte in Deutschland wie in Brasilien das Aufkommen kritischer Meinungen, die nur den Glanz des großen Festes hätten stören können. Selbst Minister Matthöfer empfahl den Vertretern der deutschen Presse äußerste Zurückhaltung. Der Abschluß des so ersehnten Geschäftes sollte nicht durch unüberlegte Worte und Publikationen gefährdet werden. Begeisterung galt es zu zeigen, und das brauchte den von Dollarmilliarden geblendeten Deutschen nicht erst gesagt zu werden.

Nordamerikanischer Widerstand

Während die deutsche und brasilianische Presse das abgeschlossene Jahrhundertgeschäft in höchsten Tönen lobten, verdammte die nordamerikanische Presse das zwischen Bonn und Brasilia geschlossene Abkommen. „Nuclear Madness" – nuklearer Wahnsinn, so bezeichnete die „New York Times" den Monstervertrag schon am 13. Juni 1975. „Ein unverantwortlicher Schritt, er leitet nur einen lateinamerikanischen Rüstungswettlauf ein. Ein halbes dutzend Nationen wird sich jetzt Atomwaffen zulegen wollen. Die Sicherheit der Vereinigten Staaten und der Welt gerät in Gefahr".[28]

Senator Abraham Ribicoff nahm einige Tage nach der Vertragsunterzeichnung das Thema erneut auf. „Die schwierige Weltkonjunktur und der hohe Petroleumpreis veranlassen einige Länder, um jeden Preis Atomreaktoren zu verkaufen, andere, sie zu kaufen, koste es, was es wolle. Internationaler Zahlungsausgleich und unabhängige Energieversorgung liegen diesen Geschäften zugrunde. Der scharfe nukleare Wettbewerb sorgt für Weiterverbreitung von Urananreicherungsanlagen und Brennstoffaufarbeitung, mit der Plutonium gewonnen werden kann. Wie eine Pest verbreitet sich so die Fähigkeit, Atombomben herzustellen. In Wahrheit müssen sich die Vereinigten Staaten selber für dieses Problem verantwortlich erklären. Wir waren die Pioniere der Atomtechnik, wir gaben anderen Nationen Zutritt zu unseren Kenntnissen. Über unser Programm „Atome für den Frieden" verteilten wir Nuklear Know-How. Wir hätten vorsichtiger sein sollen, insbesondere mit unserer Deutschland und Frankreich geleisteten Unterstützung".[29]

Der bekannte Wankelmut der Lateinamerikaner war Anlaß zu besonderer Sorge. Senator John Pastore faßte die Bedenken Washingtons zusammen: „Die heutige Regierung Brasiliens mag den Vereinigten Staaten sehr freundlich gesonnen sein, wir leben jedoch in einer Zeit des Wandels. Jeden Tag werden irgendwo auf der Welt irgendwelche Regierungen gestürzt. Wer garantiert uns, daß wir nicht morgen in irgend einem Lande Lateinamerikas einen weiteren Fidel Castro haben. Wenn das geschieht, und er Bomben, Atombomben, herstellen kann, dann haben wir allen Grund zu Befürchtungen. In unserem eigenen Hinterhof sorgt Deutschland jetzt dafür, daß einem Land das Potential, eigene Atomwaffen herzustellen, gegeben wird, und gerade wir verteidigen Deutschland gegen Atombedrohungen aus anderen Richtungen".[30]

weiteren Fidel Castro haben. Wenn das geschieht, und er Bomben, Atombomben, herstellen kann, dann haben wir allen Grund zu Befürchtungen. In unserem eigenen Hinterhof sorgt Deutschland jetzt dafür, daß einem Land das Potential, eigene Atomwaffen herzustellen, gegeben wird, und gerade wir verteidigen Deutschland gegen Atombedrohungen aus anderen Richtungen".[30]

Der Vertrag lastete schwer auf dem deutsch-amerikanischen Verhältnis. Während Bonn auf seinem Jahrhundertgeschäft bestand, versuchten die Amerikaner den Deutschen zumindest die Lieferung der Urananreicherung und der Wiederaufarbeitungsanlage auszureden. Das Verhältnis Carter-Schmidt begann schwer zu leiden. Immer wieder mußte Genscher nach Washington reisen, um das Vertragswerk zu verteidigen.

Washington wurde massiv. Die Lieferung angereicherten Urans für deutsche Kernkraftwerke wurde zeitweilig eingestellt. Jimmy Carter verließ sich nicht nur auf Drohungen. Am 10. März 1978 unterschrieb er den „Nuclear Nonproliferation Act of 1978". Mit diesem Gesetz in der Hand konnte er den von amerikanischen Brennstofflieferungen abhängigen Deutschen seinen Willen aufzwingen. Im gleichen Monat stellte er ein Ultimatum. "Innerhalb einer Frist von 30 Tagen müssen alle Lieferkontrakte für angereichertes Uran neu verhandelt werden" bedeuteten seine Unterhandler.

Genscher eilte nach Washington, traf sich mit Außenminister Cyrus Vance im April 1978 und war überrascht. „Der „Nuclear Nonproliferation Act of 1978" bezieht sich nicht auf den deutsch-brasilianischen Atomvertrag", konnte der erfreute deutsche Außenminister vernehmen.[31]

Washington hatte einen Kurswechsel vorgenommen. Am 10. Juni 1978 lobte Arthur J. Warner, ein Leiter des amerikanischen Department of Energy, den Nuklearvertrag. Hervásio de Carvalho, Leiter der brasilianischen Atomkommission vermeinte dazu: „Endlich nehmen die Nordamerikaner einen außerordentlich vorsichtigen und wohlerzogenen Standpunkt ein".[32] Am 6. August 1978 wunderte sich sogar die konservative Zeitung „O GLOBO". „Nach einer Phase schwerer Konflikte über die brasilianische Atompolitik und das sich entwickelnde Potential Brasiliens, selber Atombomben bauen zu können, wissen diplomatische Beobachter nicht, wie das augenblickliche Schweigen Washingtons zum deutsch-brasilianischen Atomvertrag zu beurteilen ist".[33]

Genscher litt jedoch nicht an Minderwertigkeitskomplexen. Er führte das amerikanische Schweigen und die Aufgabe des Widerstandes gegen das Jahrhundertgeschäft auf die außerordentlich er-

folgreiche Arbeit der deutschen Diplomatie zurück. Dies entsprach jedoch nicht der Wahrheit. Washington hatte sich von der Undurchführbarkeit des Abkommens überzeugt und zog es vor, das große deutsch-brasilianische Geschäft sich selbst zu überlassen. „Es ist pietätlos, einem Leichnam noch Fußtritte zu versetzen“ bemerkten amerikanische Beobachter. Bonn jedoch bestand weiterhin auf seinem Jahrhundertgeschäft.

42

Die Vereinigten Staaten betrachteten die Länder südlich des Rio Grande stets als ihren Hinterhof. „Die Brasilianer wollen gerne ein Stahlwerk bauen“, schrieb James Forrestal, Roosevelt's Marineminister Anfang der vierziger Jahre an Bernard Baruch. „Das kommt mir so vor, als ob jemand in Kanada Baumwolle pflanzen wolle. Was wir tun können, ist, ihnen ihre Häfen und Eisenbahnen auszubauen, damit sie uns ihr Eisenerz billiger verkaufen können.“[34] Baruch stimmte mit dieser Meinung überein. Er glaubte nicht, daß es Washington gelingen würde, eine potentielle Stahlindustrie Brasiliens unter Kontrolle zu halten. Auch das Internationale Stahlkartell war nicht am Aufkommen unerwünschter Konkurrenten interessiert. Brasilien sollte als Exportmarkt der Industrienationen erhalten bleiben.

Das mögliche Aufsteigen neuer Konkurrenten zu berücksichtigen, gehört zum Zentralproblem strategischer Marktplanung internationaler Kartelle. Aufkauf, ein kurzes Dumping, ein Boykott, alle diese Maßnahmen gehören zum Arsenal der Ausschaltung unerwünschten Wettbewerbs. Denn selbst der kleinste Konkurrent kann unangenehm werden, wenn er Vergleichsmöglichkeiten für Kosten, Preise und Gewinne liefert, oder gar selbst zu wachsen droht.

1946 erkannte Baruch, daß es den Vereinigten Staaten wohl kaum gelingen würde, ihr Atommonopol zu erhalten.[35] Aus diesem Grunde beschlossen die Vereinigten Staaten, der Weltöffentlichkeit die Internationalisierung der Kernkraft vorzuschlagen. Sie erreichten somit einen beachtlichen Propagandaerfolg, obwohl sie nie beabsichtigten, den Plan auch tatsächlich durchzuführen. Washington winkte mit Technologietransfer, und die Länder der Dritten Welt beeilten sich, dem Großen Bruder im Norden ihre Bodenschätze zur Ausbeutung zur Verfügung zu stellen.

In den fünfziger Jahren träumten die Amerikaner von billigem Atomstrom, der ihnen ihre Bierdosen kühlen könnte, die sie vor ihren Fernsehapparaten leeren würden. Washington war nicht gewillt, das erträumte Energiemonopol mit anderen Ländern zu teilen. Immer größere Erwartungen wurden in Kernkraft gesetzt, deren Nutzung sich selbst kleinste Mächte nicht entgehen lassen wollten. Meldungen über in den Vereinigten Staaten aufgetretene technische Schwierigkeiten wurden als böswillige Propaganda abgetan. Je mehr sich in den Vereinigten Staaten herausstellte, daß Kernenergie unwirtschaftlich ist, desto größere Mittel begannen Entwicklungsländer in den Bau von immer mehr Atomreaktoren zu investieren, die sie dem ewigen Kreislauf der Armut entreißen sollten. Niemand hörte auf die Warnungen unabhängiger nordamerikanischer Wissenschaftler, niemand beachtete, daß ab 1975 in den USA der Bau von 192 Kernkraftwerken, wegen Unwirtschaftlichkeit aufgegeben wurde und die schon unterzeichneten Bauverträge annulliert wurden.

Eine im selben Jahr vom Gallup Institut, São Paulo, durchgeführte Meinungsumfrage zeigte, daß auch die brasilianische Bevölkerung an die Segnungen der Kernkraft glaubte. „Kernkraft wird unserem Land Reichtum bringen, und es vor allem sehr mächtig machen.“ Die Brasilianer waren sehr stolz auf den deutsch-brasilianischen Atomvertrag; ein jeder glaubte, daß Atombomben gebaut werden müßten. Das Gallup Institut fand, daß der Nationalstolz größer war, als die Friedensliebe der Brasilianer.[36]

Es war daher nicht weiter verwunderlich, daß der amerikanische Widerstand gegen den Atomvertrag chauvinistische Strömungen in Brasilien bekräftigte, und die gesamte brasilianische Bevölkerung zu begeisterter Zustimmung zum Atomvertrag veranlaßte. Besonders intellektuelle Kreise erinnerten sich „an den Hinterhof der Vereinigten Staaten“ und an die ständigen Bemühungen der USA, ihre südlichen Nachbarn unterentwickelt und machtlos zu halten.

Daß Washington Staatsstreiche zum Sturz mißliebiger Regierungen finanzierte, war kein Geheimnis geblieben. 1975 herrschte in Brasilien brutale Unterdrückung. Oppositionelle wurden gefoltert und in die Kerker der Politischen Polizei geworfen. Es war bekannt, daß die USA Waffen und Ausbilder der berüchtigten Geheimpolizei gestellt hatte. Weniger bekannt war, daß ein Teil der Repression inzwischen auch von europäischen Konzernen bezahlt wurde. Zu jener Zeit glaubte das Land an die Doktrin der kollektiven Sicherheit, die jedoch die absolute Unsicherheit eines jeden Individuums mit sich brachte.

Unternehmer, Wissenschaftler und Politiker erinnerten sich an Bestechungsaffairen und die willkürliche Beseitigung lokaler Konkurrenten durch amerikanische Konzerne. Erinnerungen an United

Fruit und Elektro-Kolonialismus kamen auf. Die Vereinigten Staaten unterstützten seit jeher repressive Diktaturen in Lateinamerika. Es war daher nicht weiter verwunderlich, daß der Abschluß des deutsch-brasilianischen Atomvertrages endgültige Befreiung von einem verhaßten Joch zu verheißen schien. Der einsame Präsident Geisel konnte sicher sein, bedingungslose Unterstützung des gesamten Volkes zu besitzen.

Brasilianisches Uran

Jahrelang war Uran billig zu haben. Atommeiler mit Kernbrennstoff zu beschicken kostete wenig. 1972 noch konnte ein Kilo Uran für 10 Dollar erstanden werden.

Regierungsbeamte aus vier der größten Uran-Produzentenländer trafen sich jedoch im Februar 1972 in Paris mit Vertretern einiger großer Konzerne. Das Ziel war die Gründung eines Uranium Producers Clubs, der offiziell den Namen The Uranium Marketing Research Organization führen sollte. Das Abkommen wurde 1975 im Londoner Uranium Institute konsolidiert. Die Mitglieder des neuen Kartells waren die Regierungen der Uranproduzentenländer selbst.[37] Nur Großbritannien war durch die private Rio Tinto Zinc vertreten. Der Zeitpunkt war günstig gewählt.

Lange Jahre hindurch waren die Uranpreise niedrig. Zahlreiche Minen mußten schließen, der Markt konnte bereinigt werden. Einige wenige große Gesellschaften überlebten, sie beschlossen, sich zu einigen, um endlich richtiges Geld zu machen. Marktanteile wurden verteilt, die Preise entsprechend angehoben. 1976 kostete das Kilo Uran schon fast 100 Dollar.

Jahrzehntelang hatten zu niedrige Preise die Uranprospektion verhindert. Jetzt jedoch begann das Metall knapp zu werden. „Nur noch 19 Jahre können wir mit den bekannten Reserven die heute in Auftrag gegebenen Atommeiler beschicken", erkannte die OECD in ihrem Bericht „Uranium Resources Production and Demand", der 1977 in Paris veröffentlicht wurde. Auch das Atomic Industrial Forum, Sprecher und Lobby der mächtigen amerikanischen Atomwirtschaft zeigte sich besorgt, daß bis zum Ende des Jahrhunderts die in den USA gebauten und zu bauenden Reaktoren das gesamte gefundene und noch zu findende Uran aufbrauchen.

Auch andere, nicht überhörbare Stimmen warnten. Amerikanische, für Reaktorfinanzierung zuständige Banker wurden pessimistisch. Saunders Miller, New Yorker Investmentbanker, schrieb in seinem Buch „The Economics of Nuclear Power": „Wenn wir nicht dringend mehr Uran finden, müssen wir noch vor der Jahrhundertwende unsere neu gebauten Kernkraftwerke abschalten. Die Vorsicht lehrt uns, keinerlei neue Reaktoren in Auftrag zu geben, bevor sich nicht „geschätzte Vorkommen" in tatsächlich gemessene Uranlager verwandelt haben.[38]

Amerikanische Stromerzeuger beugten sich den ihnen von ihren Bankern diktierten Argumenten. 1978 wurde kein einziges Kernkraftwerk in Auftrag gegeben, zwischen 1975 und Mitte 1977 jedoch 192 Aufträge storniert.

Die deutsche, an Reaktorverkäufen vital interessierte Atomwirtschaft propagierte jedoch andere Argumente. Sie akzeptierte zwar, daß die gemessenen Uranreserven der Welt 1,1 Millionen Tonnen nicht überschreiten würden und es nur weitere 5,5 Millionen Tonnen geschätzter Vorkommen gäbe, sie meinte aber, daß Uran durch Investition von Zeit und Geld gefunden werden könne.

Kalter Krieg und Rüstungswettlauf verursachten in den vierziger und fünfziger Jahren einen wahren Uranboom. Tausende von Prospektoren begannen die Welt mit ihren Geigerzählern und Szintillometern abzuklappern. Uran wurde gefunden; hunderttausende von Atombomben konnten gebaut werden; der Uranpreis sank; das Interesse an weiteren Lagerstätten schwand. Etwa fünf Dollar pro Kilo kosteten alleine die Prospektionsarbeiten. Sie lohnten sich nicht mehr. Das 1972 gegründete Urankartell änderte die Lage jedoch gründlich. „Wahrscheinliche Kartellabsprachen der Produzentenländer ermöglichten Stabilisierung des Uranpreises. Uranprospektion wird wieder interessant", jubelten Propagandisten der KWU in ihrer Publikation „Argumente" vom 14. November 1977.[39]

Deutschland brauchte Energie, Uran und Petroleum, um den überhohen Lebensstandard seiner Bevölkerung aufrecht erhalten zu können. „Der deutschen Kernindustrie fällt es aufgrund der internationalen Konkurrenz schwer, auf ausländischen Märkten Fuß zu fassen. Außerdem sind die Bundesregierung und die deutsche Industrie angesichts der sich Anfang der 80er Jahre abzeichnenden Verknappung von Natururan und der Möglichkeit entsprechender Natururankartelle an der Erschließung einer zusätzlichen Versorgungsquelle interessiert," antwortete Bonn 1975 auf eine Anfrage des Bundestagsabgeordneten Hans Kern.

Brasilien ist ein Subkontinent. Bodenschätze gehören der Regierung, Prospektionsarbeit und eventuelle Funde werden, wenn überhaupt, nur kärglich und nach langem Streit entschädigt. Seine Landmassen waren nie auf Uran hin durchforscht worden; Deutschland und Brasilien beschlossen, gemeinsam vorzugehen.

Es schien ausgeschlossen, daß es in Brasilien kein Uran gäbe. Die Bundesrepublik Deutschland war in arger Verlegenheit. Nordamerika weigerte sich zeitweise, angereichertes Uran zu liefern, Kanada und Australien bereiteten ihrerseits Schwierigkeiten bei der Lieferung von Natururan. Vor jeder Wiederaufarbeitung, Anreicherung oder Lagerung bestrahlten kanadischen oder australischen Materials sollte vorherige schriftliche Zustimmung eingeholt werden.

Brasilien beschloß, einen Köder auszuwerfen. „Unsere bekannten Uranreserven liegen zwischen 350.000 und 500.000 Tonnen, es gibt auch sichere Hinweise, daß sich im Amazonasgebiet noch wesentlich reichere Vorkommen befinden", verkündete Paulo Nogueira Batista, obwohl die tatsächlich bekannten und gemessenen Lager nicht mehr als 3.000 Tonnen vorweisen konnten.[40]

Bonn glaubte jedoch den Worten der Lateinamerikaner. Schwitzend stapfte Horst Röding, Bonns Botschafter in Brasilien durch die Urwälder der nur von Indianern bewohnten Serra dos Sururucus im Grenzgebiet zwischen Kolumbien, Venezuela und Brasilien. Radioaktive Lager sollten bewundert werden. „Je weiter entfernt, je beschwerlicher die Reise, desto größer alle Reichtümer", diese Weisheit sollte auch für das Roraimagebiet gelten, das erst seit kurzem Weißen überhaupt zugänglich war, und das immer noch nach der verschwundenen sagenhaften Stadt „Eldorado" durchforscht wird.

Als der Atomvertrag unterzeichnet wurde, besaß Brasilien nicht einmal genug Uran, um die ersten beiden bei der KWU bestellten Reaktoren mit Kernbrennstoff zu versorgen. Brasilianische Offiziere meinten jedoch: „Die Deutschen sind Ehrenmänner. Seit Humboldts Zeiten kennen sie unser Land besser als wir, sie wissen, daß wir pleite sind, sie hätten das Abkommen nicht unterzeichnet, wenn sie nicht wüßten, wo unser Uran zu finden ist". Das Uran für die ersten Reaktorladungen mußte Brasilien aber in Südafrika kaufen.

Lange herrschte Zweifel, ob Brasilien wirklich Uran besäße. Kritiker des Abkommens bewunderten den Verkauf von Technologie unter den Bedingungen erst noch zu findenden Urans. Trotz aller Skepsis aber kamen die Prospektionsarbeiten voran. 1976 schon stiegen Brasiliens gemessene Reserven auf 26.000 Tonnen, 1977 gar auf 66.800 Tonnen. 1978 wurde verkündet, daß 142.300 Tonnen Uran im Wert von 10 Milliarden Dollar vermessen worden seien. 1979 stiegen die Reserven gar auf 200.000 Tonnen. Brasiliens Uranversorgung war gesichert.

Auch im Uranbergbau entspricht der Erfolg der aufgewandten Leistung. Die fortgeschrittene Technologie erlaubt, daß inzwischen auch weniger reichhaltige Lagerstätten wirtschaftlich ausgebeutet werden können. Etwa 10 % des Preises von Atomstrom werden heutzutage für Kernbrennstoff aufgewandt. Selbst eine Verdoppelung der Uranpreise würde wenig Einfluß auf die Wirtschaftlichkeit der Kernkraftwerke ausüben. Starke Preiserhöhungen des Urans würden noch nicht das Ende der Kernkraft bedeuten, dafür aber die Menge des augenblicklich verfügbaren und wirtschaftlich abbaubaren Urans beträchtlich erhöhen. „Erst weit im 21. Jahrhundert wird es auf der Welt zu spürbaren Uranverknappungen kommen", stellten amerikanische Wissenschaftler in einem Untersuchungsbericht der Ford Foundation „Nuclear Power, Issues and Choices" fest.

Brasiliens Uran sichert zweifelsohne die Brennstoffversorgung brasilianischer Reaktoren, es erhebt sich aber die Frage, ob es nicht klüger gewesen wäre, das Uran auf dem internationalen Markt zu Geld zu machen, um damit ein großes und umfassendes Entwicklungsprogramm voranzutreiben.

Atomare Kostenexplosion

Ein ganzes Jahrzehnt träumte die Menschheit von konkurrenzlos billigem Atomstrom.[41] Im Oktober 1963 wurde in den USA das Kernkraftwerk Oyster Creek bestellt. Die Jersey Power verzichtete auf Subventionen jeglicher Art. Reaktoren begannen wie Pilze aus dem Boden zu schießen. Zehn Jahre nach Baubeginn von Oyster Creek speisten schon 41 Kernkraftwerke Strom die öffentlichen US-Netze. Allein zwischen 1965 und 1966 wurden bei amerikanischen Lieferanten 77 Meiler bestellt. Zu Ende des Jahrhunderts sollten, so schätzte Washington, etwa 1.000 Reaktoren die Vereinigten Staaten mit billigem Atomstrom versorgen.

Der Traum währte nicht lange. Die Kernkraft verlor ihre Anziehungskraft.[42] Eine ungewisse Zukunft drohte der amerikanischen Atomwirtschaft, genau zur gleichen Zeit, als die Euphorie des Atomvertrages sich Deutschlands und Brasiliens zu bemächtigen begann. Amerikanische Umweltschützer mochten sich nicht mit der Kernkraft abfinden, die Ralph Nader als unsicher, unwirtschaftlich und unzuverlässig kennzeichnete.

Meileraufträge gingen sprunghaft zurück. 1973 wurden noch 41 Kernkraftwerke bestellt; 1974 nur noch 26, 1975 und 1976 nicht mehr als sieben, 1978 dagegen kein einziger mehr. Die amerikanischen Stromerzeuger begannen die Problematik der Kernenergie neu zu überdenken. Allein im Jahre 1975, als das Jahrhundertgeschäft zwischen Deutschland und Brasilien abgeschlossen wurde, strich man in den USA den Bau von 98 Meilern. Mitte 1977 erreichten die Auftragsstornierungen die Zahl 192.

Der Traum vom billigen Atomstrom war zerronnen. Noch 1967 nahm die Atomic Energy Commission (AEC) an, daß der Bau von Kernkraftwerken nicht mehr als US$ 135,- pro kW installierter Leistung kosten würde. Die Vorausberechnungen der Meilerbauer waren jedoch stets falsch. Die wirklichen Kosten übertrafen die Schätzungen bis zu 280 %. Auch 1974 irrte die AEC erneut. US$ 700,- pro installierter kW sollten die Reaktoren kosten, während

Stromgesellschaften mit wirklichkeitsnäheren US$ 1.000 pro kW rechneten. Die Brasilianer und die Deutschen dagegen redeten sich ein, daß sie es mit US$ 458,- pro kW schaffen könnten.

Zwei Jahre später rechnete die Pacific Gas & Electric Co. schon mit US$ 1.600,- pro kW und ließ verlauten, daß nur erstklassige Gesellschaften, Blue Chip AA, sich den Luxus von Kernkraftwerken leisten könnten. Die auf Kostenberatung spezialisierte New Yorker Firma Komanoff Energy Associates bezweifelte, daß die Pacific Gas & Electric Co. mit US$ 1.600,- pro kW auskommen würde. Die Beratungsfirma errechnete, daß in New England zu bauende Meiler nicht unter US$ 2.116,- pro kW bei ihrer Betriebsaufnahme im Jahre 1985 kosten würden.[43] Die Baukosten amerikanischer Kernkraftwerke haben sich in den letzten zehn Jahren verzehnfacht. Deutsche Meiler waren gar noch teurer. Zahlreiche Sicherheitsauflagen bewirkten, daß deutsche Kernkraftwerke konkurrenzlos teuer wurden. Ihr Preis lag 1975 20 % über dem Preis ihrer amerikanischen Konkurrenten.

Bei Abschluß des Atomvertrages rechnete Brasilien damit, daß die in Deutschland gekauften Meiler billig seien, und nicht mehr als US$ 458,- pro kW kosten würden;[44] diese Werte wurden schon damals von amerikanischen Experten angezweifelt. Ob ein sogenannter „Buy In", d.h. vorsätzliche Vorspiegelung falscher Zahlen zwecks Auftragsergatterung, vorlag, konnte nicht bewiesen werden. In seiner Geltungssucht erklärte sich Nogueira Batista, Nuklearpapst der Brasilianer bereit, der KWU einen Überpreis von 379 Millionen Mark als „Entgelt für Technologietransfer" zu zahlen. John Cotrim, anerkannter Energiefachmann Brasiliens und langjähriger Vorstandsvorsitzender von Furnas, warnte: „Die Baukosten werden in Angra US$ 3.000,- pro kW übersteigen, und unsere Strom-Tarifstruktur ermöglicht uns nicht, diese Kosten später wieder hereinzuholen."[45]

Cotrims Schätzungen lagen nicht ganz falsch. Brasilien besitzt wenig ausgebildete Fachmonteure. Bau- und Montagekosten sind in Brasilien erfahrungsgemäß besonders hoch. Die Montage einer großen, in Bahia gebauten petrochemischen Anlage sollte etwa 25-30 % des Wertes der Ausrüstungen kosten. Der Endpreis der Montage überstieg das Doppelte des Einkaufspreises der Maschinen und Ausrüstungen.

Cotrim wies auf ein weiteres Problem hin: die Ungewißheit der späteren Gestaltung der Tarife. Schon jetzt hat Brasilien nicht genug Mittel, um den Bau der Kernkraftwerke voranzutreiben. Amerikanische Atompolitiker erkannten, daß es unverantwortlich sei, Generationen und Generationen mit dem Bau unnützer und wahr-

Verfügbarkeit von Kernkraftwerken

scheinlich nie zu gebrauchender Kernkraftwerke zu belasten.[46] Brasiliens Technokraten trieben ihre Atompläne aber beschleunigt und ohne Rücksicht auf Verluste voran.

52

Kernkraftwerke sollen möglichst ununterbrochen Strom und damit Gewinne produzieren. Zuweilen müssen Meiler jedoch neu mit Kernbrennstoff beladen werden; auch fallen die verschiedensten Reparaturarbeiten an. Kernkraftwerke sind deshalb nicht immer für die Stromerzeugung verfügbar. Ein Untersuchungsbericht des amerikanischen Kongresses zeigte, daß zwischen 63 und 50 % Verfügbarkeit die Kosten für Atomstrom um 30 % pro kW-Stunde steigen.[47] Stillstehende Meiler produzieren weder Strom noch Geld, und Kernkraftwerke fallen oft aus.

Biblis A, Exportschlager der deutschen Industrie, arbeitete während des ersten Betriebsjahres 1975 wie am Schnürchen. In acht Monaten wurden 5.200 Stunden Vollast gefahren, und eine hohe Verfügbarkeit von 90 % erreicht. 1977 jedoch begannen sich schon Probleme zu zeigen. Die Verfügbarkeit sackte auf 67 % ab, übertraf jedoch damit die 48,7 % amerikanischer Reaktoren gleicher Größenordnung.[48]

Bisher gibt es wenig Betriebserfahrung mit großen Kernkraftwerken. Amerikanische Fachleute argumentieren, daß die Betriebssicherheit und Verfügbarkeit von Kernkraftwerken nach 5 oder 6 Betriebsjahren stark abzusinken beginnt. Die Anlage zeigt dann Korrosions- und Ermüdungserscheinungen. Amerikanische Statistiken bestätigen offenbar die Richtigkeit dieser Ansichten.[49]

Mit dem Bau stets größerer Kernkraftwerke sinken die Kosten des installierten Kilowatts. Analysen des amerikanischen Experten Komanoff zeigten jedoch, daß stets größere Meiler auch stets größere Reserveeinheiten erfordern. „Kleinere Maschinengruppen benötigen weniger Reserveeinheiten", bemerkte Komanoff in einem Bericht für den US-Senat, und Edward Kahn vom kalifornischen Lawrence Berkeley Laboratorium bestätigte: „13 Turbinensätze zu 375 MW Kohlestrom, d.h. 4.875 MW Gesamtleistung, ersetzen ohne weiteres 7.560 MW Atomstrom.[50]

Kahn wies auf ein weiteres Problem hin: Die schwachen Netze der Entwicklungsländer vertragen den Einsatz großer Maschinensätze nicht.[51] Selbst in New York brach, als 1976 das Kernkraftwerk Indian Point mit 873 MW Leistung ausfiel, die gesamte Stromversorgung zusammen. Kernkraftwerke wie geplant an die schwachen Netze der armen Staaten des brasilianischen Nordens und Nordostens anzuschließen, wird also zumindest schwierig werden.

Auch andere Probleme waren noch nicht gelöst. 1985 wollte Brasilien nach Worten des Nuklearpapstes Paulo Nogueira Batista schon seinen ersten Schnellen Brüter in Betrieb nehmen; noch aber wußte niemand, wie abgebrannte Kernbrennstäbe aufzuarbeiten und endzulagern seien.[52] „Wir werden unsere radioaktiven Abfälle vorläufig erst einmal in Lagerhäusern im Vorort Duque de Caxias von Rio de Janeiro aufbewahren. Eine Kompanie Soldaten wird den Abfall bewachen. Diebstahl wird so verhindert werden. Das Terrain haben wir auch schon gekauft," verkündeten Brasiliens Nukleokraten. Die Bevölkerung des Elendsviertels Duque de Caxias aber meuterte, sie wollte nicht atomarer Strahlung ausgesetzt werden. Das Projekt mußte abgeblasen werden.

Brasilien ist das Land der Wasserkraft. Einmal gebaut, brauchen Staudämme und Maschinen praktisch keine Wartung. Für das Stauwerk „Furnas" lieferten Voith und Siemens Turbogeneratoren, die seit jetzt 17 Jahren praktisch wartungs- und problemfrei laufen. Andere Kraftwerke in Brasilien können 70 Jahre störungsfreien Betrieb vorweisen. Wasser, ihr sogenannter Treibstoff wird von der Natur geliefert. Die großen Wasserkraftwerke Brasiliens arbeiten mit Grundlast. Bau und Übertragung kosten nicht mehr als US$ 800,- pro KW. 1.550 MW Wasserkraft, die etwa US$ 1,25 Milliarden kosten würden, entsprächen so den 2.600 MW von ANGRA DOS REIS (60 % Verfügbarkeit), einem Investment von mindestens 7 Milliarden Dollar.

Urananreicherung in Brasilien

Brasiliens Verhältnis zu Holland wurde 1978 schwer erschüttert. Leichtwasserreaktoren benötigen als Kernbrennstoff angereichertes Uran. Brasilien besaß inzwischen zwar genug Uran, um seine Reaktoren zu beschicken, konnte es aber nicht anreichern und in Kernbrennstoff umwandeln. Vor drei Jahren nun schon war der Atomvertrag unterschrieben worden, die Meiler befanden sich auch im Bau. Woher aber der Kernbrennstoff kommen sollte, das vermochte niemand zu erklären.

Die Bundesrepublik hatte sich zwar verpflichtet, den Brasilianern angereichertes Uran zu liefern, aber damit war Holland, Partner der URENCO, nicht recht einverstanden. Kernkraftgegner übten Druck auf Den Haag aus, und fast wäre die holländische Regierung über die Uranfrage gestürzt. Ihr Ausweg war, die Entscheidung auf 1980 zu verschieben. Die Antwort der Brasilianer folgte rasch: Der dem niederländischen Staat gehörenden Werft Verolme do Brasil wurden die Aufträge über sechs fast fertige, von der staatlichen Ölgesellschaft Petrobrás georderten 250,000 TDW Supertanker gestrichen. Ob die Werft als Folge dieser Stornierung schließen und der Stadt Angra dos Reis Arbeitslosigkeit bringen würde, interessierte die Generäle der Petrobrás nicht. Schließlich gehörte die Werft ja nur „fischäugigen Europäern", wie die Presse zu berichten wußte.[53] Aber auch mit diesem Manöver vermochte Brasilien die Anreicherung von Uran nicht zu erpressen. Die Niederlande blieben hart.

Gigantische Anreicherungsanlagen waren während des Rüstungswettlaufs der 50er Jahre in den USA für militärische Zwecke erbaut worden. Kosten hatten hierbei keine Rolle gespielt. Leichtwasserreaktoren benötigen als Kernbrennstoff angereichertes Uran. Im Rahmen der Nichtverbreitungspolitik der Vereinigten Staaten beschloß Washington, unter Ausnutzung der militärischen Anlagen auf eine alte Kartellpolitik zurückzugreifen: Angereichertes Uran wurde zu Dumpingpreisen verkauft. Unerwünschte Konkurrenz sollte vermieden werden.

1962 verlangte die AEC-Atomic Energy Commission noch US$ 37,- für eine Einheit angereicherten Urans. Sie senkte ihren Preis dann 1967 auf US$ 26,-;[54] mit derart niedrigen Preisen zu konkurrieren, war unmöglich. Urananreicherungsanlagen sind teuer. Über US$ 4 Milliarden kostet eine Gasdiffusionsanlage.[55] Um unnütze Investitionen zu vermeiden, griffen sämtliche Nationen im Rahmen der internationalen Arbeitsteilung auf amerikanische Billigstlieferungen angereicherten Urans zurück.

Anfang der 70er Jahre träumte die Welt von billigem Atomstrom. Überall begann man, Kernkraftwerke zu bauen. 1974 überschritt die Nachfrage nach angereichertem Uran die amerikanische Anreicherungskapazität. Gleichzeitig begannen deutsche und französische Lieferanten, die amerikanische Nichtverbreitungspolitik unberücksichtigt zu lassen. Amerikas Reaktion war voraussehbar: Schon 1974 stellte Washington die Verschiffungen angereicherten Urans ein. Den deutschen Meilern drohte der Brennstoff auszugehen. „Wir wußten, daß unsere Anreicherungskapazitäten sich erschöpfen würden. Wir haben aber nichts dagegen unternommen", erklärte ein Beamter der amerikanischen Regierung.[56]

Die Sowjetunion witterte gute Geschäftsmöglichkeiten und lieferte Deutschland angereichertes Uran. Es erhob sich nur eine Frage: Würde die UdSSR auch den brasilianischen Diktatoren Uran liefern, und würden diese sich freiwillig in russische Lieferabhängigkeit begeben? Deutschland beschloß jedenfalls, sich nicht mehr auf fremde Lieferungen zu verlassen. Ultrazentrifugentechnologie wurde beschleunigt vorangetrieben. Auch das Trenndüsenverfahren sollte entwickelt werden.

1974 einigte sich Bonn mit Den Haag und London. Eine gemeinschaftliche Firma, URENCO, sollte in Almelo, Holland, eine Anreicherungsanlage bauen. Noch bestanden jedoch auch bei den deutschen Technikern Zweifel, ob das Verfahren auch wirtschaftlich sei. In einem Bericht des Deutschen Bundesministeriums für Forschung und Technologie heißt es: „Wir konzentrieren uns auf Ultrazentrifugen und hoffen, daß wir dieses Anreicherungsverfahren wirtschaftlich gestalten können. Als Reservelösung befassen wir uns jedoch weiterhin mit dem Trenndüsenverfahren."

Die Bundesrepublik brauchte einen Partner, der ihm das von Professor Becker entwickelte Trenndüsenverfahren bezahlen würde, dessen Achillesferse der äußerst hohe Stromverbrauch war. Bonn hatte Glück. Brasilien, ein scheinbar außerordentlich reiches Land, beschloß, Milliarden Dollars für den Ausbau nicht benötigter Kernenergie auszugeben. Schließlich mußte armen Industrieländern ja unter die Arme gegriffen werden! Und den Deutschen gelang es tatsächlich, die Brasilianer zu gemeinschaftlicher Entwicklung zu überreden.

Ohne Zweifel wurden Fortschritte in der Entwicklung des Trenndüsenverfahrens gemacht. Auch andere Anreicherungsverfahren über Laserstrahlen kamen ins Gespräch. Es war bisher aber nicht gelungen, die Verfahren wirtschaftlich zu gestalten.

Professor Erwin Becker besaß Zivilcourage, und dies wurde von der brasilianischen Öffentlichkeit bewundernd anerkannt. Er stellte sich als einziger Deutscher der Öffentlichkeit und verteidigte am 23. Oktober 1979 im brasilianischen Senat sein Trenndüsenverfahren der Urananreicherung.[57] „Sicher, es wird mehr Strom als das Gasdiffusionsverfahren der Amerikaner und Franzosen, und zehnmal mehr Strom als das Ultrazentrifugenverfahren der URENCO kosten. Diese Probleme lassen sich aber dank des großen Wasserkraftpotential Brasiliens wirtschaftlich lösen. Der Bau einer Trenndüsenanlage neben einem großen Wasserkraftwerk würde es erlauben, relativ niedrige Anreicherungskosten zu erreichen." Endgültige Werte konnte aber auch Becker nicht angeben, da das Verfahren nicht vor 1982 entwickelt sein würde; bis dahin müssen weitere 400 Millionen Dollar Entwicklungskosten hineingesteckt werden.

„720 Millionen Dollar sollen die 23 Trenndüsen der brasilianischen Pilotanlage kosten", wußte Senator Saturnino Braga zu berichten, 575 Trenndüsen werden jedoch für ein kommerzielles Projekt benötigt. Von Wirtschaftlichkeit kann kaum noch die Rede sein.

Insgesamt sieben Milliarden Dollar soll eine industrielle Anreicherungsanlage den Brasilianern kosten. Der Stromverbrauch einer Trenndüsenanreicherung erreicht 2.000 KW/h pro Anreicherungseinheit; alleine 50 % der Anreicherungskosten müssen für Strom aufgewandt werden und dafür wäre der in ANGRA eventuell zu produzierende Atomstrom zu teuer und nicht ausreichend. Um den Sinn für subtilen Humor nicht zu verlieren, beschloß die Nuclebrás deshalb, auf kostengünstige Fernübertragung von im 2.000 Kilometer entfernten Tucurui erzeugten Amazonasstrom zu vertrauen. Im Städtchen REZENDE, 200 Kilometer von Rio de Janeiro entfernt, soll URAN künftig mit billigen, aus weiter Ferne herangeholten Amazonasstrom angereichert werden.

Energieminister Cals träumte von unermeßlichem Reichtum. Den im Dachverband der brasilianischen Industrie (Confederação Nacional da Indústria) versammelten Unternehmern erklärte er im Juni 1979: „Wenn wir unsere jetzt schon bekannten 200.000 Tonnen Natururan anreichern, haben wir 200.000 Tonnen angereichertes Uran (sic), für das wir auf dem Weltmarkt mindestens 200 Milliarden Dollar erzielen können. Alleine dieses rechtfertigt den Atomvertrag".

Professor Becker war jedoch bescheidener: „40 Milliarden Dollar könnte Brasilien auf dem Weltmarkt erzielen, wenn seine Uranreserven mittels des Trenndüsenverfahrens in angereichertes Uran umgewandelt würden". Becker empfahl außerdem Eile: „Die Uranreserven sollten jetzt ausgebeutet werden. In einigen wenigen Jahren werden Leichtwasserreaktoren veraltet sein, und dann gibt es keinen Markt mehr für angereichertes Uran".

Professor Cerqueira Leite griff zum Bleistift. „Unsere 200.000 Tonnen Natururan ergeben bestenfalls 28.000 Tonnen angereichertes Uran, eine Menge die, 25jährige Lebensdauer der Reaktoren vorausgesetzt, gerade ausreichen würden, den Eigenbedarf unserer acht KWU-Meiler zu decken".

Was sind die Deutschen eigentlich, gerissene Verkäufer oder einfache Betrüger? Diese Frage wurde in der brasilianischen Öffentlichkeit immer häufiger aufgeworfen. „Ein schöner Traum einer heißen Sommernacht", so qualifizierte der Anreicherungsfachmann Dirceu Coutinho am 8. Oktober 1979 die Pläne der Deutschen und Brasilianer, über Trenndüsen zu unermeßlichem Reichtum zu kommen.[58]

Der Atommoloch

Mit einer angeblich bereits 1985 auftretenden Energielücke versuchten Brasiliens Technokraten den Atomvertrag zu rechtfertigen.[59] In jenem Jahr sei das gesamte Wasserkraftpotential des Landes ausgebaut, meinte Paulo Nogueira Batista, Brasiliens Chefnukleokrat. Massiver Einsatz von Atomstrom, von 63 bis zur Jahrhundertwende zu erbauenden Reaktoren erzeugt, sollte deshalb verhindern, daß in Brasilien die Lichter ausgehen.

Die Pariser Wirtschaftszeitschrift „Entreprise" bemängelte am 30. Januar das französische Nuklearprogramm in ihrer Titelstory: „Atomkraft, viel, viel zu teuer". Das Blatt kritisierte nicht nur überhohe Investitionskosten, sondern errechnete auch eine Energiebilanz von für die Erzeugung von Atomstrom benötigter und später produzierter Kilowatt. Die Redakteure wollten wissen, ob Kernkraftwerke wirklich genug Strom erzeugen, um den „faustischen Pakt mit dem Teufel" zu rechtfertigen.[60]

Berechnungen des amerikanischen Ingenieurs Ackerman gaben die erste Antwort. Nicht mehr als 10 % des in Atomprogramme hereingesteckten Stromes hatte die AEC (Atomic Energy Commission) bis 1971 zurückgewinnen können. Bis 1970 noch verschlangen die Urananreicherungsanlagen der USA mehr Strom als seinerzeit die Kernkraftwerke des Landes zu liefern vermochten. Fast der gesamte von den gewaltigen Staudämmen der TVA (Tennessee Valley Authority) erzeugte Wasserkraftstrom wurde für Urananreicherung verbraucht.

Bevor ein Kernkraftwerk Energie erzeugen kann, muß zunächst sehr viel Energie hineingesteckt werden, die Meiler müssen gebaut, Uranerz abgebaut und angereichert werden; Straßen, Ausrüstungen Maschinen aller Art müssen gebaut werden etc., für jeden dieser Schritte wird Energie gebraucht.

Sogar dann, wenn das Kernkraftwerk arbeitet, verbraucht es weitere Energien für den Betrieb, die Wartung und Instandhaltung, für die Herstellung weiteren Kernbrennstoffes etc.. Professor Hoffmann kalkulierte, daß ungefähr die Hälfte der Nennleistung eines Kernkraftwerks wieder zurück in seinen Kreislauf fließt. Das bedeutet also, daß von 1.300 MW, die ein Kernkraftwerk vom Typ Biblis erzeugt, etwa 650 MW als Nettoenergie verbleiben. Demzufolge würde ein Kernkraftwerk, für das sechs Jahre Bauzeit benötigt werden, erst nach neun Jahren unter der Voraussetzung von 100 Prozent Kapazitätsausnutzung Nettoenergie liefern. Professor José Goldemberg errechnete, daß ein Reaktor im Schnitt etwa 15 mal soviel Energie produziere wie in seinen Bau hineingesteckt wurde, eine von vielen anderen Wissenschaftlern anerkannte Meinung.[61]

Zahlreiche Länder sind auf Kernenergie angewiesen und zufrieden damit. Sie müssen sich aber bewußt sein, daß sie nicht so bald Kernenergieüberschuß haben werden. Einen Reaktor zu bauen dauert inzwischen durchschnittlich zehn Jahre, er muß also weitere 3 Jahre ununterbrochen arbeiten, um die in seinen Bau hereingesteckte Energie wieder herauszuholen. Erst in 13 Jahren also wird Brasilien in Angra etwas Überschußstrom haben. Das ursprünglich geplante fantastische Kernenergieprogramm hätte jedoch über lange Jahre den Einsatz von mehr und mehr Energie erfordert, jahrelang hätte der Kernmoloch nur Energie und Geld gekostet. Auch beim Bau nur eines Atomkraftwerkes pro Jahr hätte Brasilien, nach Berechnungen des Franzosen Y. Le Hénaff, 15 bis 20 Jahre gebraucht, um den ersten Energieüberschuß zu erzielen.

Das Atomprogramm sollte dem Land seine energiepolitische Unabhängigkeit bringen. Die Verkäufer der Reaktoren vergaßen jedoch, diskret darauf hinzuweisen, daß das Monster viel verschlinge, bevor es Energie liefere. Oberst Ferreira, Leiter des Kernprogrammes im Energieministerium Brasilia, erklärte: „Das Atomprogramm soll die Zukunft unserer Kinder und Enkel sichern".[62] Er wußte nicht, daß er beinahe recht hatte.

Mißgeschick in Itaorna

„Der Auswahl der Standorte der Kernkraftwerke wird besondere Sorgfalt gewidmet. Seismologische und geologische Aspekte wurden gesondert bei der Wahl des Platzes Itaorna berücksichtigt. Ein vorläufiger Sicherheitsbericht fußt auf den Untersuchungen nordamerikanischer geophysischer Berater. Es gibt keine aktiven geologischen Grabenbrüche in dieser Gegend. Der Standort wurde von der brasilianischen Atomkommission (Comissão Nacional de Energia Nuclear) genehmigt",[63] erklärte der Präsident der brasilianischen Nuclebrás, Paulo Nogeira Batista.

Die Bucht von Angra dos Reis, der Bucht der Könige, ist überwältigend schön. Die Natur aber setzte dem Bau der Atomkraftwerke, als hätte sie sich gegen die Kernkraft verschworen, die ersten Schwierigkeiten entgegen. Erdbeben stellen eine ernsthafte Gefahrenquelle für die Betriebssicherheit von Kernkraftwerken dar. Kontrollstäbe können verbiegen, die Notkühlungen versagen. Brasilien ist ein anerkanntermaßen erdbebensicherer Subkontinent. Ausnahmen bestätigen jedoch zuweilen die Regel, und Itaorna ist eine solche Ausnahme.

Die Nuclebrás berichtete, daß es in der Gegend von Itaorna keine Erdbeben gäbe. Die amerikanischen geophysischen Berater Weston Geophysical Inc. widersprachen jedoch dieser Behauptung. Vielleicht hatten die brasilianischen Meilerbauer auch nur ihre Akten nicht ausreichend studiert. „In den letzten hundert Jahren wurde Angra dos Reis von vier Erdbeben geschüttelt, deren Zentrum nur 25 km von Itaorna entfernt liegt. In der Serra da Bocaina, die Itaorna überragt, gibt es zwei aktive Grabenbrüche, Natividade und Bairro Alto genannt. Der brasilianische Kaiser Pedro II. berichtete, daß am 31. Juli 1861 ein Erdbeben der Stärke 5 - 6 der Skala Mercalli die Gegend betroffen habe. Das Erdbeben vom 22. März 1967, das exakt gemessen werden konnte, erreichte gleiche Stärke. Der Bericht der Geologen der Weston Geophysical Inc. warnte vor den Erdbeben der Serra da Bocaina, „die – zweifellos –

gefährlich sind, da sie hohe Frequenzen bei niedriger bis mittlerer Stärke erreichen."[64]

Zur Beruhigung der Bevölkerung mußten nach den Erdbeben von 1976 und 1977 Truppen des brasilianischen Heeres eingesetzt werden. Geologen des Kernkraftbetreibers Furnas, die die brasilianische Presse ausdrücklich baten, ihre Namen nicht zu nennen, kritisierten den amerikanischen Bericht: „Die Amerikaner vergaßen es, den Zusammenhang zwischen Erdbeben und den großen Lehm- und Gesteinlawinen der Serra da Bocaina zu untersuchen." Sie erinnerten daran, daß 1967 der gesamte Berghang und Urwald auf 20 km Breite und 1.000 m Höhe bei Caraguatatuba ins Rutschen kam und abstürzte. Die Katastrophe forderte über 800 Tote.

Hohe Berge umgeben den Strand von Itaorna. Bananen und dichter Urwald gedeihen auf ihren Hängen. Eine dünne Lehmschicht ruht auf glattem Granit. Viele Narben zeugen von häufigen Erdrutschen.[65] Zur Zeit der starken sommerlichen Regenfälle wagen sich nicht einmal die Bananenpflücker auf die gefährlichen Hänge. Der weiße Strand von Itaorna birgt große Findlinge, Zeugen vergangener Abstürze ganzer Berghänge. Indianer des Tupi-Stammes wußten schon in grauer Vorzeit, daß diesem Strand nicht zu trauen ist. Sie nannten ihn deshalb Itaorna – Strand des faulen Steins.

Zu Beginn des Baus der Kernkraftwerke von Angra dos Reis konnte der Bauplatz nicht auf dem Landweg erreicht werden. Eine kleine Erdstraße führte zur 50 km entfernten Stadt Angra dos Reis. Bei Regen konnte dieser Weg jedoch selbst von geländegängigen Fahrzeugen nicht befahren werden. Keine Brücken führten über die kleinen, nach Gewitterstürmen in reißende Ströme verwandelten Bäche.

Die Serra da Bocaina wehrte sich gegen die Eingriffe der Menschen. Die Natur war nicht zu bezwingen. Teuerste Bauwerke sollten nun den ständigen Lehmlawinen, die vorher schon Indianer und Bananenpflücker vertrieben hatten, Einhalt gebieten. „Der gute Wille mag schier unwiderstehlich sein, aber Berge wie bei Angra dos Reis versetzen, das vermag er nicht", kommentierte das deutsche Nachrichten-Magazin „DER SPIEGEL"[66]. 1979 kam die mühsam gebaute Straße hinter den künftigen Atommeilern wieder einmal ins Rutschen.

Die Standortschwierigkeiten blieben nicht ohne Folgen. Verschiedene mit dem Bau beauftragte Unternehmer gingen einfach Pleite. Der Mantel des Schweigens verhüllte jedoch die Schwierigkeiten der Meilerbauer. Die Presse jubelte mit euphorischen Meldungen über Brasiliens unaufhaltsamem Aufstieg zur Atommacht.

Zahlreiche, im März 1978 der brasilianischen Presse zugeleiteten Dossiers enthüllten jedoch ein anderes Bild. Sie berichteten u.a. von einem Feuer, das am 31. Oktober 1977 den Bauplatz des amerikanischen Westinghouse Reaktors in Itaorna heimsuchte. An jenem strahlenden Sonnentag quoll um 12 Uhr mittags dichter schwarzer Rauch aus dem Maschinen- und Ersatzteillager des Werkes. Es stellte sich später heraus, daß dieser Brand das 71. Feuer der letzten fünf Monate war.[67] Es zeugte erneut von den unendlichen Schwierigkeiten und begangenen Fehlern, die dem brasilianischen Atomprogramm anhängen.

Das Feuer brach mittags aus. Die Schlüssel des Lagers befanden sich in der Tasche des Aufsehers, der am Strand seine Siesta hielt. Die Feuerwehr wurde gerufen und war in wenigen Minuten zur Stelle. Es gab jedoch kein Wasser und der Feuerwehr wurde nicht erlaubt, das Wasser der Baustelle selber abzuschöpfen. Das Löschwasser mußte deshalb aus 5 km Entfernung herangefahren werden. Es gab zwar Hydranten, die aber nicht benutzt werden konnten, da die Schläuche verschiedene Anschlußmaße besaßen. Als das Feuer gelöscht zu sein schien, durchbrach die Feuerwehr die Lagermauern an einer Windseite, so daß der Passat die Flammen erneut entfachte.

Der Schaden erreichte die Höhe von 10 Millionen Dollar. Der Brand bewirkte jedoch, daß die Mauern des Schweigens, die das brasilianische Atomprogramm umgaben, durchbrochen werden konnten. Berichte der verschiedenen brasilianischen Geheimdienste erreichten auf ungeklärtem Wege die Presse. Sie deckten das Fehlen jeglicher Vorschriften und Sicherheitsnormen auf, die normalerweise beim Bau von Kernkraftwerken streng beachtet werden sollten. Murphys Gesetz, demzufolge alles, was falsch gemacht werden kann, auch falsch gemacht wird, bewies abermals seine Richtigkeit.

Sabotageverdacht kam auf: „Merkwürdiges passierte während des Baus des Westinghouse Reaktors Angra I“, berichtete Bob Silvester, Ingenieur der Westinghouse. Transformatoren seien durchgebrannt und anscheinend sabotiert worden, klagte er. Abends noch habe er die Transformatoren mit Öl aufgefüllt, am nächsten Morgen aber nur Wasser vorgefunden. Der Sicherheitsdienst der brasilianischen Atomenergiekommission begann, weitere Vorfälle zu untersuchen. Sabotage oder unvermeidbare Baustellenunfälle? Diese Frage konnte nicht beantwortet werden.[68]

Beim Bau des Reaktorgebäudes löste sich ein schweres Gegengewicht des Baukrans und stürzte einmal auf das Oberteil des Westinghouse-Druckgefässes, ein anderes Mal auf die Betten der Brennstoffelemente. Glücklicherweise entstanden keine Schäden. Verschiedentlich verstopften die Betondampfleitungen, so daß die Betonierung des Reaktorgebäudes unterbrochen werden mußte. General Armando Barcellos überkam ein dunkler Verdacht: „Ein merkwürdiges Feuer, und merkwürdige Unfälle! Es ist möglich, daß wir politischen oder ideologischen Sabotageakten gegenüberstehen. Das schlimmste dieser Vorfälle ist jedoch der öffentliche Widerhall. Man beginnt zu glauben, daß wir unfähig seien, Kernkraftwerke zu bauen, geschweige denn sie zu betreiben."

Den Generälen fiel noch Weiteres auf: „Es gibt auf dem Bauplatz keine Aborte. Die Bauarbeiter müssen ihre Notdurft am Arbeitsplatz verrichten", so steht es im Untersuchungsbericht. „Angra muß wohl vor der Inbetriebnahme gewaschen werden. Die Arbeiter haben auf alle Ausrüstungen, insbesondere aber in die Schalt- und Kontrollschränke, uriniert",[69] mußte Präsident Geisel im Februar 1978 mitgeteilt werden. Es war zu jener Zeit jedoch schon gewiß, daß es einige Zeit dauern würde, bis das von Fäkalien beschmutzte Maschinenhaus gewaschen werden könnte.

Wichtigere Probleme technischer Art mußten vorher von Furnas gelöst werden. Das Maschinenhaus des Westinghouse-Meilers hatte sich auf Wanderschaft begeben. Vor Ort tätige deutsche Diplomingenieure wußten noch zu berichten, daß der Reaktor selber sich „wie ein Korkenzieher" langsam aber sicher in das Erdreich eindrehe,[70] eine von der brasilianischen Regierung als bösartige Verleumdung zurückgewiesene Behauptung.

Große Riße des Maschinenhauses, die ursprünglich der üblichen Senkung eines Gebäudes zugeschrieben wurden, deuteten jedenfalls darauf hin, daß etwas nicht stimme. Als das Reißen der Mauer fortschritt, wurde Westinghouse jedoch unruhig. Im Februar 1978 waren die Lager des Turbogenerators bereits um 10 Millimeter verrutscht (Westinghouse hatte auf Turbotisch verzichtet). An eine Inbetriebnahme des Kernkraftwerkes war nicht mehr zu denken. Die Vibrationen der außer Zentrierung geratenen Massen des 600 Tonnen schweren Rotors hätten die ganze Anlage zerstört.[71]

„Die Deutschen haben den Grundwasserspiegel abgepumpt", klagten die Bauingenieure von Furnas; die deutschen Meilerbauer behaupteten dagegen, daß Westinghouse wohl einen in Schlamm gebetteten Findling mit gewachsenem Felsen verwechselt, und als Grundierung benutzt habe. Der Öffentlichkeit jedenfalls wurden die wahren Gründe der peinlichen Wanderung des Kernkraftwerkes verschwiegen. Wie dem auch sei, eine 250 Meter lange, 17 Meter tiefe Trennmauer soll die Grundwasserspiegel der KWU- und Westinghouse-Meiler trennen und der Bewegung des Kernkraftwerkes Einhalt gebieten.[72]

Am 8. April 1978 attackierte die Natur das Kernkraftwerk erneut. Ein entfernt in der Antarktis tobender Orkan hatte den Südatlantik aufgewühlt. Unerwartet begannen fünf Meter hohe Brandungswellen auf den sonst ruhigen Strand von Itaorna zu schlagen. Meerwasser drohte das Maschinenhaus des Westinghouse Meilers zu überschwemmen. Notdeiche wurden aufgeworfen. Die Anlage konnte nur mit knapper Not gerettet werden.[73]

Das Meer forderte jedoch seinen Preis. 1976 mußten zwei mit Meerwasser gekühlte 824 Megawatt Westinghouse Reaktoren der Virginia Electric Power Co. stillgelegt und die gesamten korrodierten Rückkühler ersetzt werden. Der Gesamtschaden überstieg 380 Millionen Dollar. Kernkraftwerke der Florida Light & Power Co. erlitten ähnliche Probleme. 38 Westinghouse Reaktoren mußten deshalb zeitweilig zwecks Inspektion stillgelegt werden.[74] Der amerikanische Senat begann, sich mit den in Kernkraftwerken aufgetretenen Korrosionserscheinungen zu befassen. Die New Yorker Investment Banker Jessup & Lamont empfahlen dagegen in Anbetracht der in Virginia und Florida aufgetretenen Verluste ihren Kunden, ihre Ersparnisse nicht mehr bei Betreibern von mit Meerwasser gekühlten Reaktoren anzulegen. Tropisches Salzwasser und Salzluft korrodierten noch vor Inbetriebnahme die Kühlschlangen des Dampfkondensators der Westinghouse Turbine in Angra, deren Lecksicherheit nicht mehr zu garantieren war. Die Gefahr des Auslaufens des radioaktiven Kühlwassers mit nachfolgender möglicher radioaktiver Verseuchung der Angra-Bucht ließ sich nicht mehr von der Hand weisen.[75]

Spezialisten der Westinghouse wiesen auf ein weiteres Problem hin. Die stillen Gewässer der Angra-Bucht erreichen in heißen Tropensommern Badewannentemperaturen von über 30 Grad, ihre Kühlkapazität ist also gering. Was tun?

Zwei mächtige, kalte Gebirgsflüsse, Grataú und Frade, die sich aus 1.500 Meter Höhe einige Kilometer entfernt von Itaorna ins Meer stürzten, schienen die ideale Lösung zu bieten. Westinghouse-Ingenieure konnten nur schwer davon überzeugt werden, daß diese Flüße zwischen April und Oktober zu Rinnsalen zusammenschrumpfen oder gar gänzlich versiegen. Die Amerikaner beschlossen, kein Risiko mehr einzugehen. Sämtliche schon einmal ausgebauten Kühlschlangen sollten nun zum dritten Mal, jetzt durch Titanrohre, ersetzt werden.

Die brasilianischen Nukleokraten scherten sich wenig um die amerikanischen Korrosionsprobleme. „Ich spüre, wie die Korrosion mein Nervensystem zerfrißt", bemerkte Hervásio de Carvalho, Vorsitzender der brasilianischen Atomkommission, „und deshalb benutze ich jetzt Titan".[76]

Auch die KWU ließ sich keine grauen Haare wachsen, obwohl gerade Korrosionsprobleme das Abschalten der meisten der deutschen Meiler erzwungen hatten. „Die Rohre der Amerikaner sind nur vergammelt, weil Westinghouse sie zwei Jahre auf dem Strand liegen ließ", erklärte der Sprecher der KWU, William Waack, dem damaligen Bonner Korrespondenten der brasilianischen Tageszeitung „O ESTADO DE SÃO PAULO".[77]

Die deutschen Meiler der KWU, Angra II und Angra III, in Itaorna zu bauen, war nun einmal beschlossene Sache. Kühlwasser des Rio Mambucaba aus 12 Kilometer Entfernung durch einen in brüchiges Gestein gebohrten Tunnel heranzuführen, war zu teuer, kam also nicht infrage. Die Erlanger beschäftigen sich also mit wichtigeren Dingen, zum Beispiel der Errechnung der Höhe des möglichen Wellenschlages am „Strand des faulen Steines".[78] Auf den möglichen Muschelbewuchs der Kühlanlage angesprochen, erwiderten deutsche Meilerbauer: „Au fein, dann werden unsere Nachfolger ja radioaktive Austern bekommen!"

Der deutsche Ingenieur Hans Joachim Hamel war mit der KWU-Nonchalance nicht recht einverstanden. Das Projekt der Rückkühler kannte er genau. Er hatte es selbst als Ingenieur der NUCLEP bearbeitet. „Bronzerohre eignen sich nicht für Meerwasserbetrieb", warnte er, „sie werden mit Sicherheit zerfressen werden. – Diese Probleme traten bei einem japanischen Kernkraftwerk der Westinghouse auf, das stillgelegt werden mußte." Hamels Warnungen verhallten umsonst; die KWU beschloß nur, ihre persischen Kraftwerke mit Titankühlrohren auszurüsten, schließlich hatte der Schah von Persien ja noch das Geld, das den Brasilianern bereits zu Beginn der Bauarbeiten von Angra fehlten.[79]

Eine mögliche Verseuchung der Bucht von Angra störte die Deutschen außerdem wenig. Welchen Mülheimer oder Erlanger kümmert schon brasilianische Radioaktivität?

Brasilien ist ein großes Land, seine Bevölkerung nimmt sprunghaft zu; es ist deshalb verständlich, daß mit Platz sparsamst umgegangen werden muß. Drei Atommeiler sollen auf die 400.000 Quadratmeter des Strandes Itaorna gesetzt werden, wobei der Bau der Kernkraftwerke gleichzeitig erfolgt. 12.000 Arbeiter treten sich gegenseitig auf die Füße. Wie Maschinen und Materialien bewegt werden sollen, wissen selbst die Ingenieure nicht. Um wenigstens etwas Bewegungsfreiheit zu schaffen, wurden 100.000 qm Meer aufgeschüttet. Geld spielt ja schließlich keine Rolle.

Der Boden, auf dem die Hoffnungen der deutschen Kraftwerkbauer gründen, hatte jedoch seine Tücken. Eine 35 bis 80 Meter hohe Schicht aus Lehm und Felsen liegt über einer leicht ins Meer abfallenden Gesteinsformation. Um zu verhindern, daß die deutschen Reaktoren dem amerikanischen Westinghouse Meiler „nachwandern" oder sich ebenfalls „wie ein Korkenzieher" langsam aber sicher in das Erdreich eindrehen, treiben die Deutschen mit viel Lärm und noch mehr Geld die wohl teuerste Pfahlgründung der Welt voran.

Wo einmal der Kern des Kraftwerks stehen soll, werden Betonstützen mit den ansehnlichen Dimensionen von gut 45 Meter Länge und fast 2 Meter Durchmesser niedergebracht, alle drei Meter ein neuer Betonpfahl. Zahlreiche in den Untergrund eingebettete Findlinge erschweren die Pfahlbauerei. Immer wieder brechen die bis zu US$ 250.000,- teuren Bohrwerkzeuge, und müssen in den Löchern aufgegeben werden.[80]

Um die Bauarbeiten kümmert sich die dem brasilianischen Industrie- und Handelsminister Calmón de Sá nahestehende Baufirma Norberto Odebrecht S.A. Den Auftrag für Angra I, den Westinghouse-Reaktor, gewann Odebrecht noch in einem Ausschreibungswettbewerb. Die Pläne der Deutschen fielen jedoch an Odebrecht ohne Ausschreibung, wobei das Geschäft sich lohnt. Odebrecht darf seine Kosten voll in Rechnung stellen und einen 12 %igen „Verwaltungszuschlag" berechnen. Sämtliche Einkäufe werden mit 10 % extra vergütet, während Odebrecht auf sämtliche Lohn- und Gehaltszahlungen eine „Verwaltungsgebühr" von 20% aufschlagen darf. Die Folge dieser Abrechnung: Je teurer der Bau, desto größer der Gewinn für die Aktionäre, und tatsächlich wurde Odebrecht, angeblich 1973 noch konkursreif, zur rentabelsten Baufirma Brasiliens.[81]

Betonpfähle wie die von Angra kosten normalerweise US$ 25.000,- pro Stück, berichtete Plínio Assmann, Vorstandsvorsitzender des von ähnlichen Grundierungssorgen geplagten Stahlwerks COSIPA. Itaorna's Pfahlbauten erreichen indessen nuklearen Status und Preis. Jede der Säulen kostet nur US$ 35.000,-, erklärten brasilianische Minister, die der Korruption beschuldigt wurden, während Licínio Seabra, Vorstandsvorsitzender von Furnas, Bauträger der Kernkraftwerke, von US$ 45.000,- bis US$ 50.000,- pro Pfahl sprach.[82]

291 Millionen Dollar hatte Furnas 1979 schon für die Grundierungsarbeiten des deutschen Reaktors ANGRA II in den Sand gesetzt, und das waren Furnas genau 291 Millionen Dollar zuviel.[83]

Im März wurde die Regierung Ernesto Geisel abgelöst. Der Unglücksreaktor Harrisburg schreckte die Welt. Ob denn die Grundierungspfähle auch erdbebensicher seien, wollte Furnas jetzt ganz genau wissen. Sechs Gutachten wurden in Auftrag gegeben. Die sachverständigen Professoren verwarfen die Güte einiger, durch Leichen einbetonierter Bauarbeiter geschwächter Pfeiler. 1600, nein 1610, nein 1616, nein 1640 Pfeiler nur können die Erdbebensicherheit der Reaktoren garantieren, stritten sich die Gelehrten. Furnas aber frohlockte, stellte die Bauarbeiten ein und entließ schon im Mai 1979 5.000 Bauarbeiter, „Solange der Streit währt, brauchen wir nicht zu bauen und kein Geld auszugeben“, lautete das Argument des Bauträgers.

Brasilien beschloß, den chinesischen Weg zu beschreiten. „Das Atomprogramm ist heilig und unantastbar, wir erfüllen immer unsere internationalen Verpflichtungen“, versicherten stereotyp Brasilias lächelnde Technokraten. Die KWU aber lief gegen Gummiwände, da auf der Baustelle sämtliche Arbeiten eingestellt worden waren. „Ihr müßt verstehen, wir dürfen die Sicherheit nicht außer acht lassen, es muß alles peinlich genau untersucht und abgenommen werden“, verkündeten nach alter brasilianischer Tradition immer wieder die zahlungsunwilligen Bürokraten von Furnas.

„Den Brasilianern fällt es äußerst schwer auch einmal „nein“ zu sagen“,[84] diese Weisheit hatte eine Expertengruppe von SIEMENS-Psychologen erforscht, nur SIEMENS Manager mochten dieser Weisheit nicht zu trauen.

„Um fünf Jahre wird sich die Ausführung des Atomvertrages verzögern,“ diese Auskunft gab Minister Cesar Cals schon im Oktober 1979. Welche Ausflüchte später gebraucht werden können, daran braucht der Minister heute noch nicht zu denken; dieses Problem überläßt er der nächsten Regierung.

Warum die Reaktoren ausgerechnet in den Sand von Itaorna gesetzt werden sollten, vermochte nach vierjähriger Bauzeit niemand mehr zu klären. NUCLEBRAS, Conselho Nacional de Energia Nuclear, der Bauträger Furnas, alle beschuldigten sich gegenseitig, den falschen Standort ausgesucht zu haben.

„Der Auswahl des Standortes wurde besondere Sorgfalt gewidmet“, erklärte Paulo Nogueira Batista 1977, Standortstudien konnten jedoch nicht aufgefunden werden. Die brasilianischen Minister Mario Henrique Simonsen, Angelo Calmon de Sá und Shigeaki Ueki, antworteten auf den als verleumderisch betrachteten Spiegel-Artikel „Atomvertrag – Milliardenpleite in Brasilien“: „Unsere Atomkraftwerke nehmen einen geeigneten Standort ein. Sie liegen im Industriegebiet Brasiliens, 130 Kilometer von Rio de Janeiro, 200 Kilometer von São Paulo und 350 Kilometer von Belo Horizonte entfernt".[85]

Auf die Frage, warum die Reaktoren nicht 800 Meter vom Strand von Itaorna entfernt auf den gewachsenen Granit-Felsen der Ponta do Urubú, oder 12 Kilometer weiter in die Steinbrüche von Mambucaba gesetzt würden, antwortete Shigeaki Ueki: „Die Hochspannungsleitungen wären dann viel teurer geworden, es hätte sich nicht gelohnt".[86] Gelohnt hätte es sich dann allerdings auch nicht für die Baufirma Norberto Odebrecht des Ministers Angelo Calmon de Sá. Sie hätte dann nicht für 291 Millionen Dollar Pfähle in den Sand setzen können.

Das Los der Arbeiter

Kernkraftwerke sind teuer. Ein jeder KWU Meiler wird laut Angaben der brasilianischen Regierung mehr als zwei Milliarden Dollar, nach Schätzungen internationaler Fachleute jedoch mehr als drei Milliarden Dollar kosten. Ein jeder Pfeiler kostet alleine schon 55.000 Dollar, und jeder Meiler braucht über 1.600 Stützen; es ist deshalb nur allzu verständlich, daß eine kostenbewußte Verwaltung strengste Sparmaßnahmen ergreift, um weitere Kostenexplosionen zu verhindern. Für die Arbeiter blieb kein schäbiger Cruzeiro mehr übrig.

115,-- Mark beträgt der gesetzlich festgelegte monatliche Mindestlohn in Brasilien, und die große Mehrzahl der Bauarbeiter von Angra dos Reis verdient nicht mehr. Es ist daher nicht weiter verwunderlich, daß ihre Lebensbedingungen prekär sind. Eine regierungsamtliche Untersuchungskommission sollte die Hintergründe der zahlreichen, auf der Baustelle vorkommenden, Unfälle untersuchen. Sie legte ihren Bericht im Februar 1978 vor. Das Fehlen jeglicher Infrastruktur auf dem Bau und in den Wohnlagern wurde bemängelt. „Freizeitgestaltung und Erholungsmöglichkeit der Bauarbeiter sind vollkommen unzureichend. Diese Lage betrifft besonders auch die Familien der einfachsten Arbeiter." Der lange geheimgehaltene Bericht bemängelte fernerhin: „Die Bauarbeiter essen aus Blechnäpfen, Aufwärmen ihrer Mahlzeit ist nicht vorgesehen. Sie legen daher überall Feuer, auch in den sich in Bau befindlichen Gebäuden."[87]

Auch die ärztliche Versorgung wurde von der Kommission moniert. „Nur Ärzte mit geringer beruflicher Erfahrung erklären sich bereit, unter den schwierigen Bedingungen Itaornas zu arbeiten. Die ärztliche Versorgung ist vollkommen unzureichend."

Ein anderer Bericht über die sanitären Verhältnisse ging auf weitere Einzelheiten ein: „Auf der ganzen Baustelle in Itaorna gibt es insgesamt acht Klosetts, zwei Pissoirs und einen Waschraum für 4.000 Arbeiter."[88] „Die Kantinen wurden für Lieferung von 2.000

Essensportionen pro Tag ausgelegt; sie versuchen jetzt 15.000 Arbeiter zu versorgen." Der für Gesundheit der Bauarbeiter zuständige Arzt, Pedro Wellington Vieira de Carvalho, legte einer den Atomvertrag durchleuchtenden Untersuchungskommission des brasilianischen Senats in Brasilia ein weiteres Geheimpapier vor: „Schlechteste sanitäre Bedingungen vereinen sich mit überlangen Arbeitsschichten. Sämtliche Vorschriften der Arbeitsgesetzgebung werden mißachtet. Es ist schwierig, Arbeiter auf der Baustelle zu halten; die Fluktuation ist groß, und beeinträchtigt den Fortschritt der Bauarbeiten." Wellington führte das Auftreten von Meningitis-Epidemien auf die miserable sanitäre Lage der Baustelle zurück. Doch es trat nicht nur Meningitis auf. Tuberkulose, selbst Malaria grassiert wieder in der ganzen Gegend, von im fernen Amazonas rekrutierten Arbeitern eingeschleppt.

Doch die prekäre Lage traf nicht nur einfache Bauarbeiter. Deutsche und amerikanische Ingenieure mußten sich an „Borrachudos", winzige Stechmücken, gewöhnen, deren Biß äußerst schmerzhaft ist und große Eiterbeulen hinterläßt. Die paradiesisch schöne Landschaft hatte ihre Tücken. Im Techniker-Ghetto, von tiefen Gräben und drei Meter hohen Stacheldrahtzäunen umgeben, fehlte häufig Wasser und Strom.

Meerwasser zum Spülen der Toiletten über den glühend heißen Strand zu schleppen, bildete oft die einzige, zeitweilig sogar willkommene Unterbrechung des eintönigen Tagesablaufs der Frauen deutscher und amerikanischer Ingenieure.

„Hier verlängert niemand seinen Arbeitsvertrag", erklärte ein deutscher Bauingenieur einem Reporter. Selbst der an hartes Leben gewöhnte Lehrer Plasser beschwerte sich: „Ich habe in Bolivien vieles erlebt, ich bin nicht leicht klein zu kriegen, aber dieses alles mitmachen zu müssen, um zwei Kinder zu unterrichten, das ist zu viel."

Einmal im Monat wurde jedoch für Abwechslung gesorgt. Die Frauen wurden per Autobus in den 20 km vor Rio de Janeiro gelegenen Supermarkt „Carrefour" gekarrt, wo sie einkaufen durften.

Langeweile führte zur Flasche, und zahlreiche zwischen dem Wohnghetto Praia Grande und der Baustelle Itaorna ausgebrannte Autowracks zeugten von rapide um sich greifendem Alkoholismus. Brasilianische Ingenieure von Furnas bekamen, um in Angra dos Reis zu arbeiten, einen Härtezuschlag von 45 %.

Fernando Candeias, Vorstandsmitglied von Furnas und Bauleiter von Angra, wies auf ein weiteres schwerwiegendes Problem hin: „Es ist äußerst schwierig, ausländische Techniker in Angra zu halten. Die Meningitis-Epidemien verschrecken sie. Die unmenschlichen Arbeitsbedingungen bleiben weiterhin fortbestehen."[89]

Itaorna war jedoch nur ein Abbild des brasilianischen Wirtschaftswunders. Zur Durchführung ihrer ehrgeizigen Baupläne hatten Brasiliens Generäle den Reallohn der Bevölkerung in wenigen Jahren um die Hälfte absinken lassen. Barfüßige und zerlumpte Massen bauen die von deutschen Technikern ersonnenen und dem ewigen Ruhm lateinamerikanischer Pharaone geweihten Kernkraftpyramiden von Angra dos Reis.

Ökologie des Standortes

Ozeanographen durchforschten 1971 das gesamte Gebiet der Bucht von Angra dos Reis. Welche Auswirkungen eventuelle Leckagen radioaktiver Flüssigkeiten auf die Umwelt hätten, wollte die Eletrobrás wissen. Das Resultat der Studien wurde nie veröffentlicht. Der bekannte Ozeanologe Professor Fritz Barth, Leiter der Expertengruppe, sparte nicht mit harten Worten: „Unverantwortlich, Reaktoren an diese stille, flache Bucht zu setzen!" Er befürchtete Korrosion der Reaktorenkühlung und anschließende Verseuchung der Bucht.[90] Professor Karl Aurand, Autor der Untersuchung „Kernenergie, Nutzen und Risiko", erklärte: „Alle Kernkraftwerke haben radioaktive Abwässer. Strenge Richtlinien sorgen jedoch dafür, daß Flüße und Seen nicht verseucht werden."

Kernenergie ist eine relativ neue Technik. Den Problemen radioaktiver Verseuchung wurde bisher nicht ausreichende Aufmerksamkeit gewidmet. In den fünfziger Jahren versenkte man radioaktive Abfälle 25 km vor San Francisco ins Meer. Weitere Tausende von Tonnen wurden von Deutschland, Frankreich und England ins Meer geworfen. Wissenschaftler aller Welt bezeichnen heute diese Endlagerung als unverantwortlich. Trotzdem aber kamen englische Wissenschaftler auf einem Salzburger Kongreß für Kernenergie erneut auf die Idee, Abfälle vor fremder Leute Küsten zu versenken.

Die Wissenschaft schreitet fort; die Sicherheitsnormen ändern sich. Im Jahre 1902 hielt man 2500 Röntgen (r) für ungefährlich, 1920 wurde diese Dosis um das 25fache auf 100 r herabgesetzt. 1931 waren nur noch 50 r „erlaubt", 25 r hielt man 1936 für „unschädlich". 1948 entschied man sich für 15 r; 1956 waren es 5 r, also ein Fünfhundertstel der Dosis des Jahres 1902. Beruflich strahlenexponierte Personen dürfen jährlich 5 rem, und Menschen, die sich dauernd in Überwachungsräumen (z.B. dort wohnen) oder die sich zu Ausbildungszwecken in Strahlenfeldern (Kontrollbereichen) aufhalten müssen und noch nicht 18 Jahre alt sind, 500 Millirem (Milliröntgen) im Jahre erhalten.[91]

So, wie die Wissenschaft jahrelang die Gefahren der Röntgenstrahlungen unterschätzte, unterschätzte sie jetzt die Probleme radioaktiver Verseuchung. Daß die Bevölkerung von Rio de Janeiro über kurz oder lang radioaktive Fische der Ilha Grande als besondere Delikatesse verspeisen würden, daran zweifelte der Ozeanologe Fritz Barth nicht.

Kernkraftwerke produzieren in großem Umfang Abwärme. Nur ein Drittel der in einem Atomkraftwerk der heutigen Bauart erzeugten gewaltigen Wärmeleistung wird in Elektrizität umgewandelt.[92] Der Rest wird ungenutzt an die Umwelt abgegeben, z.B. durch Aufheizung der Bucht der Ilha Grande. 55 Tonnen Wasser werden pro Sekunde um etwa 10 Grad Celsius erwärmt und der Bucht von Angra zugeführt, die im Sommer schon Temperatur von 32 Grad Celsius erreicht. Auf das Problem der Anheizung der Gewässer angesprochen, schwärmte Kurt Backaus von der KWU von den Zuchtmöglichkeiten großer Fischschwärme.[93] Fritz Barth hingegen meinte, daß die Bucht sich in eine ökologische Wüste verwandeln würde, und so die Brutgründe der Fische weiterer Küstenregionen zerstört würden.

Jedes Atomkraftwerk besitzt einen hohen Schornstein. Radioaktive Gase sollen in der Atmosphäre verteilt werden, wobei die radioaktive Belästung der Umgebung bestimmte Werte nicht überschreiten darf. Aus diesem Grunde werden die meisten Kernkraftwerke an windigen Plätzen aufgestellt. Domingos Nicolli, Experte der brasilianischen Kernkraftkommission, bestätigte, daß ein Kernkraftstandort möglichst wenig Luftfeuchtigkeit, kurze Trocken- und Kälteperioden und schwache Regenzeiten haben müsse. Die Bucht der Ilha Grande ist jedoch bekannt für ihre von Seglern gefürchteten Flauten, die außerordentlich feuchte und hohe Sommerhitze, sowie die nachmittäglichen, sintflutartigen Gewitterregen. Mit der Hitze aufsteigende Radioaktivität wird sich deshalb nachmittags am gleichen Platz noch niederschlagen. Brasilianische Physiker warnten: „Der unzureichende Bildungsstand der brasilianischen Bevölkerung erhöht die Gefahr der Radioaktivität. Sie wird nur von Instrumenten, und nicht von den Sinnen wahrgenommen. Die Bevölkerung muß vor ihr geschützt werden."[94]

Das Atomkartell

Streit in Lausanne

James Robinson Hughes, der langjährige Sekretär des weltweiten Elektrokartells der IEA (International Electrical Association), ging Mitte 1978 in Pension. Frederic Derek Rose wurde sein Nachfolger. 25 Jahre Lateinamerika, hatten ihn abgebrüht. Lateinamerikanisches Geschick, den berühmten „jeito", hatte er allerdings nicht gelernt. Konflikte, Eifersüchteleien und persönliche Streitigkeiten begannen in Lausanne die Atmosphäre zwischen einzelnen Mitarbeitern des IEA-Kartells zu vergiften.[95] Selbst Karlheinz Kaske von der SIEMENS AG, Bernhard Plettners Kronprinz, gelang es nicht, eine Verständigung herbeizuführen. Einige Ratsmitglieder rebellierten. Sie wollten sich nicht mehr mit 1.000 Franken Tagesgeld pro Sitzung begnügen. Dieses lumpige Geld sei für die Verantwortung zu wenig, argumentierten sie.[96]

Auf der Jahrestagung in Biarritz sollte ein Ausgleich gefunden werden. Am Sonntag, den 7. Mai 1978, bestiegen Mitglieder der IEA mit ihren Damen eine Chartermaschine der französischen Air-Inter, die um 14.30 Uhr den Pariser Flughafen verließ. Beck, Hermes und Roth der MAN, Kaske, Neglein, Passlack, Reichel, Scherer der Siemens, Frewer, Hirschmann von der KWU, Menzel und Rix der Trafounion, Garbers, Papenbrok und Winkler von der AEG, alle wollten sie mit ihren Kollegen Kellersberger, Viereckt und Bielinski von der Brown Boveri, Bennborn, Canbäck und Sjölin von der schwedischen ASEA, sowie den Herren vieler anderer Elektrokonzerne um die Erhaltung der wahren, von der IEA überwachten und gesteuerten Markt- und Machtwirtschaft der Elektroindustrie ringen. Während dann die Damen am Montag den 8. Mai 1978 in San Sebastián in der Casa Nicolasa zu Mittag speisten, planten die Herren die Zukunft der Elektroindustrie der Welt.

Das Kartell der Elektroindustrie trat bescheiden auf; es wollte nicht den Rummel der orientalisch geprägten Prunksitzungen der

OPEC nachahmen. Kein Wirtschaftsjournalist, keine Gesellschaftsspalte berichtete von dem Treffen der Mächtigen der Elektroindustrie.

Trotz aller Bemühungen konnte jedoch kein Ausgleich gefunden werden. Rivalitäten schwelten weiter. Im Oktober 1978 kam es zum Streit. 60 Kilo Originaldokumente verschwanden aus den Lausanner Archiven der IEA. Roland Schroeter, der Chefbuchhalter der IEA, ein sicherlich nicht gänzlich unbescholtener Herr, hatte sie mitgehen lassen. Die schweizer Kriminalpolizei wurde mobilisiert, die Dokumente diskret zu suchen. Aufsehen durfte aber nicht erregt werden; die Angelegenheit war zu peinlich. Man war verzweifelt darüber, daß die Papiere in falsche Hände gelangen könnten.

Im März 1979 kamen Mitglieder der IEA in Entscheidungsnot. Als der Autor den mutmaßlichen Eigentümern die öffentliche Rückgabe der ihm übersandten, offenbar gesuchten Dokumente anbot, reagierten diese unerwartet. Niemand wollte die einzige Bedingung, das heißt, den Eigentumsnachweis, erfüllen. Niemand wollte als der rechtmäßige Urheber der Kartellverträge, als der wirkliche Vater dieses jetzt auf einmal unerwünschten Kindes auftreten. (Siehe auch Telex an General Electric-Dokumentation im Anhang)

Jahrzehntelang hatten wichtige Vorstandsmitglieder großer Konzerne über Gedeih und Verderb, über Entwicklung und Unterentwicklung vieler Nationen entschieden, jetzt aber wollte plötzlich niemand mehr zu seinen dokumentierten Entscheidungen stehen.

Bewundernswert organisiert war es der IEA seit nunmehr fast 50 Jahren gelungen, die Entwicklung vieler Länder der Dritten Welt entscheidend zu behindern und zu verzögern. Mit eiserner Hand hatte das Kartell für die Ausschaltung möglicher Konkurrenten in aller Welt gesorgt. Unterentwicklung, Arbeitslosigkeit und Elend gehören zur „Erfolgsbilanz" der Tätigkeit der ehrenwerten Konzernherren.

Internationale Vereinbarungen – Das Elektrokartell

Früh schon stellten die Gründer der einzelnen Elektrokonzerne fest, daß ein weltweiter Machtkampf selbstmörderisch sein würde. Sie beschlossen also, die Welt der elektrischen Energie unter sich aufzuteilen. 1905 traf Siemens ein entsprechendes, am 17. Oktober 1924 erneuertes Abkommen mit dem amerikanischen Westinghouse-Konzern, und 1907 teilten AEG und General Electric ihrerseits die Welt in Einflußsphären auf. Man gestand sich gegenseitig Territorialschutz, bis heute gültige „Home Protection Agreements" (Heimatmarktschutzabkommen), zu. Die Erde wurde ferner in *producing-* und *non-producing countries* aufgeteilt – ein Zustand, den es mit allen Mitteln zu erhalten galt. Patente und Entwicklungen wurden in einen Pool eingebracht, aus dem man sich gegenseitig die Lizenzen vergab (*cross licensing*). So wurde für schnelle Verbreitung und Ausnutzung einer jeglichen bahnbrechenden Erfindung gesorgt. Kriege, Bankkräche, wesentliche Erfindungen änderten die Machtverhältnisse wenig.

Um der Elektroindustrie ein sicheres Gefüge zu geben, wurden nationale Vereinbarungen auf internationaler Basis festgehalten.

IEA – International Electrical Association Ltd.[97]

Im Jahre 1930 beschlossen die Weltkonzerne, ihr Verhältnis auf dem Gebiet der Ausrüstungsgüter weltweit zu regeln. Zu diesem Zweck unterschrieben sie am 13. Dezember 1930 in Paris, in den Büroräumen der International General Electric, ein formelles Kartellabkommen, genannt INCA (International Notification & Compensation Agreement). Gründungsmitglieder waren:

Mitglied-Nr.	Gesellschaft
1	AEG (Allgemeine Elektrizitäts-Gesellschaft)
2	The British Thompson-Houston Co. Ltd.
3	Brown, Boveri & Cie. Ltd.
4	The English Electric Co. Ltd.
5	The General Electric Co. Ltd.
6	International General Electric Co. Inc.
7	Metropolitan Vickers Electrical Export Co. Ltd.
8	Siemens-Schuckertwerke A.G.
9	Westinghouse Electric International Co.

(Vollständige Liste: siehe Anhang)

Der auf Grund der getroffenen Vereinbarungen erzielte erfreuliche Geschäftserfolg erzwang schon im Jahre 1936 einen weiteren Ausbau der Kartellorganisation. Deshalb wurde in Zürich am 11. Dezember 1936 die International Electrical Association Ltd. (IEA) mit Sekretariat in London ins Leben gerufen.

Zur Vereinfachung der Verwaltung der einzelnen Gruppen wurde die Arbeit in Sektionen aufgeteilt.

A Dampfturbinen
B Turbogeneratoren
C Gebläse und Kompressoren
D Motoren und Generatoren
E Wasserkraftgeneratoren
F Phasenschieber
G Schaltgeräte
H Transformatoren
J Umformer
K Gleichrichter
L Bahnausrüstungen
N Elektrische Kranausrüstungen
P Elektrische Walzwerkausrüstungen
W Wasserturbinen
Z Isolierporzellan

Zusätzliche Codebuchstaben bezeichneten damals schon, wie heute noch, die Spielregeln, wie: P= Pool, N= Benachrichtigung (Notification), C = Kompensationsfond (Compensation). (Vollständige Liste: Siehe Anhang)

Ebenfalls kennzeichnen Codeziffern bis heute die Mitglieder. Bei Kriegsausbruch umfaßte die IEA 56 eingeschriebene Mitglieder. Der Zweite Weltkrieg brachte, obwohl die Zusammenarbeit nie wirklich unterbrochen wurde, Behinderungen. Der „Trading with the Enemy Act" verbot Kompensationszahlungen an außerhalb Englands residierende Mitglieder. Trotzdem wurden die Zahlungen bis 1942 fortgeführt. Später konnten von General Electric und Westinghouse für den Bau von sechs Zerstörern der brasilianischen Marine in den Kompensationsfonds eingezahlte Beträge nicht direkt an die deutschen Mitglieder weitergeleitet werden.

1941 muß als das schwarze Jahr des Kartells betrachtet werden. Westinghouse Electric International beschloß, die Zusammenarbeit einzustellen. International General Electric Company sowie die britischen Mitglieder bestanden jedoch auf Erhalt der Kartellorganisation und bereiteten weltweit schon im Jahre 1944 einen neuen Kartellvertrag, der alle in den dreißiger Jahren geschlossenen Verpflichtungen neu bestätigte, vor. Am 5. Juni 1945 konnte dann endlich, wohl später als erwartet, das neue Abkommen zur Teilung der Weltmärkte unterzeichnet werden.

Absatz B des neuen Vertrages besagt: „Hiermit werden alle Verpflichtungen der vor dem Krieg bestehenden International Electrical Association übernommen und erfüllt."

Die geballte Finanzmacht der Kartelle erlaubt es, kleinere Firmen jederzeit zu unterbieten. „The discretionary funds available to management in the largest firms can be used *to outbid, outspend and outlose* smaller companies at any given moment", schrieb Corwin Edwards.

In der Elektroindustrie finanzieren von Kartellmitgliedern unterhaltene Kampffonds das gemeinsame Vorgehen gegen Nichtmitglieder, den sogenannten *non-members*. „4 Prozent des FOB-Wertes eines jeden Transformatorenauftrages werden in einen gemeinsamen Pool eingeschossen", steht in Absatz 5 der am 23. Mai 1972 im Bundeskartellamt in Berlin registrierten vierten Ausgabe des „Agreement P(H)C", des weltweiten Transformatorenkartells.

„The Deposit Fund – It will be appreciated that this fund could be used for a variety of purposes. For example, by unanimous vote of the members it could be used to support cutthroat competition against a nonmember competitor in any of the territory coming within the scope of operation of the agreement", stellte die Regierung der Vereinigten Staaten in einem Bericht 1948 über Weltkartelle der Elektroindustrie fest.[98]

Heimatmarktschutz, Anheben des allgemeinen Preisniveaus für Kraftwerksausrüstungen und Investitionsgüter der Elektrobranche, Vernichtung von Fertigungsstätten und Technologie in Entwicklungsländern, die es als „Importing countries", das heißt, als lukrativen Markt der Industrienationen zu erhalten galt, sowie das Ausmerzen aller weiteren potentiellen Konkurrenten – darin bestand das Hauptanliegen der in der IEA zusammengeschlossenen Konzerne.[99]

Die Herrschaft des Kartells

„Elektromaschinen und Kraftwerke werden von einem großen, weltweiten Industriezweig gebaut, der sich mit der Konstruktion, dem Bau und der Installation sehr großer Ausrüstungsgüter und Investitionen befaßt. Jedes Projekt wird eingehend untersucht und in enger Zusammenarbeit zwischen Industrie, Endkäufer und von ihm unter Vertrag genommenen Beraterfirmen entworfen. Das ganze Verfahren zwischen Voranschlag und Inbetriebnahme kann sich über viele Jahre hin fortziehen. Neben den rein technischen und wirtschaftlichen Fragen berührt ein solches Projekt große finanzielle und zuweilen politische Probleme der Abnehmerländer. Ein solcher Industriezweig kann nicht mit einer Massenfertigung standardisierter Produkte, wie Autos oder Fernseher, verglichen werden.

Es erhebt sich so ein ständiger Bedarf nach weltweitem Erfahrungsaustausch über relevante technische, kaufmännische und finanzielle Aspekte der Entwicklung aller verschiedenen Märkte, und dieses bedingt einen ständigen Informationsaustausch zwischen unseren Mitgliedsfirmen."

Nicht ganz unrecht hatte James Robinson Hughes, Generalsekretär des Weltelektrokartells, als er mit diesen Argumenten den Genfer Rechtsanwalt Jean P. Äschimann am 21. Oktober 1976 bat, den Schweizer Finanzbehörden des Kantons Waadt gegenüber die Existenzberechtigung der INTERNATIONAL ELECTRICAL ASSOCIATION zu rechtfertigen.

Viel Arbeit muß in den Bau von Wasserkraft- oder Kernkraftwerken gesteckt werden, bevor der erste Strom produziert wird. In Itaipú, dem 12.000 Megawatt Wasserkraftwerk am Rio Paraná, werden 30.000 Arbeiter beschäftigt. Zehn Jahre allein wird der Bau der Staumauer dauern. 90.000 Jahre Arbeit für einen Mann wurden in die beiden Kraftwerksblöcke Biblis A und B (2.600 Megawatt Leistung) investiert. Auch die Entwicklung neuer Gleichstromhochspannungssysteme für die Übermittlung großer Leistungsblöcke über weite Entfernung kostet viel Zeit, Geld und Arbeit. Daß solche aufwendigen Projekte nur im Klima engster Zusammenarbeit zwischen Technologie- und Ausrüstungslieferanten einerseits, und Energieversorgungsunternehmen andererseits, ausgeführt werden können, ist deshalb verständlich.

Siemens und Edison, geniale Gründer und Organisatoren der Elektroindustrie, sorgten sich schon früh um die reibungslose Zusammenarbeit zwischen Elektroindustrie und Energieversorgungsunternehmen. Ihr Konzept war brillant, sie gründeten selbst verschiedene Stromversorgungsgesellschaften und kontrollierten somit ihre eigenen Abnehmer. Anderen EVU (Energieversorgungsunternehmen) finanzierte die Elektroindustrie ihre Ausrüstungen.

Schon im Jahre 1890 entstand die United Electrical Securities, eine Tochtergesellschaft der Thompson Houston Company und Vorläuferin der 1905 von General Electric gegründeten Electric Bond and Share Company. Der Geschäftszweck war die Finanzierung öffentlicher Stromversorgungsgesellschaften und Straßenbahnen (Brasiliens Straßenbahnen werden bis heute Bond genannt), deren Aktien und Anleihen General Electrics Tochtergesellschaft zeichnete.

Obwohl den Elektrizitätswerken keinerlei Kaufzwang auferlegt wurde, ergab es sich wie durch Zufall, daß 91 bis 97 Prozent der von Electric Bond and Share finanzierten Generatoren bei General Electric gekauft wurden. Diese Lage änderte sich auch nicht, als die Aktien der Electric Bond and Share 1924 unter General Electric-Aktionäre verteilt wurden.[100]

James Coffin, um die Jahrhundertwende Präsident der amerikanischen General Electric, erkannte schon früh: „Einmal an uns gekettet, müssen unsere Kunden uns unsere Preise zahlen. Sie können es sich nicht mehr leisten, das System ihrer technischen Ausrüstungen zu ändern."[101]

Im Jahre 1889, noch zu Zeiten des Kaisers Pedro II., wurde in Brasilien das erste Wasserkraftwerk eingeweiht. Im gleichen Jahr wurden aber auch schon die ersten Elektrizitätskonzessionen an ausländische Gesellschaften vergeben. Zwei Gruppen teilten sich bis in die sechziger Jahre den brasilianischen Markt: die kanadische ‚Brazilian Light Power Ltd.", jetzige Brascan Ltd., und AMFORP – American Foreign Power Corporation, Tochtergesellschaft der Electric Bond and Share.

Die größere „bribing power" der Ausländer hatte lokale Unternehmer wie die Guinles ausgestochen; gleichzeitig sicherten die an die Ausländer vergebenen Konzessionen auf Jahrzehnte den Absatz der von den Industrienationen hergestellten Kraftwerksausrüstungen. Der Aufbau einer bodenständigen Elektroindustrie, möglicher Konkurrenten der transnationalen Unternehmen, konnte erfolgreich verhindert werden. Die Stromversorgungsunternehmen begannen, den Fortschritt südamerikanischer Staaten zu diktieren.

Die Dritte Welt bleibt unterentwickelt

Im Jahre 1978 klagte die brasilianische Entwicklungsbank BNDE, Banco Nacional de Desenvolvimento Econômico, in einem Untersuchungsbericht: „Ausrüstungsgüter der Elektroindustrie werden nur von ausländischen Gesellschaften verkauft, die sich im wesentlichen auf die Montage eingeführter Teile beschränken. Technologie besitzen wir praktisch keine mehr, wir sind in die ewige Abhängigkeit der Industrienationen geraten."[102]

Alcir Monticelli, Professor der Universität Campinas, erläuterte die Hintergründe dieser Abhängigkeit und technologischen Unterentwicklung: „Jahrzehntelang, das heißt, länger als ein halbes Jahrhundert, gehörten unsere Stromversorgungsunternehmen zwei ausländischen Gesellschaften, nämlich der Brazilian Traction, Light and Power und Electric Bond and Share Company. Ihren Finanz- und Ausrüstungsbedarf deckten beide Unternehmen bei den Industrienationen".[103] Hohe Transferpreise ermöglichten müheloses Verschieben aller Gewinne in das Ausland. Stromerzeugung und Verteilung bildeten eigentlich nur eine Nebeneinnahmequelle der Energieversorgungsunternehmen.

„Sicherung und Förderung der Ausfuhr" der Industrienationen ist das Ziel der im deutschen Bundeskartellamt in Berlin registrierten weltweiten Kartellverträge der IEA. Der amerikanischen, deutschen, englischen oder schweizer Industrie sollte der lateinamerikanische Markt für Investitionsgüter der Elektroindustrie erhalten bleiben, und diese Aufgabe erfüllten die ausländischen EVU, Tochtergesellschaften der großen internationalen Elektrokonzerne, nicht nur in Brasilien, sondern überall in Lateinamerika mit Brillanz.

Motor Columbus, eine der schweizerischen Brown Boveri & Cie. verbundene Gesellschaft, kontrolliert den argentinischen Markt.[104] Es war deshalb nur allzu natürlich, daß alle argentinischen Aufträge für Kraftwerksausrüstungen, Transformatoren und Hochspannungsschalter an das schweizer Städtchen Baden vergeben wurden. Eine lokale Elektroindustrie konnte sich in Argentinien nicht entwickeln. Eine ähnliche Lage ergab sich für Länder wie Chile, Kuba, Mexiko oder Peru, die sich unter dem Joch der amerikanischen AMFORP befanden.

Die Vertreter der volkstümlich „Kraken" genannten Gesellschaft wurden Minister, ihre Kritiker als „subversive und aufrührerische Feinde der Privatinitiative und der freien Marktwirtschaft" verfolgt. Jeder politischen Krise, die aus der Debatte über die Höhe der Stromtarife hervorging, folgte automatisch die entsprechende Versorgungskrise, die zu erneuten politischen Spannungen führte. Zahlungsunfähigkeit, Normalzustand der Entwicklungsländer, erschwerte die Einfuhr notwendiger Anlagen wie Generatoren, Schalter oder Hochspannungskabel (eigene Fertigung gab es nicht), erzwang aber Notverkäufe wichtiger Rohstoffe an die Industrienationen.

In Argentinien, Brasilien, Chile, Kuba, Mexiko, Peru, überall bildeten ausländische Energieversorgungsunternehmen einen Stein des Anstoßes. Sie trugen maßgeblich zur Entstehung des Bildes vom „ugly American" bei. Präsident Kennedy erkannte die Lage: „Jeden Monat, immer, wenn sie die Stromrechnungen erhalten, erinnern sich Tausende von Brasilianern: „It's that damned U.S. Company". Kennedy befürwortete die Enteignung der AMFORP in Brasilien und anderen Ländern.[105]

Angesichts der schwierigen politischen Lage ließen die Gesellschaften ihre Anlagen verkommen. Jeder Cent Gewinn wurde ins Ausland überwiesen; die Stromversorgung vieler Städte brach zusammen. In den brasilianischen Großstädten Belo Horizonte, Curitiba und Porto Alegre konnten keine weiteren Stromverbraucher mehr an das Elektrizitätsnetz angeschlossen werden. Der Industrialisierung weiter Regionen war ein unüberwindlicher Riegel vorgeschoben worden.

Die Stromsperren waren wesentlich mitverantwortlich für Arbeitslosigkeit und Wirtschaftskrisen. 1964 wurde die „wirtschaftsfeindliche" Regierung João Goularts gestürzt, Vertreter und Berater der Light wie Roberto Campos, avancierten zu Ministern. Aber selbst das half nicht mehr; als die neu etablierte, ausländerfreundliche Revolutionsregierung Castelo Branco's den Elektrizitätswerken gleich nach dem Putsch 1964 wieder „ausreichende Renditen" versprach, war die AMFORP zum Aufgeben entschlossen. Ein Firmensprecher erklärte: „Wir bleiben nicht mehr in Brasilien. Zu lange Jahre haben wir damit rechnen müssen, daß unsere Werke enteignet oder verkauft würden. Jetzt stehen wir vor dem Zusammenbruch unserer Anlagen" (da diese nicht gepflegt wurden).

Die Gesellschaft erzwang selbst ihre Enteignung. Die Amerikaner wurden entschädigt. Eine brasilianische Staatsgesellschaft, Eletrobrás, begann Kraftwerke und Überlandleitungen zu bauen. Die Lieferung von Anlagen und Maschinen befindet sich jedoch nach wie vor in den Händen der Mitglieder der IEA. Die kanadische Light entwickelte sich dagegen von Verlusttarif zu Verlusttarif ihrer Elektrizitäts-, Gas- und Fernmeldekonzessionen (Telefonnetze in Rio de Janeiro und São Paulo bis 1964) durch Reinvestitionen eines Teils ihrer Gewinne, zur größten Auslandsinvestition in Brasilien. Nach dem jahrzehntelangen Geschäftsgeheimnis der EVU befragt, sinniert ein hoher Regierungsbeamter: „Die Light ist für Korruption nicht verantwortlich zu machen. Es ist unsere Schuld, bestechlich zu sein."[106]

IEA und die Europäische Gemeinschaft

IEA-Dokumente der sechziger Jahre, „Private and Confidential Reported Order Lists for Members and Non-members", bezeugen heftige Preiskämpfe in Dänemark und Irland. Die dänischen Betriebe Titan AB und Thryge AB mußten aufgeben und wurden der schwedischen ASEA zugeschlagen. Siemens durfte laut Vorkriegsabkommen nur 7 Prozent der Marktanteile in Schweden haben. 1970 ging es den Italienern, denen Unzuverlässigkeit vorgeworfen wurde, an den Kragen. Die Ansaldo, zu 80 Prozent in Händen des italienischen Staates, hatte 1967 wider alle Absprachen bei einem Treffen in einem Mailänder Hotel einem Abgesandten des Gouverneurs des brasilianischen Bundesstaates São Paulo, Lucas Nogueira Garcez, eine Bestechungssumme übergeben lassen und so den Auftrag für die erste Ausbaustufe des Kraftwerkes Urubupungá erhalten. Die Kartellbrüder reagierten empört. Presseangriffe gegen die untreuen Italiener wurden laut, Kampfmaßnahmen gegen die Industrien des südlichen EG-Partners eingeleitet. Siemens ging zum Angriff über und versuchte, den Italienern mit allen Mitteln den Auftrag für den Bau eines Kraftwerkes bei Rom zu entreißen. 1970 mußte die italienische Regierung einschreiten, denn sie konnte bei der Vernichtung ihrer Industrien nicht tatenlos zusehen. Unter der Aufsicht der IRI Finmeccanica wurden vier Betriebe, Breda, Ocren, Alce und Asgen fusioniert. Italtrafo hatte sich mit der Transformatorenfertigung zu befassen, während der Asgen der Markt drehender Maschinen, wie Motoren und Generatoren, überlassen blieb. Nach der Wettbewerbsfähigkeit der neuen Gesellschaften befragt, antwortete ein Vertreter der IRI Finmeccanica mit einem Hinweis auf das Elektrokartell IEA. „Alle sechs Monate werden Marktanteile festgelegt, man kann auch größere Anteile beantragen. Die (deutsche) Trafo-Union tut dies gerade. Das Problem ist nur, wer will den Deutschen zuliebe gern auf Aufträge verzichten?" wurde dem nordamerikanischen Anti-Trust-Spezialisten Professor Barbara Epstein und Professor Horace J. De Podwin am 9. Februar 1972 in der amerikanischen Botschaft in Rom gesagt. Ein geheimes Protokoll der Gespräche wurde von Handelsattaché William Waller nach Washington gesandt.

Im Februar 1974 beschloß die IEA, vorsichtig und vorausschauend, nach dem britischen Eintritt in die EWG und möglicher polizeilicher Beschlagnahme kompromittierender Dokumente, ihr langjähriges Londoner Büro im Bush House aufzugeben. Die IEA verschwand ohne Hinterlassung neuer Adressen. Galgenhumor bewies nur der alte englische Pförtner im Bush House. Befragt, warum die IEA nach so viel Jahren Hals über Kopf ausgezogen und vom Erdboden verschwunden sei, erklärte er kurz und bündig: „*Scotland Yard moved in.*" Später erklärte er entschuldigend: „Als Nachmieter."

Erst zwei Jahre später wurde die IEA wieder entdeckt, nämlich in einem neuen, komfortablen, den Genfer See überblickenden Bürohaus in Pully, Lausanne, Chemin des Anciens Moulins 2a. Telefon: Pully 295561. Mr. James Robinson Hughes, langgedienter IEA-Sekretär, ist nach wie vor publikumsscheu. Er erklärte dem Autor, bevor dieser sich überhaupt vorstellen konnte: „*We have nothing to talk!*" Der englischen Journalistin Jean Ross Skinner bedeutete er, er möchte ja nicht unhöflich sein, aber „wir beantworten grundsätzlich keine Fragen".

„There is reason to believe that cartels restricting international trade are probably fewer and weaker than they were at the outbreak of World War II." Dieser Illusion gab sich der Kartellexperte Corwin Edwards und die gesamte Fakultät der Wirtschaftswissenschaften lange Jahre hin.

Anti-Trust-Gesetze Japans, der Europäischen Gemeinschaft sowie der Vereinigten Staaten hätten das Schicksal internationaler Kartelle besiegelt, meinten die Experten. Es focht sie auch nicht an, daß alleine die OECD (Organization for Economic Cooperation and Development) in einem 1974 veröffentlichten Bericht über 500 nationale und internationale Kartelle auflistete. Kartelle traten zwar nicht mehr öffentlich auf, sie kontrollierten aber weiterhin das Geschick der Weltwirtschaft. Amerikaner, Europäer, Japaner, alle zusammen scherten sich wenig um die auf dem Papier verkündeten Wettbewerbsgesetze. Die Organisation des internationalen Elektrokartells ist auch hier beispielhaft.

Schon seit Anfang dieses Jahrhunderts regelten zahlreiche Abkommen die Zusammenarbeit amerikanischer und japanischer Konzerne. Enge Kapitalverflechtungen sowie zahlreiche Patent-Pool- und Heimatmarktschutzabkommen bilden seit Jahrzehnten die Grundlage guter, auch in Krisenzeiten aufrechterhaltener Geschäftsfreundschaften.

Im Mai 1966 schlug Mitsubishi der Westinghouse auf dem alljährlichen Gipfeltreffen der Konzerne die Koordination seiner Verkäufe vor. „General Electrics, Toshibas und Hitachis vereinte Bemühungen hätten zu beträchtlichen Erfolgen geführt", bedeuteten die Japaner. Im Juni 1967 drängte Mitsubishi während der Gipfeltreffenwoche in den Gateway Towers in Pittsburg, noch einmal auf weitere, engere Zusammenarbeit sowie weltweite, voll integrierte Verkaufsabstimmung zwischen ihnen und Westinghouse. Mitsubishi wiederholte den Hinweis auf die mustergültige Zusammenarbeit der auch kapitalmäßig verbundenen Konzerne General Electric, Toshiba und Hitachi.[107] Auch Matsushita habe erhebliche Erfolge gehabt, deutete Mitsubishi an.

Westinghouse zögerte. Die amerikanische Anti-Trust-Gesetzgebung, obwohl in den Augen der Japaner unlogisch, müsse eingehalten werden, besagte ein Tagungsbericht. Amerikanische Manager überkam die unangenehme Erinnerung an in Philadelphia im Jahre 1963 für verbotene Absprachen verhängte Gefängnisstrafen. Das Geschäftskalkül der Japaner siegte aber. Westinghouse gab nach.

Als Folge dieser Treffen vermerkte das japanische Geschäftsblatt

„THE JAPAN ECONOMIC JOURNAL“ schon in seiner Ausgabe vom Dienstag, dem 20. Juni 1967: „Elektroindustrie ändert ihr Exportsystem. Internationale Arbeitsteilung ist eines der neuen Ziele unserer Elektrokonzerne. Sie erfolgt im Rahmen der ihnen seit einem Jahr von ihren europäischen und amerikanischen Partnern übertragenen Aufgaben.“

Ab 1966 nahmen die inzwischen wieder erstarkten japanischen Elektrokonzerne auch an allen Verhandlungen der IEA teil. Auf Grund ihrer Anti-Trust-Gesetzgebung verzichteten sie jedoch genau wie ihre amerikanischen Partner, auf Mitgliedsnummern. Sie zogen Kodebuchstaben vor. Die Ausrüstung des brasilianischen Großkraftwerks Ilha Solteira sollte laut „THE JAPAN ECONOMIC JOURNAL“ vom 20. Juni 1967 das erste gemeinschaftlich getätigte Großgeschäft werden.

Paul Hubacher und Olof Alveskoog, Generaldirektoren der Brown Boveri und ASEA-Töchter, reisten schon im September 1967 nach Tokio. Der brasilianische Markt wurde verteilt, das Schicksal unabhängiger Betriebe besiegelt. In Genf gründeten Mitsubishi, Toshiba, Hitachi, Brown Boveri und ASEA ein Konsortium, „PENTACONSORT“, zur Lieferung von Generatoren und Ausrüstungen des Kraftwerkes Ilha Solteira in Brasilien.[108] Weltweit wurden Märkte verteilt und Aufträge über z.B. Lokomotiven oder Generatoren nach verabredetem Schlüssel abgerechnet. In enger Gemeinschaft begannen Europäer, Japaner und Amerikaner über Außenseiter herzufallen, und das nicht nur auf dem Gebiet der Starkstromtechnik.

Am 19. Oktober 1973 besuchten Misu und Matsuda, der derzeitige Mr. Japan, d.h. Vertreter der JPA (Japanese Party of the Agreement) und sein Nachfolger das Büro der IEA in Lausanne. Abends noch vergnügte man sich im Lausanner Nachtleben. Der nächste Tag brachte harte Arbeit. Mr. Japan und sein Nachfolger sollten an einer Arbeitssitzung der IEA teilnehmen. Dem Council erklärten die Japaner, daß sie mit den bisher erreichten Resultaten der Geschäftsabstimmung sehr zufrieden seien, eine Meinung, die jedoch nicht von den Europäern geteilt wurde, die die fernöstliche Aggressivität fürchteten. Da Zusammenarbeit jedoch einem möglichen Wirtschaftskrieg vorzuziehen war, fügten sich die Vertreter der EPA (European Party of the Agreement) in ihr Schicksal. Auf jener Sitzung wurden Geschäfte der Sektionen A/B (Turbinen und Generatoren), W (Wasserturbinen), K (Gleichrichter), E (Hydrogeneratoren) und H (Transformatoren) abgestimmt.[109] (Siehe Protokoll der Besprechung - Dokumentation im Anhang).

Die Japaner erwiesen sich immer weiter als zähe Verhandlungspartner. Als es an die Aufteilung der Spesen des gesamten Kartellapparates ging, blockten sie erneut. „Ja, wir werden uns an den Spesen beteiligen, aber nicht mehr als 25 % der gesamten Unkosten der IEA zahlen" diktierte Mr. Japan, der Vertreter der JPA-Members. Die Europäer schluckten trocken und akzeptierten. Sie wagten es einfach nicht, Misu zu widersprechen.

Auf jener Sitzung kam auch das Amerikaproblem erneut zur Sprache. Die im Royal Hotel Savoy, Lausanne, versammelten Delegierten der IEA akzeptierten jedoch die Meinung von Giuseppe Bertola, dem Vertreter der Schweizer Brown Boveri, daß es nicht nötig sei, irgendwelche weiteren Schritte zu unternehmen, und in der Tat, das Amerikaproblem löste sich von selbst. Ab 1975 erfaßten die IEA-Berichte auch die im Rahmen des „Agreement Y" aufgelisteten Bestellungen amerikanischer Abnehmer.

Das verpatzte Gleichstromgeschäft

Der 2. März 1979 war in Vasteras, einer kleinen schwedischen Stadt, ein trüber Tag. Auf den Straßen lagen tauende Schneehaufen, Sorgen spiegelten sich in den Augen der Facharbeiter und Ingenieure, die sich um 17 Uhr im Arbeitsraum der Gewerkschaft des schwedischen Konzerns ASEA trafen. Die Gleichrichterfabrik hatte keine Aufträge mehr, und die Aussichten, einen in Brasilien ausgeschriebenen Großauftrag zu erhalten, schienen mager.

1,2 Milliarden Dollar sollte die Hochspannungsgleichstromübertragung Itaipú-São Paulo, 6.000 Megawatt und 900 Km Entfernung, kosten. Wer diesen Auftrag bekam, konnte sich ausrechnen, künftig den weltweiten Markt für Fernübertragung großer Energieblöcke beherrschen zu können. Diesen Happen wollte sich die deutsche Industrie nicht entgehen lassen. Ein Exportkartell, von Siemens, AEG-Telefunken und Brown Boveri im Bundeskartellamt Berlin unter dem Kurzwort HGÜ (Hochspannungsgleichstromübertragung) registriert, sollte den Auftrag ausführen. Harvey Bamford, Gruppenleiter der Sektion K (Gleichrichter) der IEA gab den Deutschen seinen Segen. Zahlreiche gerissen ausgedachte Schachzüge schienen das Geschäft zu sichern. Natürlich hätte eine ganz normale Wechselstromhochspannungsleitung den Strom des Itaipú-Kraftwerks nach São Paulo übertragen können, sie hätte auch nicht mehr als 300 Millionen Dollar gekostet. Um ihr Gleichstromprojekt durchzusetzen, bauten die Deutschen auf ihre guten Beziehungen zu den deutschstämmigen Präsidenten Geisel und Strössner, deren Rivalitäten es auszunutzen galt.

Paraguay betreibt seine Stromnetze mit 50 Hertz, Brasilien dagegen mit 60 Hertz. Das kleine Paraguay auf 60 Hertz umzustellen, wäre nicht schwierig. Itaipú, dessen Strom zur Hälfte Paraguay gehört, hätte so alleine mit 60 Hertz Generatoren ausgerüstet werden können. Paraguay wollte sich aber seine mögliche Flexibilität honorieren lassen.

Der Preis: 150 Millionen Dollar für das Stauwerk Monday, mit dem der Wasserstand des Rio Paraná während der Auffüllzeit des Itaipú-Stausees gehalten werden sollte; 30 Millionen Dollar für ein 30 MW Wärmekraftwerk, eine Hochspannungsleitung Acaray-Asunción, sowie ein 30 Millionen Dollar Kredit für Waffen und Krankenwagen der paraguayischen Armee, einige Industrieprojekte und eine kleine Eisenbahn.

Geisel schlug mit der Faust auf den Tisch: „Brasilien läßt sich nicht erpressen! In Itaipú werden 9 Generatoren von 50 Hertz und 9 Generatoren von 60 Hertz installiert. Den von Paraguay gekauften 50 Hertz-Strom werden wir mit Gleichstromtechnik nach São Paulo übertragen. Außerdem werden wir jetzt zusätzlich zwei Turbinensätze als Reservemaschinen in Itaipú installieren."[110] (Weitere 100 Millionen Dollar, ein Projekt, mit dem Argentinien nicht einverstanden war, da der eventuelle Betrieb dieser Zusatzmaschinen den Wasserstand und die Schiffbarkeit des Paraná in unzumutbarem Maße geändert hätte). Da Brasilien die paraguayische Forderung von 210 Millionen Dollar nicht erfüllen wollte, beschloß es, den Mitgliedern der IEA 1,3 Milliarden Dollar als Zusatzaufträge zuzuschanzen.

Das Geschäft schien perfekt, der Zuschlag sicher. Die Aussicht, ihre Arbeitsplätze in Vasteras zu verlieren, ihre Häuser verkaufen und Arbeit bei Siemens suchen zu müssen, paßte den Spezialisten der ASEA aber nicht recht. Es war ihnen außerdem nicht zu erklären, daß es in Südamerika üblich sei, solche Geschäfte mit Überpreisen und sogenannten N.A.s, nützlichen, in der Schweiz steuerfrei auszahlbaren, verkaufsfördernden Abgaben zu würzen.

„Wir werden für faire Preise sorgen!" schworen die Gewerkschaftsboße an jenem trüben Freitag empört. Im März 1979 wurden die Gesichter der brasilianischen Einkäufer lang und länger. ASEA senkte seinen Preis um fast vierhundert Millionen Dollar von 1,2 Milliarden auf nunmehr 811 Millionen Dollar. Der Zuschlag konnte den Schweden nicht mehr verwehrt werden. Das deutsche Exportkartell HGÜ hatte das Nachsehen. Welche Rolle die schwedischen Gewerkschaften bei diesem Geschäft dann wirklich gespielt haben, konnte allerdings nie einwandfrei nachgewiesen werden.

Jahrzehntelang diente die IEA als reibungslose Verschiebestelle für Aufträge und Gewinne ihrer Klubmitglieder. Erste Anzeichen einer ernsteren Krise begannen sich jedoch 1976 abzuzeichnen. 1973 und 1974 waren erfolgreiche Jahre gewesen. In harten, aber freundschaftlich von L.H. Pollin, dem verantwortlichen Gruppenleiter, geführten Verhandlungen konnten sich die Mitglieder der Sektionen A und B und Untergruppe N (Nuclear Equipment) über die Verteilung möglicher großer Reaktoraufträge in Brasilien, im Iran und Pakistan einigen, so zumindest wußte ein Teilnehmer der Gespräche zu berichten. Während den Mitgliedern Nr. 8 und 9 (Siemens und KWU), selbstverständlich ohne Wissen des potentiellen Auftraggebers, der mögliche Brasilienauftrag zugesprochen wurde, durften sich die Franzosen an Pakistan gütlich halten. Die Aufträge des vom Größenwahn besessenen Schahs von Persien sollten dagegen brüderlich geteilt werden.

379 Millionen Mark wollte die KWU den Brasilianern als Überpreis für die beiden Kernkraftwerke Angra II und Angra III abknöpfen. Nuklearpapst Nogueira Batista war auch einverstanden, seine ersehnten Reaktoren mit 22 Prozent mehr zu entgelten, als die rheinische RWE für das Kernkraftwerk Biblis C zu zahlen gewillt war, nur Luiz Claudio de Almeida Magalhães, Sprecher des Bauträgers „Furnas“, motzte und verlangte selbst mit KWU verhandeln zu dürfen. Am 18. Mai 1976 setzte er so dank zäher Verhandlungskunst einen Rabatt von 253 Millionen Mark durch, trotzdem aber schien dem Elektrokartellmitglied Nummer 9 (Kraftwerkunion) noch ein ansehnlicher Gewinn zu verbleiben.[111]

Doch im Geschäft herrschte nicht nur eitle Freude. Mit den Gewinnen wuchsen auch die Probleme. Das Volumen der im Rahmen der IEA-International Electrical Association vertragsmäßig zu zahlenden Kompensationszahlungen begann rapide anzusteigen (the total sum of money involved (...) can be very substantial). Gleichzeitig befaßte sich der amerikanische Kongreß mit peinlichen Fragen. Welche Schmiergelder denn Lockheed, Good Year oder Westinghouse und General Electric, und viele andere Konzerne, denn für Verkaufsbemühungen im Ausland an fremde Potentaten gezahlt haben, wollten U.S. Senator Frank Church oder die SEC Security Exchange Commission sehr genau wissen.

Auch der unscheinbaren IEA wurde unerwünschte und unangenehme Publizität beschieden. Schönheitspflege mußte betrieben werden. Da „Compensation Agreement“ zu sehr nach Korruption roch, wurde der Name dieses einen Vertrages der Kartellbrüder in „Balancing and Settlement Scheme“ umgetauft.[112]

Auch Erwin Bielinski, Vorstandsmitglied der Brown Boveri und schweizer Vertreter im Verwaltungsrat (Council) der IEA, stand vor peinlicher Gewissensnot. Es war ihm unangenehm, weiterhin Schecks über erhebliche Summen unterschreiben zu müssen, ohne die glücklichen Empfänger der Gelder zu kennen („it is not entirely satisfactory that a Council Member should be asked to sign a letter authorizing the payment of a very substantial sum of money, without his knowing exactly where that money is going").[113]

Da es aber weiterhin Gelder aus den verschiedenen Gewinnpools der IEA zu verteilen gab und anteilige Spesen für aus den Kampffonds bezahlte Aktionen noch umzulegen waren, wurde eine neue Vereinbarung getroffen. Zur Verringerung des Zahlungsverkehrs, auf den möglicherweise Schweizer Steuern hätten anfallen können, wurde verabredet, daß in einer jeden Landesgruppe erst einmal eine Verrechnung zwischen einzelnen nationalen IEA-Mitgliedern zu erfolgen habe. Über die Konten der IEA würden dann nur noch für den Ausgleich eventueller Spitzen benötigte Gelder laufen. Diese Lösung bot noch zusätzliche Vorteile. Ein möglicher Geheimnisverrat würde so nur eine einzige Zelle eines ganzen weltweiten Kartellnetzes sprengen.

Obwohl die IEA über lange, lange Jahre ihren Mitgliedern unschätzbare Dienste geleistet hatte, galt es jetzt, künftig vorsichtiger zu sein. In weiser Voraussicht beschloß daher der Rat der IEA am 14. März 1977, einen weiteren „Spezialfond" einzurichten, aus dem Unkosten einer möglichen, aber sehr unwahrscheinlichen Schließung bezahlt werden sollten („in the very unlikely event of its ever being necessary to shut down the association").[114]

Weitere Nackenschläge folgten. Die UNCTAD (United Nations Conference on Trade and Development) untersuchte das Geschäftsgebahren der IEA und veröffentlichte zwei ausführliche Reports über das Elektrokartell.

Der „Council" der IEA mußte sich deshalb im Juni 1977 mit zusätzlichen Sicherheitsmaßnahmen befassen. Die 1930 ausgearbeiteten, 1945 bestätigten und nie wieder geänderten Verträge, Statuten und Arbeitsnormen erfuhren geringfügige Neufassungen. Korrespondenz sollte künftig nur noch auf weißem Papier geführt, Berichte keinerlei Namensnennungen, sondern nur noch Kodenummern und Buchstaben enthalten. Es galt, die Namen der an den Sitzungen teilnehmenden Vorstandsmitglieder bekannter internationaler Elektrokonzerne gegen peinliche Enthüllungen zu schützen.

In jenem Jahr waren der IEA noch weitere unangenehme Überraschungen beschieden. Das verschlafene brasilianische Kartellamt

CADE (Conselho Administrativo de Defesa Econômica) begann, sich in einem 1975 sicherlich unüberlegt eröffneten Verfahren mit dem Geschäftsgebaren einiger IEA-Mitglieder zu befassen. Gratuliano Brito, der pensionsreife Vorsitzende des CADE, wollte der brasilianischen Öffentlichkeit kundtun, daß Brasilien hart gegen internationale Kartelle vorgehe, obwohl ihm von vornherein geläufig war, daß das Verfahren gegen die IEA auch in zwanzig Jahren noch nicht beendet sein würde.

Die Eröffnung des Prozesses hatte trotzdem unangenehme Folgen. Die brasilianische Presse befaßt sich nun mit der IEA. Als Voith, Siemens, ASEA, Jeumont Schneider und andere Mitglieder der IEA für die Ausrüstung der Wasserkraftwerke Tucurui und Itaparica den Brasilianern 1977 einen Überpreis von 120 Millionen Dollar abzuknüpfen versuchten (etwa 25 Prozent des Auftragswertes), reagierte Antônio Carlos Magalhães, ein geschickter, dem staatlichen Energieversorgungsunternehmen ELETROBRÀS vorstehender Politiker: „Für den verlangten Preis können wir uns Fabriken hinstellen, in denen wir unsere eigenen Ausrüstungen bauen“, drohte der Lateinamerikaner. Die Kartellbrüder gaben nach und senkten ihren Preis um 120 Millionen Dollar.[115]

Obwohl die geheimen IEA-Absprachen auch beim deutschen Bundeskartellamt in Berlin registriert waren, beschlossen die Verwaltungsratsmitglieder der IEA weiterhin die Existenz des lukrativen Geheimbundes zu leugnen. Noch 1974 behauptete Giuseppe Bertola, langjähriges Mitglied der Verwaltungsräte der IEA sowie der schweizerischen Brown Boveri & Cie AG der Zürcher Zeitung „Tagesanzeiger“ gegenüber: „Elektrokartelle gehören in den Bereich der Business Fiction“.

Auch Rossier, Generaldirektor der schweizerischen Sécheron wurde im Januar 1980 ärgerlich, als er auf das mögliche Kartell IEA angesprochen wurde: „Diese Informationen sind bloßes Geschwätz. Die IEA ist eine Organisation, welche lediglich wirtschaftliche Daten austauscht“.

Klaus Barthelt, Vorstandssprecher der KWU, dessen Vorstandskollegen Frewer und Hirschmann an IEA-Sitzungen und -Treffen teilzunehmen pflegen, wurde sogar ausgesprochen unwirsch, als das ZDF ihn am 9. Dezember 1979 nach der IEA fragte: „Ein solches Kartell gibt es nicht. Es ist nichts daran wahr. Ich bestätige Ihnen verbindlich, daß es eine solche Vereinbarung nirgendwo gibt“.

Die schweizerische Brown Boveri wollte jedoch klüger sein. Am 14. und 15. Februar 1980 veranstaltete der Konzern im Parkhotel Schinznach-Bad ein Presseseminar, auf dem die anwesenden Journalisten zwar nicht mit Informationen, dafür aber mit einem elektrischen Eierkocher mit eingebautem akustischem Signal beglückt wurden.

Erst im April 1980 bequemte sich SIEMENS, die Existenz des Kartelles zuzugeben. Auf die inzwischen in Pressekreisen übliche Frage nach der IEA erläuterte Bernhard Plettner persönlich dem „Spiegel“: „Ich kann dazu nur sagen, daß es ein vom Bundeskartellamt genehmigtes Exportkartell ist“.

Derek Rose, Generalsekretär der IEA konnte jedoch schon im Mai 1980 nicht mehr richtig schlafen. Ihn beunruhigte die immer weitere Verbreitung der vom Kartellbuchhalter Schroeter mitgenommenen vertraulichen IEA-Dokumente. Diese Beunruhigung äußerte er gegenüber der Presse (Tagesanzeiger Zürich, 29. April 1980, S. 9.) Derek Rose befürchtete, daß sich ein schon einmal gefälltes Werturteil wieder bestätigen könnte: „In view of our findings (......) we conclude that the system operates and may be expected to operate against the public interest“.[116] Zu diesem harten Urteil über die Arbeit der International Electrical Association war eine Untersuchungskommission des englischen Parlamentes schon im Jahre 1958 gekommen. Das Bundeskartellamt erläuterte die Situation: „In allen Ländern der industrialisierten Welt gibt es Regelungen für Exportkartelle. Sie sagen de facto, was im Ausland passiert, ist für die nationale Situation ohne Bedeutung. Wenn es also dem Vorteil inländischer Firmen dient, irgendwo in der Welt den Wettbewerb zu beschränken, dann wären wir die letzten, ihnen das zu verbieten. Unsere Gesetze entsprechen damit nur denen der anderen“. Auf gut deutsch also: Handelskrieg gegen Entwicklungsländer.

Im Rahmen der UNCTAD und anderer Gremien ist man inzwischen zur Überzeugung gelangt, daß es eine Neuregelung des Verhältnisses zwischen dem industrialisierten Norden und den südlichen Ländern geben muß. Heute ist es schon weltweit ein Gesprächsthema, daß Exportkartelle mit Kampfklauseln verboten werden sollten; trotzdem ist es nicht anzunehmen, daß die Industrienationen eines der wesentlichen Instrumente ihrer Vorherrschaft über die Dritte Welt aufgeben werden. Diese Kartelle – über 600 sind bekannt –, halten die Dritte Welt unterentwickelt und unter Kontrolle. Früher brauchte man Kolonialheere. Diese braucht man heute nicht mehr. Wer wird ein solches Machtinstrument freiwillig aufgeben? Niemand, darüber sollten sich alle klar sein.

Staatsmonopolkapitalismus

Produktive Arbeit galt in Brasilien seit jeher als suspekt und aufrührerisch. Schon früh wurden solche unerhört revolutionären Umtriebe unterbunden. Portugals Krone ordnete so 1629 die Zerstörung sämtlicher von Jesuiten in Brasilien aufgestellten Eisenschmelzen an. Im Jahre 1785 wurden erneut alle Eisenöfen des tropischen Subkontinents zerschlagen. Im gleichen Jahr ordnete Portugals Königin Maria I., a „louca" (Maria die Verrückte), die Stilllegung sämtlicher brasilianischer Webstühle an. Erst 65 Jahre später wagten sich Brasiliens Unternehmer wieder in den Textilbereich vor. Major Bloen verschwand dafür 1842 in dunklen Gefängniszellen. Sein Delikt: Die Gründung des Eisenwerkes Ipanema.

Jahrelang war Brasilien den Sirenenklängen ausländischer Investoren erlegen. Fernmeldenetze, Gaserzeugung, Eisenbahnen, Energieversorgung, all dies kontrollierten seit Ende des vorigen Jahrhunderts Amerikaner und Engländer. Die Konzessionen sicherten den Industrienationen einen wichtigen Markt. Schienen, Lokomotiven, Waggons, Kraftwerkausrüstungen, alles wurde importiert, lokale Anstrengungen aber als subversiv und aufwieglerisch disqualifiziert. Ausländische Investitionen legten die Wurzeln der Unterentwicklung, sie nahmen dem Land sämtliche Möglichkeiten einer Entwicklung aus eigener Kraft.

In den fünfziger Jahren des zwanzigsten Jahrhunderts erwachte der Gigant. Staatliche Monopolgesellschaften, alle nach reinem kapitalistischen Muster betrieben, sollten jetzt die ungeliebten Ausländer ersetzen. Es entstanden die staatliche brasilianische Petroleumgesellschaft „Petrobrás", das Erzunternehmen „Cia Vale do Rio Doce", das Energieversorgungsunternehmen „Eletrobrás", während die „Telebrás" Brasiliens Fernmeldewesen unter ihre Fittiche nahm. Ende der siebziger Jahre kontrollierten brasilianische Staatsmonopole über 60 % der Wirtschaft des Landes.

Nicht immer effizient verwaltet, entwickelten sich diese lateinamerikanischen Monstergesellschaften schnell zu Henkern der lokalen Privatinitiative. Strategisch plazierte Bestechungsgelder garantierten ausländischen Lieferanten von Maschinen und Ausrüstungen weiterhin lukrative Aufträge. Da es einmal geschaffene Arbeitsplätze unter allen Umständen zu erhalten galt, deckten staatliche Subventionen einen jeden Verlust der Staatsmonopole. An Provisionen interessierte internationale Banken erfüllten jeden noch so wahnwitzigen Kreditwunsch.

Auch das der deutschen Industrie durch zahlreiche Verträge eng verbundene ATOMMONOPOL „NUCLEBRAS“ beschloß, nicht zurückzustehen.

Kritische lokale Industrielle wie Einar Kok, Vorsitzender der ABIMAQ und der SIMESP, des Syndikats der mechanischen Industrie des Staates São Paulo wurden dagegen nach altem portugiesischen Muster als subversive und aufrührerische Elemente behandelt. Sie mußten der DOPS, der politischen Polizei, in endlosen Verhören ihre Position erklären. Andere Unternehmer wie Fernando Gasparian oder der Autor landeten dagegen wegen Verletzung der brasilianischen Staatssicherheit vor dem Militärgericht.

„Eine jüdisch-kommunistische, von Moskau und Washington bezahlte Verschwörung von Wissenschaftlern, Unternehmern, Politikern, Journalisten und Ingenieuren hat sich gegen den deutsch-brasilianischen Atomvertrag gewandt“, wußte ein am 6. Juni 1980 in die Hände der „Folha de São Paulo“ gelangter Bericht des brasilianischen Geheimdienstes zu berichten. „Das von „Sowjets kontrollierte“ deutsche Nachrichtenmagazin „Der Spiegel“ habe die Kampagne gegen den Atomvertrag eingeleitet“, rapportierten die sicherlich gut informierten Geheimdienstoffiziere weiterhin der brasilianischen Regierung.

NUCLEP – Die Reaktorfabrik

Um sich aus der Abhängigkeit vom internationalen Konzern- und Preisdiktat zu lösen, beschloß Brasilien, Atommeiler selbst zu bauen. Nicht mehr als 40 Millionen Dollar sollten Hallen und Maschinen der größten und modernsten Reaktorfabrik der Welt kosten, mehr als 300 Millionen Dollar mußten jedoch zur Freude der Einkäufer ausgegeben werden, bevor das Werk stand.[117]

„Der Atomvertrag verleiht uns Brasilianern internationalen Status", schwärmte Botschafter Paulo Nogueira Batista, Brasiliens Chefnukleokrat. „Wir werden unsere Reaktoren selber bauen, schon Ende 1978 wird unsere Reaktorfabrik in Itaguaí ihre Produktion aufnehmen. Ab 1980 werden Atommeiler in Brasilien gefertigt, zuerst einer, dann zwei bis drei pro Jahr, vom vierten Kernkraftwerk ab wird nichts mehr importiert. Wir beginnen mit dem Bau von 1.300 MW Reaktoren (den derzeit größten der Welt, der Autor), bald werden wir jedoch schon auf 2.000 MW Meiler übergehen. Zwischen 1975 und 1980 werden acht Reaktoren bestellt, anschließend bauen wir weitere 25 Kernkraftwerke, die noch vor 1995 in Betrieb gehen".[118] Der Brasilianer wurde vor Begeisterung überschwenglich. „Wir besitzen jetzt das modernste Reaktorwerk der Welt. Kernkraftwerke werden wir in Serie bauen, das geschieht nicht einmal in Europa oder in den Vereinigten Staaten. Die Aufnahme in den exklusiven Klub der Reaktorbauer kann uns nicht mehr verwehrt werden. Der Eigenbau von Atommeilern wird es uns ermöglichen, bei jedem Kernkraftwerk Devisen im Wert von 50 Millionen Dollar einzusparen". (sic)[119]

Die Welt bestaunte Brasiliens Pläne. „Sicherung und Förderung der Ausfuhr der Industrienationen" ist das Ziel der im Bundeskartellamt Berlin registrierten internationalen Kartelle der Elektroindustrie. Der sogenannte „Suppliers Club," ein Kartell der Reaktorbauer, beherrscht den weltweiten Markt für Atommeiler. Seine Mitglieder besitzen Gewicht: KWU (SIEMENS), WESTINGHOUSE, GENERAL ELECTRIC, FRAMATOM und andere Mitglieder des alten weltweiten Elektrokartells der INTERNATIONAL ELECTRICAL ASSOCIATION sitzen im „Suppliers Club".[120] Die IEA – Lausanne selbst verteilt weltweit die Aufträge für Turbogeneratoren und andere benötigte Kraftwerkausrüstungen. Über die IEA schrieb Professor Richard Newfarmer im Jahre 1978: „Zwischen 1900 und 1930 teilten sich die internationalen Konzerne die Welt untereinander auf. Den Entwicklungsländern, die es als Absatzmärkte der Industrieländer zu bewahren galt, wurde der Zugang zur Technologie erschwert, wenn nicht gar unmöglich gemacht. Internationale Marktabsprachen und Technologiekartelle verhinderten das Aufkommen unerwünschter Konkurrenten in Entwicklungsländern".[121]

Restriktive Handelspraktiken, auf gut deutsch unlauterer Wettbewerb genannt, verhinderten den Aufbau bodenständiger Industrien der Entwicklungsländer. Auch Brasilien gelang es nie, eine eigene Elektroindustrie aufzubauen. Akribisch ausgearbeitete Kampfmaßnahmen liquidierten in wenigen Jahren die einheimischen Werke. Bodenständige, ursprünglich vorhandene Technologie wurde vernichtet. Die internationalen Konzerne betrieben Substitution der brasilianischen Fertigung durch Importe, das Handelsdefizit Brasiliens wuchs.

1971 noch erklärten die dem brasilianischen Elektromaschinenverband beherrschenden Tochtergesellschaften der großen internationalen Konzerne, es sei in Brasilien unmöglich, 125 KW starke Elektromotoren zu bauen, sie müßten importiert werden.[122] Plötzlich schwenkte die KWU um und erklärte sich bereit, in Partnerschaft mit den Brasilianern 1.300 Megawatt Atommeiler zu bauen: diese Kraftwerke sollten 10.000 mal größer werden als die kleinen Elektromotoren, die die Brasilianer nach Meinung der Konzerne noch vier Jahre vor Unterzeichnung des Atomvertrages angeblich nicht zu bauen imstande waren.

Der deutsch-brasilianische Atomvertrag beinhaltet Transfer der gesamten Nukleartechnologie; Paulo Nogueira Batista schwärmte erneut: „Es ist uns gelungen, vollkommen unübliche Bedingungen zu erhalten". Er traf den Nagel auf den Kopf. Die Bedingungen waren nicht nur unüblich, sie waren einmalig. Eine vollständige Änderung der traditionellen Haltung der Mitglieder des Kartells der IEA schien sich anzubahnen.[125] Jahrzehntelang war es Gesellschaften wie SIEMENS und anderen Mitgliedern der großen internationalen Kartelle gelungen, Brasilien den Zugang zu Know-How jeglicher Art zu verwehren und Pioniere eigenständiger Technologien zu vernichten. Jetzt plötzlich schien uneigennützige Partnerschaft Maxime zu werden.

Ein brasilianisches Sprichwort besagt: „Wenn das Almosen zu groß ist, wundert sich der Bettler". Die Brasilianer wunderten sich dieses Mal aber nicht.

Japan ist eine fortgeschrittene Industrienation. Seine Industrie nimmt Weltspitzenklasse ein, das Bildungsniveau seiner Bevölkerung ist beeindruckend. Japan sollte alle Voraussetzungen für einen erfolgreichen Reaktorbau besitzen, trotzdem zeichnen sich japanische Meiler durch schwerwiegende Defekte aus. Brennstäbe verbiegen, Kühlrohre reißen. Es fehlen Techniker und Spezialisten. Die Verfügbarkeit japanischer Reaktoren sollte bei 70 % liegen, die Wirklichkeit sah aber anders aus.

Im September 1975 befanden sich fünf von insgesamt acht Reaktoren außer Betrieb, obwohl von renommierten Technologiegiganten wie Toshiba, Hitachi oder Mitsubishi gebaut. 0 %, 0 %, 4 %, 18 %, 20 %, 21 %, 27 %, 80 %, so sah die Verfügbarkeit aus.[124]

„Wie sehr es gerade auf praktische Erfahrungen ankommt, lehrt der Bau des Karlsruher Reaktors, bei dem sich eindeutig gezeigt hat, daß selbst renommierte Fachfirmen nicht immer in der Lage sind, auf Anhieb die komplizierten Anforderungen der Reaktortechnik auch an konventionellen Teilen der Anlage zu erfüllen.... Es gibt tatsächlich nur den einen Weg, im Reaktorbau den Vorsprung des Auslandes einzuholen, nämlich die Eigenentwicklung von Leistungsreaktoren und Großanlagen".... Dieses war schon 1961 die Meinung des deutschen Atomforums.[125]

Auch deutsche Reaktoren waren nicht problemlos. Obwohl nach den Worten ihrer Verkäufer „vollkommen sicher", bildeten Leckagen der Kondensatoren eine ständige Ärger- und Gefahrenquelle, wie selbst die KWU in ihrem Jahresbericht von 1975 bestätigte.

„Es ist bekannt, daß der Chromnickelstahl INCONEL 600 der Wasserkorrosion widersteht. Lange Zeit glaubten wir, daß das Material sämtlichen Anforderungen entsprechen würde. Heute wissen wir jedoch, daß dieser Chromnickelstahl langfristig nicht erkennbare Zersetzungserscheinungen aufweist. Nach gewisser Zeit läßt seine Festigkeit nach. Unsere Metallurgen wiesen uns auf dieses, von sämtlichen Spezialisten der Welt festgestellte Problem hin. Wir beschlossen daher, INCOLOY 800 zu verwenden, das bis heute, 1975, hervorragende Resultate aufwies."[126] Die KWU verwandte daraufhin diesen neuen Stahl, mußte aber 1978 wieder eine Reihe ihrer Reaktoren wegen Leckagen stillegen.

Materialprobleme ergaben sich auch in Brasilien. Der Metallurge Hans Joachim Hamel wies auf die Schwierigkeiten der Reaktorfertigung in Brasilien hin. Sechzehn verschiedene Stahlsorten werden in Deutschland im Reaktorbau verwandt. In Brasilien, wegen Importschwierigkeiten und der beschränkten brasilianischen Produktion, dagegen nur vier Sorten von nicht immer zufriedenstellender Qualität. „Der hohe Schwefelgehalt brasilianischer Kohle beeinträchtigt die Qualität der brasilianischen Stahlsorten," erklärte Hamel auf einem Kongreß in São Paulo den versammelten Metallurgen. Verschiedene Amerikaner wunderten sich über die Leichtsinnigkeit der Reaktorbauer. Ingenieur Pareto von der Nuclep beschwichtigte die Besorgten: „Wir werden halt dickere Stahlplatten nehmen, um die mindere Qualität unseres Stahls auszugleichen."[127]

Am 14. Oktober 1975 flog auf dem Prüfstand der KWU in Mülheim der Läufer eines 1.300 MW Generators auseinander. Generatoren dieser Größenordnung zu bauen, scheint nicht einfach zu sein. Der amerikanische Großkonzern Allis Chalmers wäre fast durch den Bau einer solchen Großmaschine in Konkurs gegangen. Jahrelang mußte in New York während der Reparatur des von Allis Chalmers gelieferten Generators „Big Allis" Strom rationiert werden. Der Mülheimer Zwischenfall war jedoch nicht weiter tragisch. Wirtschaftliche Folgen gab es keine. Das Kernkraftwerk Philipsburg, das die Maschine bekommen sollte, erhielt einen anderen Generator, der ursprünglich in Krümmel bei Hamburg aufgestellt werden sollte. Die KWU atmete erleichtert auf. „Früher, als wir nur ein Kraftwerk zur gleichen Zeit bauten, wäre das ein totaler Rückschlag für uns gewesen!"[128]

Aus Gründen der Wirtschaftlichkeit muß eine Reaktorfabrik mindestens vier Atommeiler pro Jahr bauen. Dieses fiel auch schon der OECD auf. In ihrem Bericht „Energy Prospects to 1985" empfahl sie, sämtliche Reaktorbauer Europas zusammenzulegen, da nur der amerikanische Markt groß genug sei, eine Reaktorfabrik zu rechtfertigen.[129]

Als General Albert Buchalet, einer der Väter der französischen Atombombe und ehemaliges Mitglied des „Commissariat d'Energie Atomique", 1978 Brasilien besuchte, wurde er nach seinem Urteil über den Atomvertrag gefragt. Nach langem Schweigen gab er seine Meinung preis. „Ein schwieriges Problem. Unter vier Reaktoren pro Jahr läßt sich nichts machen. Nicht im Traume könnt ihr Brasilianer daran denken, eure „Nuclep", d.h. eure Reaktorfabrik wirtschaftlich zu gestalten. Andere Investitionsgüter wie Walzwerke oder Wasserkraftwerke müßten in Itaguai gefertigt werden, das alles ist jedoch mit großen Schwierigkeiten verbunden." Buchalet wies ferner auf die ungeheuren weltweiten Kostensteigerungen der Kernenergieprogramme sowie die großen unausgenutzten brasilianischen Wasserkraftreserven hin.[130]

Die Reaktorfabrik „Nuclep" war in der Tat schlecht geplant. Als sie Ende 1979 eingeweiht wurde, gab es nichts zu tun, sie besaß keinen einzigen Auftrag. Ein Reaktor sollte pro Jahr gebaut werden, aber das ganze brasilianische Kernkraftprogramm war schon ins Stocken geraten, das Geld ausgegangen und der erste Wechsel gegen die NUCLEBRAS im Oktober 1979 zu Protest gegeben worden (Wert 40. Millionen Cruzeiros, d.h. etwa 2 Millionen Mark).[131]

Leopard-Panzer könnten gefertigt werden, schlug Paulo Nogueira Batista vor. Das brasilianische Heer aber winkte ab. Es bräuche keine schweren Leoparden, besäße außerdem eine eigene unbeschäftigte Waffenschmiede.[132] Anschließend schlug Nogueira Batista den Bau von U-Booten vor, aber auch die brasilianische Marine, stolze Besitzerin des Arsenal da Marinha von Rio de Janeiro, der größten vollkommen unbeschäftigten Geisterwerft der Welt, biß nicht an und zeigte Desinteresse. Als das Gespräch auf Wasserkraftgeneratoren kam, wurden nun ihrerseits SIEMENS, Brown Boveri und General Electric nervös und hoben entsetzt die Hände.

Die Gutehoffnungshütte (GHH), Vöst-Alpine und die KWU hatten sich zwar mit 25 % am Kapital der NUCLEP beteiligt, diese Investition aber schon durch Überpreise der an die NUCLEP verkauften Werkzeugmaschinen wieder hereingeholt und amortisiert. Ihnen war das Schicksal der Reaktorfabrik jetzt gleichgültig, ihr Geschäft hatten sie gemacht. Nur die GHH hatte noch Sorgen. Den Brasilianern wollte sie für Iran und die Bundesrepublik Deutschland gefertigte, jetzt auf ihrem Werksgelände nutzlos herumstehende Reaktordruckgefäße verkaufen, der Zusammenbruch des brasilianischen Atomprogrammes schien der GHH einen Strich durch ihre Rechnung zu machen.[133]

Niemand wußte etwas mit der NUCLEP, einem Monument deutschen Ingenieurkönnens, anzufangen. Nogueira Batista machte den weiteren Vorschlag, das Werk der Privatinitiative zu übertragen. Brasilianische Unternehmer aber paßten: „Was sollen wir mit diesem weißen Elefanten anfangen, jahrzehntelang wird dort nur Geld verloren werden". Der Nippo-Brasilianer Ueki, damaliger Energieminister, fand den genialen Ausweg: „Wir werden unsere Kernkraftwerke in alle Welt exportieren", eine Meinung, der sein Nachfolger Cesar Cals beipflichtete.

Argentinien, Venezuela, Mexiko, Irak, mit allen diesen Ländern wollte Brasilien Atomverträge abschließen, allen wollte es Nuklear-Know-How und Reaktoren „Made in Itaguaí" verkaufen. Als Venezuela 1979 abwinkte und auf seine immensen bisher nicht ausgebeuteten Wasserkraftreserven hinwies, setzte Nogueira Batista sich im Oktober 1979 ins Flugzeug, um in Bagdad einen Atomvertrag auszuhandeln.[134]

Da wohl schnelles Geld zu verdienen war, krempelten die vorausschauenden lateinamerikanischen Meilerexporteure die Ärmel auf, spuckten in die Hände und machten sich an die Arbeit. Die Reaktorfabrik war auf billigem Gelände nahe einem Gebirgshang, 12 Kilometer von schiffbaren Wasser entfernt, aufgebaut worden. Nun galt es, den Transport 800 Tonnen schwerer Reaktordruckbehälter über tiefe Mangrovensümpfe zu bewältigen. Den wackeren Bürgern der brasilianischen Nukleokratie war diese Pioniertat nur recht. Eine stolze Brücke wurde gebaut. Sie trug ihr eigenes Gewicht nicht und versank im Sumpf.

„Das Transportproblem läßt sich ohne weiteres durch den Bau eines Kanals überwinden“, urteilten Ingenieure der KWU nicht zu Unrecht. Natürlich lassen sich Kanäle und Häfen bauen, sie kosten nur Geld, den Lateinamerikanern schien das Geld auch locker zu sitzen. Etwa 50 Millionen Dollar würde der Bau eigener Kanäle und Hafen der NUCLEP kosten, schätzte die Zeitung „O Estado de São Paulo“.[135]

Ursprünglich hätte die Reaktorfabrik im fernen Südstaat Rio Grande do Sul gebaut werden sollen. „Die Argentinier können das Werk erobern,“ lautete das strategische Veto der brasilianischen Generäle. Auch der Pommernstaat „Espírito Santo“ kam nicht infrage. Die Hallen hätten dort zwar direkt auf Felsen am tiefen Wasser gebaut werden können, es bestand aber das Risiko, daß deutschsprachige Nachfahren der vor 150 Jahren eingewanderten Pommern das ehrgeizige brasilianische Atomprojekt hätten überfremden können. Es war schwierig, einen geeigneten Ort zu finden; die Bürokraten der NUCLEP dachten nicht daran, das schöne Rio zu verlassen.

Die mächtige Zeppelinhalle von Santa Cruz überragt weithin die Ebene von Itaguaí. Das imponierende, vor etwa 45 Jahren mit viel Pomp eingeweihte, aber nur wenig benutzte Bauwerk zeugt von verflossenen Ingenieursleistungen und vergangenen deutschen Großmachtträumen. Es beherbergt heute ein Museum der brasilianischen Luftwaffe.

Einige Kilometer weiter zeigt deutsche Ingenieurskunst nun erneut, was sie zu leisten vermag. In wenigen Jahren wurde die mächtige Reaktorfabrik der NUCLEP aus dem Boden gestampft, obwohl eigentlich niemand so recht wußte, warum ausgerechnet die Ebene von Itaguaí als Standort ausgesucht worden war. Facharbeiter gibt es dort nicht. In Deutschland bekommen Werkleute ab 28 Grad Celsius Sonderarbeitsbedingungen. In Itaguaí sinkt die Temperatur im Sommer jedoch über Monate hinaus selten unter 30 Grad Celsius. Während der Sommermonate sinkt die Leistungsfähigkeit der Industriearbeiter in Rio de Janeiro um 50-60 Prozent. Nach 3-4 Stunden Arbeit in starker Hitze besitzt der Mensch keine Leistungsreserven mehr. Trotzdem wurde die Fabrik zwischen das rutschende Gebirge und die von Mücken verseuchten Mangrovensümpfe gelegt. Des Rätsels Lösung schien sich später zu finden.

Brasilianer sind zuweilen abergläubisch. In der Nähe der NUCLEP liegen die großen Umbandaplätze von Rio de Janeiro. An den Wasserfällen des „Rio Itinguçu“ und des „Rio Mazomba“ wird den verschiedensten afrikanischen Göttern gehuldigt. Nur mit Hilfe vieler Götter lassen sich in der NUCLEP funktionsfähige Reaktoren bauen. Viele Kerzen, Zigarren und schwarze Hühner müssen deshalb den Heiligen der „Macumba“ geopfert werden. Der beschäftigungslosen NUCLEP blieb nicht anderes übrig, als die Nähe der Götter zu suchen.

Technologietransfer

„Wenn wir weiterhin unsere Führungsrolle behalten wollen, müssen wir uns unsere Technologie vorbehalten, Produkte und nicht Know-How verkaufen", erklärte einmal ein hoher Beamter der amerikanischen Regierung, und ein Sprecher des VDMA (Verein Deutscher Maschinenbau-Anstalten) ergänzte: „Unsere Mitglieder interessieren sich grundsätzlich nicht für den Verkauf von Fertigungslizenzen."[136]

Macht und Lebensstandard einer Nation hängen direkt von angewandter und bewahrter Technologie ab. Technologiekartelle, sogenannte „Patent-Pools", regeln die Beziehungen der großen, zu internationalen Kartellen zusammengeschlossenen Konzerne. Stets wurde Entwicklungsländern der Zugang zu hochentwickelter Technologie verwehrt und lokales Know-How ausgeschaltet.

Der deutsch-brasilianische Atomvertrag sah dagegen einen umfassenden Technologietransfer vor. Die Technik der Reaktorfertigung, der Urananreicherung und der Wiederaufarbeitung abgebrannten Kernbrennstoffes, alles dieses sollte den Brasilianern übermittelt werden. Es schien ein einmaliges Abkommen zu sein, und vor lauter Begeisterung über das Geschäft beschloß die Bundesrepublik, den Lateinamerikanern gleich die gesamte vorhandene und nicht vorhandene Technologie zu verkaufen.

Technologietransfer bildete die Grundlage des Jahrhundertgeschäfts, und Bonn duldete keinerlei Zweifel an der deutschen Honorabilität und Absicht. „Wenn Washington nicht davon überzeugt wäre, daß wir unsere Versprechen erfüllen, hätte es nicht Himmel und Hölle in Bewegung versetzt, um den deutsch-brasilianischen Technologietransfer zu unterbinden", urteilte ein deutscher Diplomat.[137]

In Angra tätige Deutsche hielten jedoch die Furcht der Amerikaner, Brasilien werde dank des deutschen Beistandes schon bald in den Klub der Atommächte aufsteigen, für reichlich überzogen, wie „DER SPIEGEL" berichtete. So meinte einer der ausdrücklich zum Technologietransfer angehaltenen Ingenieure, seine südamerikanischen Kollegen hätten mit der Nukleartechnik offenbar ihre Probleme: „Bevor die eine Bombe haben", versuchte er zu spaßen, „wird wohl das Kraftwerk zu einer stationären Bombe." Er selbst werde die Region dann allerdings ungeschützt nicht mehr betreten, witzelte er: „Wenn ich so sehe, wie die Brasilianer manche Probleme lösen, dann komme ich nicht ohne Bleischürze hierher."[138]

Die Amerikaner hegten grundlose Befürchtungen. Der Atomvertrag besaß eine Achillesferse: Brasiliens Menschenpotential. „Um den Technologietransfer zu ermöglichen, müssen wir bis 1985 9915 Techniker und Ingenieure ausbilden", schätzte die NUCLEBRAS. „In den ersten zwei Jahren des Abkommens, das heißt 1976 und 1977, brauchen wir schon 1.025 diplomierte Hochschulingenieure, Wissenschaftler und Doktoren; weitere 1.025 Techniker mittlerer Laufbahn müssen im gleichen Zeitraum eingestellt werden.[139]

„Ungeheure Anstrengungen werden auf dem Gebiet der Ausbildung unserer Kernkrafttechniker gemacht werden", erklärte Nogueira Batista. Die ehrgeizig gesteckten Ziele konnten jedoch nicht erreicht werden. Zwischen 1975 und 1978 wurden im Ausland nur 214 Kernkraftspezialisten ausgebildet, und viele von ihnen zogen es vor, nicht mehr nach Brasilien zurückzukehren.[140]

Um die Ausbildungsnot zu beseitigen, wurde am 9. Juli 1977 ein Crash Programm geschaffen. 375 Kernspezialisten wurden in 24, häufig nur dreiwöchigen Kursen eiligst ausgebildet. Der Lehrplan weckte allerdings häufig nicht die Begeisterung künftiger Nukleokraten; der Besuch der Vorlesungen war meist gering. Ein Kurs über Reaktorsicherheit begann mit 67 Studenten; nicht mehr als 20 schlossen ihn ab. Professor Rogério Cerqueira Leite, Lehrplanleiter der Universität Campinas, sparte nicht mit Kritik: „Der Lehrplan einiger brasilianischer Universitäten nahm auf Wunsch der NUCLEBRAS einige oberflächliche Orientierungskurse über Kernkraft auf, die das Interesse unserer Studenten wecken sollen. Es wird jedoch nur reines Gaukelspiel betrieben; der Lehrwert dieser Kurse ist gleich Null."[141]

Auch in Erlangen sollte Technologietransfer praktiziert werden. 25 Ingenieure der NUCLEBRAS sollen in den Planungsbüros der KWU dringend benötigte Kenntnisse und Berufserfahrung sammeln. Ein ganzes Jahr dauert die Ausbildung der häufig der deutschen Sprache nicht mächtigen Brasilianer. Zumindest den Betrieb der KWU-Meiler Angra II und III sollen diese jungen, hochwertigen Spezialisten, alle mit noch druckfeuchten Diplomen brasilianischer Hinterwaldsuniversitäten in der Tasche, nach kurzer Ausbildungszeit gewährleisten können.[142]

Ob die Ausbildung von 25 Technikern und Ingenieuren pro Jahr in Erlangen kompletten Transfer der gesamten deutschen Kernkrafttechnologie ermöglicht, diese Frage konnte bisher nicht beantwortet werden. „Wir müssen Realisten bleiben“, wägte Kurt Backhaus, für Ausbildung der Brasilianer in Erlangen zuständig, ab. „Ich glaube, wir können mit den bisher erreichten Resultaten zufrieden sein. Selbst wenn die NUCLEBRÀS uns 200 Ingenieure schicken sollte, erhebt sich die Frage, wie wir die ausbilden könnten.“ Den Wissensstand der künftigen Meilermänner Brasiliens wollte er jedoch nicht beurteilen. Er war sehr vorsichtig: „Sie passen sich nicht immer leicht der neuen Umgebung an, und das bringt natürlich Schwierigkeiten mit sich.“ „Das Gleiche passiert natürlich den Deutschen in Brasilien, sowie jedem Ausländer in jedem Teil der Welt“, beeilte Backhaus sich hinzuzufügen.[143]

1986 schon wollen die Lateinamerikaner abgebrannte Brennstäbe wieder aufarbeiten. Das jedenfalls verkündete Energieminister Cesar Cals am 24. September 1979 dem staunenden brasilianischen Fernsehpublikum. Aber auch hier haperte es mit dem Technologietransfer; vielleicht aber besaßen die Deutschen diese von ihnen verkaufte Technologie wirklich nicht. Aufarbeitung im industriellen Maßstab gibt es weltweit noch nicht. Die französische Anlage La-Hague steht meist, die amerikanische in West Valey wurde definitiv stillgelegt, auch das deutsche Projekt Gorleben „sine die“ vertagt.

Dr. Kröbel leitet in Karlsruhe aber eine Anlage, in der versuchsweise im Laboratoriumsstab abgebrannter Kernbrennstoff wieder aufgearbeitet wird. 250 Wissenschaftler und Techniker gehorchen seinen Anweisungen. Der brasilianischen Zeitschrift „VEJA“ erklärte er jedoch, noch nie etwas von brasilianischen Aktivitäten auf dem Gebiete der Wiederaufarbeitung gehört zu haben. Er berichtete nur, daß seine Abteilung 1976 „acht oder neun“ brasilianische Ingenieure beschäftigt habe; 1977 und 1978 sei allerdings kein einziger bei ihm aufgetaucht.

Auch Professor Erwin Becker, Vater des an Brasilien verkauften Trenndüsenverfahrens für Urananreicherung, brauchte sich nicht mit den Problemen des Technologietransfers zu befassen. Schließlich hatte er nur 1977 einmal einen einzigen brasilianischen Volontär bei sich im Karlsruher Betrieb.

Mit insgesamt 300 Mannjahren harter Arbeit soll der gesamte Technologietransfer zu schaffen sein, berichtete Gerold Herzog im Dezember 1978 den im Hotel Nacional in Rio de Janeiro versammelten Teilnehmern des ersten brasilianischen Energiekongresses.[144] Ob dieses Ziel erreicht werden kann, daran zweifeln sämtliche brasilianischen, von den Arbeiten am Atomvertrag ausgeschlossenen Wissenschaftler. „Verrückte!" Mit diesem lapidaren Wort qualifizierte Professor Enos Vital Brasil, Leiter eines brasilianischen Technologieinstituts, die gläubigen Anhänger des Technologietransfers.[145] „Technologie steckt nur im Kopf ihrer Erfinder, sie wird nie übertragen. Wir erhalten eine Gebrauchsanweisung für deutsche Reaktoren, und das ist alles", fuhr er fort. José Zatz, ein anderer Physiker, meinte: „Wir haben die Rolle eines Automechanikers übernommen. Vielleicht lernen wir es, einige Reaktorteile auszutauschen. Selber Reaktoren zu bauen, lernen wir auf diese Art jedenfalls nicht."[146]

Professor Schemberg sprach dagegen von der in Brasilien häufig üblichen glorreichen Verwechslung von reinem Ausrüstungsimport mit Technologieimport. „Wir kaufen Maschinen, und glauben Technologie zu importieren."[147]

Technologie ist nichts weiter, als mit Schweiß und Anstrengung erkaufte eigene Erfahrung. Technologie besitzt einen Preis, und diesen Preis zu zahlen, war die NUCLEBRÀS nicht bereit. Auf die schwachen Resultate des Technologietransfers angesprochen, erwiderten Sprecher Bonns diplomatisch: „Nun, das ist ein Problem der Anstrengungen aller Beteiligten, nicht nur unserer Seite."[148] José Goldemberg, ein führender Kernphysiker Brasiliens, ergänzte diese Meinung: „Unsere eigene brasilianische Regierung scheint sich nicht sehr für Technologietransfer zu interessieren. 40 Stipendienplätze wurden uns 1978 angeboten. Wir entsandten aber nur 4 Techniker, und selbst das waren nur sehr schwache, gerade von der Universität gekommene Leute."

Da Brasiliens Nukleokraten zur Erfüllung ihrer wahnwitzigen Träume keinen Cruzeiro mehr in Brasilien auftreiben konnten, blieb ihnen nur der ausländische Kredit. Die Dresdner Bank war bereit, jeden Kreditwunsch zu erfüllen; schließlich deckte die Hermesversicherung in Bonn ja das Risiko. Alles, was ihr Herz begehrte, konnten die tropischen Meilermänner also importieren. Die Rechnung hatten ja nicht sie, sondern nur ihre Regierungsnachfolger in mehr oder weniger niedrigen Raten zu bezahlen.

Brasilianische Kernkrafttechniker und Industrielle, die gar gerne selber etwas liefern wollten, störten nur die Idylle. Übermäßiger Technologietransfer hätte nur das ehrgeizige Atomprojekt in Gefahr gebracht. Die NUCLEBRÀS besaß keinen Cruzeirokredit mehr; ihr blieb nur der Import.

„Sicherung der Arbeitsplätze der deutschen Atomindustrie" war eines der Ziele des zwischen Bonn und Brasilia geschlossenen Monstervertrages. „Deutschland besitzt ein klares kommerzielles Interesse. Reaktoren sollen weiterhin in Deutschland und nicht in Brasilien gebaut werden. Unsere deutschen Partner wissen, daß sich augenblicklich niemand in Brasilien für Technologietransfer interessiert, und daß wir in absehbarer Zeit nicht imstande sein werden, Reaktoren zu bauen. Es besteht also keinerlei Risiko, wenn sie unseren verbalen Forderungen nach brasilianischen Fertigungsanteilen[149] zustimmen", erklärte Rogério Cerqueira Leite.

Import gehört zum brasilianischen Wesen. Das große tropische Land führte stets ein, was es selber hätte produzieren können. „Und deshalb interessieren sich die verantwortlichen Leiter unteres Atomprogrammes nicht für die Entwicklung brasilianischer Technologie", kritisierte Cerqueira Leite weiterhin.

„Die steigende Bedeutung des Auslandsgeschäfts unterstützt unsere unternehmenspolitische Konzeption der weltweiten Betätigung, der Nutzung der Chancen im Ausland. Vermehrte Exportumsätze haben deutlich zur Erhaltung zahlreicher Arbeitsplätze in der Bundesrepublik beigetragen. Ohne unser breit abgestütztes Export- und Auslandsgeschäft wären die Rezessionsfolgen für uns härter gewesen", schrieb die Siemens in ihrem Jahresbericht 1976, und Klaus Barthelt, Vorsitzer des Vorstands der KWU, wurde deutlich. Professor José Goldemberg erklärte er 1978: „Der Technologietransfer erfolgt durch sogenanntes „Training on the job". Wir sind schließlich ein Unternehmen und keine Universität."

Die brasilianische Industrie wird ausgeschaltet

Den in Brasilia versammelten Senatoren des Untersuchungsausschusses „Atomvertrag" des brasilianischen Senats erklärte Carlos Villares, Chef des großen Stahl- und Maschinenbaukonzerns (20.000 Mann Belegschaft) und vormaliger Vorsitzender der ABDIB (Verband brasilianischer Maschinenbauer), am 9. Oktober 1979: „Die KWU zeigte ein totales Desinteresse, als es um die Frage einer angemessenen Beteiligung brasilianischer Lieferanten am Reaktorbauprogramm ging. In den Köpfen der KWU-Unterhändler herrschte zweifellos die Idee vor, daß eine mögliche Beteiligung brasilianischer Lieferungen zum Reaktorprogramm auf das Mindestmaß beschränkt werden müßte."[150]

Erhaltung der Arbeitsplätze der deutschen Atomindustrie war das Ziel des deutsch-brasilianischen Nuklearvertrages. „Kurz nach der Unterzeichnung des Geschäftes versuchten verschiedene deutsche Firmen brasilianische Fabriken aufzukaufen, um sich auf diese Art und Weise ihren Anteil an den lokalen Zulieferungen zum Atomvertrag zu sichern", erklärte ein ehemaliger Direktor der ABDIB am 27. September 1979 dem „Jornal do Brasil". Dabei bat er aber wegen der bei solchen Äußerungen sicheren Repressalien um Anonymität. „Salzgitter habe so die Kranbaufirma „Isomonte" gekauft"[151] fügte er hinzu.

Der von deutschen Technikern und Ingenieuren geleiteten NUCLEN blieb das Spezifizieren brasilianischer Lieferungen vorbehalten, es war nur zu natürlich, daß sie an das Wohl der deutschen Industrien dachten. Der Firma „Bardella", eines seit Jahrzehnten auf Lieferung von Laufbrücken und Kränen spezialisierten Unternehmens, drängten sie so eine 25 % kostende, nicht benötigte Lizenz als „conditio sine qua non" der Beteiligung der „Bardella" an Laufbrückenlieferungen für das Atomgeschäft auf.

Ende 1978 schon hatte die brasilianische Niederlassung der japanischen Werft „Ishikawajima" erklärt, daß sie für in Brasilien gebaute 250.000 tdw Tanker leider keine brasilianischen Dieselaggregate verwenden könne, da es in Brasilien leider nicht genug Know-How gäbe, 1.500 KW Dieselaggregate zu montieren.[152]

Obwohl seit über zwanzig Jahren in Brasilien Generatoren ganz anderer Größenordnungen gebaut und mit Dieselmotoren zu Aggregaten zusammengeschraubt werden, machten sich die Ingenieure der KWU und NUCLEN die Argumente der „Ishikawajima" zu eigen. Nur in Hamburg zusammengeschraubte „Strüver"-Aggregate könnten, selbst wenn sie 50 % mehr als brasilianische Maschinen kosten, den reibungslosen Betrieb der Baustelle und der Reaktoren gewährleisten. Emil Herbolzheimer, Volkswirt und Spezialist der UNCTAD erklärte die Geschäftspolitik internationaler Konzerne: „Die Konzerne erhalten sich ihre Exportmärkte, indem sie in Entwicklungsländern Joint-Ventures eingehen, die dann allerdings nur von den Mutterhäusern der Konzerne importieren dürfen. Die Importsubstitutionspolitik vieler Entwicklungsländer wird so elegant umgangen."[153]

Doch Deutschlands Meilerbauer und ihre Zulieferer beschränkten sich nicht nur auf das einfache Aufkaufen brasilianischer Betriebe. Die im Bundeskartellamt Berlin registrierten Exportkartelle der deutschen Industrie enthalten klare, gegen Industrien der Entwicklungsländer gerichtete Kampf- und Vernichtungsklauseln.[154] „Sicherung und Förderung der Ausfuhr" ist das Ziel dieser Kartelle. Es ist am sichersten durch einfache Vernichtung potentieller Konkurrenten zu erreichen. Die deutschen Konzerne gingen sachlich und mit großer Erfahrung schon früh zu Werke.

„Centrally-determined procedures exist for stage-managing competitive fights to undermine competition from outsiders", schrieb die Londoner Zeitung „The Times" am 7. April 1975 über die Arbeitsweise internationaler Kupferdraht- und Kabelkartelle der ICDC (International Cable Development Corporation) „Among the most remarkable aspects of the organizations operations are the battle tactics laid down to squeeze out competition from nonmembers. The ICDC has drawn up detailed strategies to deal with what are termed „outsiders". The two principal groups of unwelcome competitors are designated „specific" and „general outsiders", the former being those who it is thought can be pressured into joining the organization on reaching an understanding with it, the latter including whose who are unlikely to cooperate. To combat „specific" outsiders, the secretary can declare what is known as a „fight" nominating the group which is to untertake the fight.

Under separate arrangements for „general" outsiders the general secretary also plays a major part and may, in extremis, authorize the reduction of prices to figthing levels. There are also special regulations covering political competition, competition from unco-operative non-members in a member territory, and even attacks on outsiders in their own home markets."[155] In der Elektroindustrie finanzieren von Kartellmitgliedern unterhaltene Kampffonds das gemeinsame Vorgehen gegen Nichtmitglieder, die sogenannten non-members.

Lokale Fonds sollen die ersten anfallenden Spesen decken. Bei eventuell notwendiger Verschärfung des Vorgehens dürfen lokale Mitglieder der IEA auf eine allgemeine, ursprünglich in London, jetzt in Pully/Lausanne geführte Reserve zurückgreifen. Ein am 29. August 1967 in Brasilien verabredetes, dem Muster eines deutschen Binnenkartells folgendes Transformatorenkartell besagt kurz und bündig[156]

„*Absatz 24:* Alle gemeinsam beschlossenen und abgegebenen Preise enthalten 2 Prozent für die Bildung eines Kampffonds.

Absatz 50: Nichtmitglieder werden systematisch bekämpft. Mitglieder lösen sich bei der Durchführung der Kampfmaßnahmen untereinander ab."

Die schweizerische Firma Brown, Boveri & Cie. überwies ihrer brasilianischen Tochter, *fighting leader* im brasilianischen Markt, zwischen 1966 und 1969 12350 000 US-Dollar plus 103 190 000 Schweizer Franken. Im Eifer des Gefechts hatte sich die brasilianische Brown Boveri aber übernommen. Bis zu 43,6 Prozent des Umsatzes und 78 Prozent des Kapitals wurden als jährlicher Verlust ausgewiesen, Konkurrenten jedoch bis zu 56,6 Prozent unterboten; später entschuldigten sich die Schweizer vor Gericht: „Unsere Kostenrechnung haben wir erst 1970 eingeführt."[157]

Insgesamt 52 Verlustjahre konnten neun internationale Elektrokonzerne in Brasilien zwischen 1966 und 1974 verbuchen, stellte Richard Newfarmer in seiner Studie ‚*Multinational Conglomerates and the Economics of Dependent Development*' fest. Lapidar fuhr er fort: „None of the 17 large national firms had experienced continued losses – and survived to 1974."[158]

Neben Dumpingpreisen bietet sich der Boykott im Kampf gegen Außenseiter an. Am 16. Januar 1970 wurde im Bundeskartellamt in Berlin ein zwischen Siemens und AEG geschlossener Kartellvertrag genehmigt und registriert. Der Markt bestimmter Schiffsausrüstungen wurde weltweit aufgeteilt. Im Vertrag steht: „Die Vertragspartner werden Dritten keine Teile von Vertragserzeugnissen liefern."[159] Und tatsächlich, schon im Jahre 1967 hatte Siemens sich geweigert, mit Brasilien eingegangenen Verpflichtungen auf Lieferung bestimmter Regeleinheiten für Schiffsgeneratoren nachzukommen. Auf Siemens-Lieferungen angewiesene Außenseiter sollten offensichtlich aus dem Markt und in den Konkurs gedrängt werden.

Obwohl Brasilien das größte Wasserkraftpotential der Welt besitzt und seine eigene Elektroindustrie eine gute Chance gehabt hätte, waren es IEA-Mitglieder der Sektionen E und W, die jahrelang tausend Tonnen schwerer Wasserkraftgeneratoren und Turbinen aus Leningrad, Västeras, Berlin, Baden und Osaka lieferten. Mit Rücksicht auf die Arbeitsplätze in der Heimat zogen General Electric, Brown Boveri und Siemens es vor, ihre Niederlassungen in São Paulo nur zu 48 Prozent auszulasten. Die Brasilianer selbst, ohne Durchsetzungsvermögen und geblendet vom Glanz der Konzerne, verloren wieder einmal – wie schon oft – die Chance, ihren eigenen Markt zum Aufbau eigener Industrien zu nutzen.

Know-How fehlt ihnen nicht. Die Amerikaner bauten ja auch schon 1890 ihre ersten großen Wasserkraftgeneratoren für das Niagarakraftwerk. Technologisches Wissen ist auf diesem Gebiet längst zum Allgemeingut geworden. Auf Universitäten lernt man das Berechnen der Maschinen. Auch IBM stellt Berechnungsprogramme aus der Software-Bibliothek zur Verfügung. 1960 wurden schon verschiedene leistungsstarke, in Brasilien gebaute Turbinensätze in Betrieb genommen. Man hätte zudem annehmen dürfen, daß die Mutterhäuser ihren Töchtern in São Paulo ausreichendes Know-How zur Verfügung stellten. Dem aber war nicht so.

Im Jahre 1964 kündigte die Heidenheimer Voith einen 1955 mit dem brasilianischen Maschinenbauer Bardella geschlossenen Lizenzvertrag über Papiermaschinen und Wasserturbinen. Der von den Deutschen gemachte ultimative Vorschlag, den Betrieb des Brasilianers zu übernehmen, hatte der Unternehmer abgelehnt.

1965 wurden noch 65 MVA-Turbosätze für Wasserkraftwerke in Auftrag gegeben, dann brach die brasilianische Fertigung zusammen. Beim 1971 in Auftrag gegebenen Kraftwerk Marimbondo betrug der Anteil in Brasilien hergestellter Maschinen nur noch 20 Prozent. Unter Einschluß der 1975 erteilten substantiellen Aufträge erhöhte sich der brasilianische Fertigungsanteil, laut stolzer Annonce der Brown Boveri, im Zehn-Jahres-Schnitt auf etwa 30 Prozent. Doch die südamerikanischen, zweifellos gut ausgerüsteten Werke, erfüllen nur die Funktion einer *fleet in being*. Die Werke waren jahrelang zu nicht mehr als 50 Prozent ausgelastet. Jetzt allerdings, angesichts möglicher Insolvenz Brasiliens, erklären alle Niederlassungen, für das Kraftwerk Itaipú selbst 800 MVA große Einheiten, die größten Wasserkraftgenerationen der Welt, ohne weitere Investitionen mühelos im Lande fertigen zu können. Die südamerikanischen, gutausgestatteten Werke waren eben jahrelang nur eine nicht ausgenutzte Reservekapazität (*fleet in being*) gewesen. Die Erklärung dieses merkwürdigen Verhaltens liegt auf der nördlichen Seite des Äquators.[160]

Daß Technologie und Know-How in Entwicklungsländern nicht vorhanden sind, ist ein weitverbreiteter Mythos. „Das ewige Gerede über mangelnde Lieferkapazitäten und verspätete Ablieferung gehört schon lange zur brasilianischen Folklore", äußerte Claudio Bardella, Präsident des brasilianischen Maschinenbauverbandes.[161]

Ein Atommeiler braucht unzählig viele Meßgeräte und Instrumente. Lokale brasilianische Betriebe waren durch wissenschaftlich angewandte Kampf- und Vernichtungsmaßnahmen längst zerstört. „Warum produzieren internationale Gesellschaften eigentlich keine Meßinstrumente in Brasilien?", fragte die Zeitschrift Quimica e Derivados im März 1978. „Die Antwort ist einfach. Da es keine brasilianische Fertigung mehr gibt, gibt es nichts besseres als diesen Zustand zu erhalten. Die Konzerne können so ungestört einführen und ihre Mutterhäuser auslasten," erklärte Nelson Peixoto Freire, Direktor der ECIL S.A. und fuhr fort: „Entweder verteidigt die Regierung unsere Privatindustrien, oder sie muß früher oder später zur Verstaatlichung greifen".[162]

Der brasilianische Unternehmer Fernando Moreira beschloß, dem alten amerikanischen Slogan „*If you can't win them – join them!*" zu folgen. Er hoffte, sich durch eine Allianz mit Siemens zu retten. Unter Siemens-Lizenz sollten mit deutscher Technologie Industrieinstrumentierungen und Schalttafeln gebaut werden. In der Siemens-Verwaltung in Karlsruhe arbeiteten die Herren Eiling und Wehr sogar eine Marktstrategie aus, die der neuen „Engematic" einen kometenhaften Aufstieg bescheren sollte. Aber es kam anders, so, wie es übrigens schon der Präsident der Foxboro (einer amerikanischen, auf diesem Sektor tätigen Firma) seinem Bekannten Moreira vorausgesagt hatte: „Es ist dafür gesorgt, daß in Brasilien keine Instrumentierungen hergestellt werden. Wenn Sie Glück haben, dürfen Sie bestenfalls importierte Meßinstrumente in ihre Schalttafeln einbauen."

Etwa sechs Monate nach dem mit Siemens getroffenen Abkommen erfuhr Moreira, daß im Rahmen weltweiter Absprachen der brasilianische Instrumentenmarkt der amerikanischen Firma Foxboro überlassen werden müsse und Siemens im Tausch dafür den Schiffsmarkt bekommen habe. Das Problem sei jetzt, wie die „Engematic" am schnellsten liquidiert werden könne. Als Moreira sich verwirrt erkundigte, wer denn die ihm entstandenen Kosten tragen werde, antworteten ihm „Geschäftsfreunde" mit der verwunderten Gegenfrage, ob er denn noch nie etwas von „unternehmerischem Risiko" gehört habe? Als er protestierte, mahnten ihn diese, sich doch nicht in die Rolle eines brasilianischen Enrico Mattei zu drängen.[163]

Im Jahre 1972 versuchte der brasilianische Elektromaschinenverband mit dem Argument, Brasilien produziere keine ausreichende Menge Elektrobleche, von der Regierung Importlizenzen für Elektrobleche zu erhalten. Leider gab es ein gewisses Hindernis: das mit Schlieker-Lizenz arbeitende brasilianische Edelstahlwerk Acesita wünschte den Bedarf zu decken. Um die Qualität und Produktion zu verbessern, beabsichtigte es, von Armco eine Fertigungslizenz zu erwerben, die aber verweigert wurde: Die Firma möge sehen, ob ihr nicht die Nippon-Steel eine Unterlizenz überlassen wolle. Gesagt, getan. Aber kaum war die neue Walzstraße angelaufen, als zuerst die aus Japan gelieferten Walzen brachen. Dann versagten die von Siemens gelieferten Steueranlagen. Anschließend traf ein bei General Electric bestellter Walzenantrieb von 4500 HP Leistung nicht ein: Die Produktion wollte nicht richtig auf Touren kommen. Im Juli 1976 mußte den Trafo- und Motorenfabrikanten das Elektroblech in Quoten zugeteilt werden. In diesem Augenblick, da brasilianische Fabrikanten wegen Rohstoffmangels nur noch die Hälfte der üblichen Produktion herstellen konnten, nahm Siemens in einer seiner Fabriken die Herstellung von Elektromotoren auf: Halbverarbeitete Bleche wurden mit eigens von der Regierung für Siemens bewilligten Spezialimport billig aus Deutschland geliefert, und Siemens „übernahm" den Marktanteil der ohnmächtigen brasilianischen Konkurrenten.[164]

Ausländische Konzerne zu vertreten, war seit jeher das Privileg lateinamerikanischer Minister. Das Genie Mario Henrique Simonsen, Geisels Finanzminister, vertrat zwar niemanden direkt; die Firma „COBREL", Tochtergesellschaft der „BOZANO SIMONSEN", vertrat aber mit Nachdruck die Interessen von Mitgliedern des Elektrokartells der INTERNATIONAL ELECTRICAL ASSOCIATION. Ihre Tätigkeit war von Erfolg gekrönt. Der U-Bahn von São Paulo verkaufte sie so in den USA gefertigte Steuerausrüstungen der Westinghouse für 44 Millionen Dollar, obwohl Steuerungen aus brasilianischer Fertigung die Hälfte gekostet hätten. Dieses wußte die U-Bahn-Verwaltung aber nicht, da sie auf öffentliche Ausschreibung des Kaufes verzichtet hatte. Importierte Lokomotiven, Walzwerksausrüstungen oder gar Kernkraftwerke, all dieses lieferte die „COBREL" den brasilianischen Staatsbetrieben.[165]

„Laßt uns im Ausland erspartes Kapital einführen!" forderte Mario Henrique Simonsen am 17. Juni 1975. Um seinen Worten

Nachdruck zu verleihen, strich er der brasilianischen Privatwirtschaft kurzerhand sämtliche innerbrasilianischen Kredite. „Ein jeder soll im Ausland Kredite aufnehmen; dieses ist unser Nationalinteresse", verkündete er, vergaß dabei aber zu erwähnen, daß ja nur sogenannte „Multis" Zugang zu internationalen Finanzmärkten besitzen, brasilianische Betriebe jedoch ohne Kredite in den Konkurs gehen. Simonsen übersah auch, daß die Ausschaltung lokaler Industrien seiner eigenen Firmengruppe BOZANO SIMONSEN nicht unerhebliche Vorteile brachte.

Wenn wirklich einmal brasilianische Konkurrenten zu dreist waren, beschloß das Kartell, mögliche Projekte durch Entwicklungshilfe finanzieren zu lassen. Die gesamte brasilianische Fertigung von Elektromedizinalgeräten wurde so ausgeschaltet, da wirklich niemand mit den Schenkungen und langfristigen Finanzierungen der Kreditanstalt für Wiederaufbau, der amerikanischen AID, oder CARITAS und des Lutherischen Weltbundes konkurrieren konnte. Wirtschaftshilfe finanzierte so gegen Entwicklungsländer gerichtete Kampfmaßnahmen internationaler Kartelle.

Das Elektrokartell beschloß jedoch, nicht nur den Markt für Investitionsgüter unter Kontrolle zu bringen; auch andere Sektoren galt es zu beherrschen.

In Brasilien gab es einen einzigen Fabrikanten von Kühlaggregaten für Eisschränke und Luftkühler. 1100 Arbeiter beschäftigte die UNIFRIO, 400.000 Kältekompressoren baute sie jährlich; sie störte die Pläne des Kartells. Die UNIFRO muß geschlossen werden, klagte ihr Präsident Sergio de Carvalho im April 1977.[166]

Ein POOL internationaler Gesellschaften, unter ihnen General Electric, Brown Boveri, Siemens und Toshiba hatten 1976 in Brasilien einen richtigen „Corner" organisiert, das heißt die gesamte brasilianische Elektroblechproduktion aufgekauft, und damit unabhängigen Werken, unter ihnen der UNIFRO, den Zugang zu lebenswichtigen Rohmaterialien abgeschnitten. Das Ende des hochmodern ausgerüsteten Kühlkompressorenwerkes bedeutete gleichzeitig das Ende der letzten unabhängigen Hersteller von Eisschränken und Klimaanlagen. Die Sektion „Weiße Linie" des Haushaltgerätekartells hatte auf der ganzen Linie gesiegt.

Im Jahre 1969 beschlossen die Kartellbrüder, daß unabhängige brasilianische Hersteller von Fernsehapparaten, so der drittgrößte der Branche, EMPIRE, ausgeschaltet und ihre Betriebe, wenn möglich, übernommen werden sollten.

Bis 1976 verschärfte sich die Krise brasilianischer Fabrikanten. Eine Liefersperre der Philips zwang die Firmen SEMP und COLORADO, die letzten unabhängigen Hersteller von Radios und Fernsehempfängern mit zusammen über 2.500 Beschäftigten, sich zu dreifachen Preisen über kleine Elektronikläden mit den für die Fertigung benötigten Bauelementen einzudecken.

In weniger als zehn Jahren sank der Marktanteil brasilianischer Hersteller der Elektronikbranche von 70 Prozent auf weniger als 20 Prozent. Zwar hatte das deutsche Bundeskartellamt die AEG gezwungen, auch sogenannten Unabhängigen Lizenzen für das PAL-System zu erteilen; diesen machten die Kartellmitglieder rasch mit Dumpingpreisen den Garaus. Friedrich Goellner, Vorstandsvorsitzender der AEG, mußte vor dem brasilianischen Kartellgericht CADE am 10. Dezember 1975 zugeben: „Gewinne, nein, die machen wir nicht!“ Dabei hatte die AEG in den siebziger Jahren 35 Millionen Dollar in den Aufbau eines brasilianischen Farbfernsehwerks investiert. Die Firma verzichtete zugunsten derartiger „marktbereinigender Maßnahmen“ auf Gewinne.[167]

Die Konkurse brasilianischer Unternehmer häuften sich. Am 20. Juni 1975 gab die „GAZETA MERCALTIL“ ein Interview mit dem Unternehmer Alfonso Hennel wieder, dem Vorstandsvorsitzenden der Firma SEMP S.A. (900 Beschäftigte). Langsam und stockend nannte Hennel die Namen der in den letzten zehn Jahren untergegangenen Werke: „Windsor, Teleunião, Sibeal, Artel, Columbia, Millen, Polivideo, Pilot, Zilomag, Amaral e Campos, Emerson, Telespark, Lancaster, Mundial, Empire, Invictus.“

Es waren keine Kleinbetriebe. „Offensichtlich wird auf diesem Markt gedumpt“, berichtete die Zeitschrift „Negócios em Exame“ im Dezember 1976. 1966 befanden sich noch 46 Prozent des Kapitals der fünfzehn größten Gesellschaften der Elektroindustrie Brasiliens in brasilianischen Händen. 1976 waren es noch nicht einmal mehr 4 Prozent! Dafür waren die Importe bis 1978 auf mehr als 1,5 Milliarden US-Dollar jährlich geklettert, wobei die brasilianischen Werke immer weniger ausgelastet waren und in der Krise versanken. Früher in Brasilien getriebene technische Forschung ist eingestellt worden.

Bei Kartellsitzungen wird dagegen eine recht unverblümte Sprache gesprochen. So wurde 1967 auf einer Sitzung der Beschluß gefaßt: „Die CEMEC (eine Transformatorenfabrik) muß vernichtet werden, da sie sich nicht unterwirft. Das gleiche gilt für weitere fünfzig Betriebe, die noch geschlossen werden müssen.“[168]

Es sprach sich bald herum, daß Brasiliens Industrie offenbar geschlossen werden sollte. Elektrotechniker und Ingenieure fanden keine Arbeit mehr, Tausende von Studenten bevölkerten jedoch die technischen Hochschulen des Landes. Im Juli 1978, während des vierten brasilianischen Kongresses der Hoch- und Tiefbaufirmen, verlangte Paulo Henrique, Vize-Präsident der Veranstaltung: „Wir müssen dringend die Zahl unserer Studenten um 50 % verringern. Wir dürfen einfach keine neuen Kurse und Universitäten mehr eröffnen. Der Arbeitsmarkt verträgt keinen weiteren Zufluß ausgebildeter Ingenieure."

Die brasilianische Regierung beschloß, sich diese Mahnung zu Herzen zu nehmen. Das Erziehungsministerium wies alle Universitäten des Landes an, Lehrstühle für Elektronik und Elektro- und Maschinenbauprojekte zu streichen; schließlich brauche das Land wirklich keine weiteren Ingenieure und Techniker mehr. AEG-Telefunken, Brown Boveri, Siemens, Mitsubishi, Philips, General Electric, Westinghouse, Ericsson, Toshiba, Hitachi und andere Konzerne bestimmten jetzt die Geschicke der brasilianischen Elektroindustrie.

Die Arbeitslosigkeit in Brasilien stieg erschreckend. Es dauerte lange, bis auch Siemens und KWU merkten, daß sie mit ihrer Kartellpolitik das gesamte brasilianische Volk gegen sich aufgebracht hatten. Erst, als das Kind schon mit dem Bade ausgeschüttet worden war, versuchten sie es mit der Kooperationsmasche.

Als Beschwichtigungsversuch der brasilianischen Unternehmer baten sie Carlos Villares am 4. Oktober 1979 per Telex zur Besprechung nach Erlangen. Klaus Barthelt wollte mit dem Brasilianer über eine mögliche gemeinsame Fertigung weiterer Reaktorteile sprechen. Villares aber zögerte. Er wußte nicht, ob es sich lohnen würde, mit den Deutschen überhaupt noch zu reden.

„Die Tätigkeit fast 500 deutscher Unternehmen in Brasilien war nach deutscher Auffassung eine günstige Voraussetzung für die Lieferung von Technologien und Anlagen: das Geschäft sollte über die Zusammenarbeit auf dem nuklearen Gebiet hinaus auch die wirtschaftlichen Bindungen zwischen beiden Ländern vertiefen," schrieb William Waak. Was geschah aber wirklich?

Unter dem Schutzschirm des deutsch-brasilianischen Atomvertrages vermochten Mitglieder der großen internationalen Elektrokartelle so jahrelang einen erbarmungslosen Ausrottungskrieg gegen einheimische brasilianische Industrien zu führen. Niemand wagte, diese der „Sicherung und Förderung" europäischer Exporte dienende Politik der verbrannten Erde zu kritisieren, schließlich hing Brasiliens STATUS als Großmacht ja vom guten Willen der Siemens ab, die der IEA angeschlossen war.

Nützliche Abgaben

Am 16. April 1922 wurde der „Rapallovertrag" unterzeichnet. Elitetruppen der Reichswehr konnten jetzt in Rußland ausgebildet werden. Jahre später überfiel Hitler die Sowjetunion. Die deutsche Wehrmacht erlitt in Stalingrad eine entscheidende Niederlage.

Die Zeiten ändern sich. Kriege und Kanonenbootdiplomatie gelten inzwischen als überholt. „Heutzutage können keine Kriege mehr geführt werden", schrieb Koji Kobayashi, Präsident der Nippon Electric Co.[169] Die Japaner lernten rasch. Nippons Unternehmen begannen die Welt mit ihren Produkten zu überschwemmen. „Tora, Tora, Tora, Japan Exporters launch total war", überschrieb die Londoner Sunday Times im Februar 1977 einen Report über die japanische Exportoffensive.[170] Die Zeitung gebrauchte dabei das Codewort, mit dem 1942 der japanische Angriff auf die nichtsahnend in Pearl Harbour vor Anker liegende amerikanische Flotte eingeleitet wurde.

Auseinandersetzungen werden mit Wirtschaftsmacht jetzt unblutig geführt. Handelskrieg heißt das Motto, Wirtschaftskrieg gegen südliche Völker, die nicht dem exklusiven „Klub der Reichen" angehören.

Auch Deutschland hatte bittere Erfahrungen mit militärischen Abenteuern machen müssen, die Erinnerung an die im zweiten Weltkrieg erlittene Niederlage blieb unvergessen; auch deutsche Konzerne begannen deshalb Wirtschaftskrieg zu führen. Bombenexplosionen und Kanonendonner wurden durch harten DM-Beschuß ersetzt, auf geheimen Schweizer Nummerkonten auszahlbar. Nur wenige Politiker und Generäle der Dritten Welt widerstanden diesem heftigen Bombardement.

Die dem Wirtschaftsministerium unterstellte Kölner Bundesstelle für Außenhandelsinformationen bemühte sich, deutsche Unternehmer über Bestechungspraktiken aufzuklären. Bestechungsgelder in Höhe bis zu 20 Prozent des Auftragswertes lassen deutsche Finanzbehörden als absetzbare Unkosten gelten. Schon seit langem kann daher in Deutschland in jedem Bestechungsfall die Zahlung dreier unterschiedlicher Summen festgestellt werden. Der höchste Betrag wird dem Finanzamt gemeldet, der zweithöchste von den Vertriebsabteilungen beim Vorstand oder der Kasse angefordert, die kleinste Summe endlich wird dem Empfänger der Gelder bar oder auf Schweizer Nummerkonten ausgehändigt.[171]

Bestechungen fördern die Ausfuhr, und die Bundesrepublik lebt vom Export. Aus diesem Grund vermochte die Bundesregierung noch nicht dem amerikanischen Beispiel zu folgen und ein Antikorruptionsgesetz, dem amerikanischen Foreign Corrupt Practices Act entsprechend, zu erlassen.

Die Exportwirtschaft griff immer wieder gerne zu verkaufsfördernder Praxis der „nützlichen Abgaben", ihre Korruptionspraktiken sollten aber wohlgehütetes Geheimnis bleiben. Dieter Vogel, 1976 Pressesprecher des Bundesfinanzministeriums, erklärte den Zustand so: „Jeder weiß, die tun's, keiner weiß, wieviel und an wen". Rainer Offergeld, späterer Minister für wirtschaftliche Zusammenarbeit und von Beruf Steueranwalt, erläuterte als parlamentarischer Staatssekretär im Finanzministerium: „Entweder man macht da mit, oder man sitzt auf dem trocknen."[172]

Über die Lieferung der elektromedizinischen Ausrüstung des Marinehospitals „Marcilio Dias", Rio de Janeiro, einigte SIEMENS sich rasch mit hohen Marineoffizieren. Ein hoher Überpreis deckte die sicher angemessenen Ansprüche der Käufer und Verkäufer. Der junge Militärarzt und Kardiologe Leibbrenner sollte die Aufträge verantwortlich unterschreiben. Als er sich dagegen wehrte, das anrüchige Geschäft mit Siemens abzuschließen, kam er 1977 wegen Befehlsverweigerung ins Gefängnis. Ein Militärgerichtsverfahren wurde gegen ihn eröffnet, seine Marinekarriere ruiniert.[173]

Im Rahmen der notwendigen Erneuerung althergebrachter Traditionen änderten sich die Moralbegriffe. Wer sich zu Zeiten der Regierung des „Alemão" Geisel über Korruption beklagte oder gar noch wagte, Einzelheiten anzugeben oder Beweise vorzulegen, wanderte erbarmungslos vors Militärgericht und wurde wegen Verletzung der brasilianischen Sicherheitsgesetze angeklagt. Oberst Ludwig, Pressesprecher Geisels, legte die Lage im September 1978 klar dar. „Nur dumme Korrupte sterben früh oder wandern ins Kittchen (sò corrupto burro è que morre cedo ou entra para prisão)." „Know-Who" wurde in Brasilien wichtiger als „Know How" oder „Know-Why".

Ein weiterer Bestechungsskandal platzte 1978 in Asien. Indiens Industrie-Minister George Fernandes wurde grob: „Wer behauptet, daß ich mich nach den Interessen eines verdammten Multis richte," wetterte der ehemalige Gewerkschaftsboß, „den nenne ich einen Hurensohn". In Rage brachte den Sozialisten, der Willy Brandt zu seinen Freunden rechnet, ein bislang weder bewiesener noch widerlegter Vorwurf: Fernandes soll sich, das jedenfalls behauptete ein Abgeordneter der oppositionellen Partei der früheren Ministerpräsidentin Indira Gandhi, mit 25 Millionen Mark von Managern des Elektrokonzerns Siemens bestechen haben lassen. Zusammen mit Siemens-Managern waren die Chefs der indischen Staatsfirma Bharat Heavy Electricals Ltd., des größten öffentlichen Herstellers von Energieausrüstungen, unter Beschuß geraten, weil sie eine Umstellung ihrer Produktpalette auf deutsches Know-How planten. „Die langfristige Kooperation mit Siemens", warnte auch die angesehene Wirtschaftszeitung „Business Standard," hemmt ausgerechnet auf einem Schlüsselgebiet wie der Kraftwirtschaft die eigene Entwicklung".[174]

Auch in Brasilien wurde Geisels Ministern häufig zu enge Zusammenarbeit mit ausländischen Konzernen vorgeworfen. „Wer kann schon die Ehre seiner eigenen Mutter garantieren?" lautete die erboste Entgegnung von Finanzminister Simonsen,[175] der fragwürdiger Geschäfte bezichtigt wurde. Da karge, in Entwicklungsländern an Generäle und Politiker gezahlte Gehälter häufig nicht den Ansprüchen und Leistungen vielgeplagter Herrscher und Diktatoren entsprechen, beschlossen mitleidige Konzerne, diese Gehälter zuweilen etwas aufzubessern.

Der amerikanische Kongreß deckte zahlreiche Bestechungsskandale auf. Kauf und Verkauf von Ein- und Verkäufern schien beim Anlagengeschäft zu handelsüblichen Usancen zu gehören. Urananreicherung wurde in vielen Ländern mit persönlicher Bereicherung verwechselt.

Stahlwerke in Indonesien, Aggregate in Persien, Anlagen in Brasilien, überall wurde gezahlt. Eine lange Kette interessierter Personen konnte sich bereichern und nicht nur ihren eigenen Wohlstand, sondern den Wohlstand ihrer Urenkel noch sichern. Im Iran scheiterte der Kernenergiepapst Akbar Etemad. Korruption wurde ihm vorgeworfen; Persien habe seine Atommeiler zu weit überhöhten Preisen gekauft, hieß es.

Auch in Brasilien wurden Korruptionsskandale auf dem Kernsektor enthüllt. Dem paulistaner Instituto de Energia Atômica hatten Jülichs Kernforscher einen heliumgekühlten Kernbeschleuniger der GHH zu weit überhöhten Preisen angedreht. Die Jülicher konnten ihn selbst nicht gebrauchen. Er war, da falsch bestellt, zu klein. Da nun schon „außerordentlich gute Beziehungen" zu den Südamerikanern vorhanden waren, wurden ihnen auch gleichzeitig

Prüfinstrumente und Vorrichtungen zum Prüfen von Thoriumbrennelementen gasgekühlter Hochtemperaturreaktoren zu weit überhöhten Preisen verkauft, dieses, obwohl Brasilien sie in absehbarer Zeit nicht würde benutzen können. Der Geheimpolizei und der inzwischen freien Presse kamen beide Käufe merkwürdig vor. Dem Leiter des Kernforschungsinstituts von São Paulo wurde der Prozeß gemacht.[176]

Weltweite Bestechungsskandale machten Schlagzeilen. Der KWU war es gelungen, den Brasilianern für die Lieferung deutscher Meiler einen Überpreis von mindestens 379 Millionen Mark abzunehmen. Die Ingenieure und Techniker des Energieversorgungsunternehmens „FURNAS", Bauträger von Angra, hatten zwar gemeutert, ihren Argumenten wurde aber kein Gewicht beigemessen. Nogueira Batista verstand es, den Aufschlag als einen in Anbetracht des Technologietransfers berechtigten Überpreis zu erklären.

Auch eine obskure Differenz von etwa 600 Millionen Mark, die sich in brasilianische Konten eingeschlichen hatte, wurde von Brasiliens Chefnukleokraten als rechtmäßige Kosten des Technologietransfers erklärt, die ihm zugrunde liegenden Verträge jedoch nie veröffentlicht. Obwohl dem deutsch-brasilianischen Atomvertrag bisher keine anrüchigen Transaktionen nachgewiesen werden konnten, begannen Brasilianer bei jedem mit deutschen Konzernen abgeschlossenen größeren Geschäft hämisch zu lächeln und zu fragen: „Wer war denn da nun schon wieder einmal der glückliche Einkäufer?"

Frühzeitig schon vereinbarten die großen internationalen Konzerne, daß ihre Heimatmärkte heilig und unantastbar seien. Diese weise Regelung erlaubte den Aufbau der heute mächtigen Werke der Industrienationen. „Unseren einheimischen Nuklearindustrien werden wir Marktschutz gewähren", erklärte Nogueira Batista, und fuhr fort: „Das uns zugefallene Monopol besitzt bemerkenswerte Eigenschaften,"[177] Er traf den Nagel auf den Kopf.

Unter dem Mantel des Schweigens, der den Atomvertrag umhüllte, durfte die staatliche „Nuclebrás" Lieferverträge ohne Berücksichtigung der Kosten abschliessen, da sie niemandem Rechenschaft abzulegen braucht. Der Präsident der brasilianischen Ingenieursfirmen, Derek Lovell Parker, rechtfertigte diese Geschäftspolitik: „Die Nuclebrás hat keinerlei Zeit zu verlieren. Keine brasilianische Gesellschaft weiß, was sie fertigen soll. Sie kann deshalb keinerlei Preise abgeben. Die Regierung muß die Aufträge einfach vergeben, und später den Proteststurm der Nichtbedachten besänftigen."[178]

Zwei brasilianische Unternehmen erhielten u.a. Auftragsversprechungen der Nuclebrás. Die sogenannten „Letters of Intent" wurden schon 1976 unterschrieben. Das Geschäft schien gut und lukrativ zu sein. 63 Reaktoren plante die Regierung Geisel zu bauen. COBRASMA und CONFAB beschlossen, sich entsprechend auszurüsten. Insgesamt 110 Millionen Dollar wurden von ihnen in neue Fabriken hineingesteckt, die im Dezember 1978 eingeweiht wurden. Trotz aller mit Pomp begangenen Feierlichkeiten wußte niemand, was in diesen Fabriken nun eigentlich hergestellt werden sollte, da auch hier die Nuclebrás nur leere „Letters of Intent" und Versprechungen gegeben hatte.[179] Der Pleitegeier begann über den sonst prosperen Gesellschaften zu schweben. In ihrer Gier nach Aufträgen hatten Brasiliens Maschinenbauer die Konkurse der Fernmeldeindustrie vergessen.

Euclides Quand de Oliveira, ehemaliger Siemensdirektor, übernahm 1974 das Fernmeldeministerium in Brasilia. „Glaubt an die Zukunft Brasiliens!" rief er der brasilianischen Industrie zu und verteilte großzügig „Letters of Intent" und sogar Aufträge. Niemand vermochte seinen Sirenenklängen zu widerstehen. Als es jedoch ans Zahlen ging, war sein Ministerium knapp bei Kasse[180]. Da Brasiliens Kredite im Ausland nicht leiden durften, wurden nur internationale Gesellschaften bezahlt. Einheimische Betriebe hatten das Nachsehen. Ihre Konkurse wurden mangelnden Fähigkeiten brasilianischer Unternehmer zugeschoben. Unfähigkeit des Herrn Ministers oder perfekte strategische Planung des ehemaligen Siemensdirektors? Diese Frage konnte bisher nicht beantwortet werden.

Neben dem Auftragsmangel hatten die brasilianischen Betriebe zusätzliche Schwierigkeiten zu überwinden. Die KWU spezifiziert die Aufträge, und wählt Lieferanten aus. Altbekannte Taktiken der ständigen Änderungen der Spezifikationen ermöglichen der KWU, Preise und Lieferanten selbstherrlich zu bestimmen. Die Monsterfabrik der Nuclep hing als Damoklesschwert über der gesamten brasilianischen Investitionsgüterindustrie. „Als vollkommen staatlicher Betrieb ließe sich das Unternehmen wohl noch unter Kontrolle halten. Nun haben sich aber die Vöst und die KWU an dem Unternehmen beteiligt, und es ist anzunehmen, daß die Deutschen nun versuchen werden, den brasilianischen Markt für Investitionsgüter ganz zu erobern",[181] klagte Januzzi, Leiter der COBRASMA.

Auch auf dem Gebiet des Zivilbaus erreichten die Deutschen einiges. Brasiliens Baufirmen besitzen große Erfahrungen. Sie benötigen deshalb eigentlich kein ausländisches Know-How. Trotzdem wurde der Firma Odebrecht ein Zusammengehen mit der deutschen Hoch-Tief aufgezwungen. Die Pfahlgründung für Angra mußte durchgeführt werden, und die Joint Venture ermöglichte, den Preis von US$ 25.000,- pro Pfahl auf US$ 55.000,- pro Pfahl anzuheben. Für die von achtzehn Ingenieuren geleistete technische Assistenz berechnete Hoch-Tief DM 50.454.896,--.[182]

Der der KWU gewährleistete Marktschutz sollte ihren wohlverdienten Ausgleich für in Deutschland erlittene Verluste sichern. Ein Regierungssprecher erläuterte die Hintergründe eines Überpreises von DM 379 Millionen: „Das Abkommen mit der Bundesrepublik sieht vor, daß sämtliche Aufträge den Deutschen gegeben werden, denen jetzt der brasilianische Markt gehört. Sie verlangen deshalb den Preis, den sie haben wollen.“

Megalomanie

„Armut wird mit Energie bekämpft". Mit diesen Worten rechtfertigte Licínio Seabra, Vorstandsvorsitzender von „FURNAS", Brasiliens hohe Investitionen in Atomkraft. Der Nuklear-Vertrag sollte das Land dem ewigen Kreislauf von Unterentwicklung und Armut entreißen helfen.[183]

Ein einsamer alter Mann, Ernesto Geisel, hatte 1974 als uneingeschränkter Diktator das Steuer Brasiliens übernommen. Shigeaki Ueki, ein Nippo-Brasilianer, wurde sein Energie- und Bergbauminister. Beide paßten sich nur schwierig der lateinamerikanischen Umgebung an. Jahre des stürmischen Wirtschaftswachstums hatten Brasiliens Ruf als „Wirtschaftswunderland" gefestigt. Schier unaufhaltsam schien der Aufstieg des Landes zu sein.

Gigantische Projekte sollten nun den Wohlstand des Landes endgültig sichern. Die Liste der Vorhaben war lang, die Ziele beeindruckend. In zehn Jahren schon, das heißt bis 1984, sollte die Stahlproduktion verzwölffacht, das heißt, von 6 auf 70 Millionen Tonnen pro Jahr angehoben worden sein. In Itaquí, im fernen Nordstaat Maranhão, sollte das mit 12 Millionen Tonnen größte Stahlwerk der Welt gebaut werden; eine 1.000 Kilometer lange, durch Amazonas-Dschungel und Sumpf gebaute Eisenbahn sollte das hochwertige Eisenerz der Carajásberge heranfahren. U.S. Steel sollte alles finanzieren, bezeichnete dann aber das gesamte Projekt als phantastisch und stieg aus.[184]

Drei Milliarden Dollar sollte das 8.000 Megawatt Wasserkraftwerk Tucurui am Rio Tocantins kosten. Die Finanzierung des gesamten Bauwerks schien gesichert zu sein, als Franzosen Brasilien einen 400 Millionen Dollar Suppliers-Credit für die Lieferung der benötigten Turbinen und Generatoren anboten.

Brasiliens Technokraten planten, mit dem in der Tat billigen Tucurui-Strom das Amazonasbauxit an Ort und Stelle zu Aluminium auszuschmelzen. Das eigentlich vernünftige Projekt sollte unter japanischer Regie durchgeführt werden. Der Weltaluminiummarkt sollte erobert werden. Amazonas-Aluminium hätte billig, wahrscheinlich zu billig, hergestellt werden können. Da auf dem Aluminiumweltmarkt Überkapazitäten herrschten, beschlossen die Sieben Schwestern des Aluminiums, das Brasilienprojekt vorläufig zu torpedieren. Die von brasilianischen Technokraten mit Japans Aluminiumproduzenten geführten Verhandlungen zogen sich endlos hin. Über zehn Jahre wurde verhandelt. Während der Verhandlungen konnte gereist und Feundschaften aufgebaut werden, der brasilianische Markt aber als lukrativer Exportmarkt den Industrienationen erhalten bleiben.

Die UNCTAD hatte 1975 schon festgestellt, daß es den Schwestern des Aluminiums gelungen war, das Auftreten neuer Produzenten auf der südlichen Halbkugel wirksam zu verhindern. „Man kann das Abkommen am besten als ungeschriebenes Kartell bezeichnen", fuhr der Bericht fort. Das Amazonasprojekt ALBRAS fiel ins Wasser; in Deutschland und Japan wird Aluminium weiterhin mit Wärmekraftstrom aus Amazonasbauxit ausgeschmolzen, nur am Staudamm von Tucurui wird weitergebaut.

„Wenn das Kraftwerk fertig ist, können wir zumindest den Elektro-Aalen des Amazonas Stromschläge versetzen. Zu weiterem ist das Kraftwerk vorläufig nicht zu gebrauchen", kritisierten paulistaner Unternehmer schon 1977 den Monsterbau.[185]

Das Amazonasgebiet beflügelte jedoch weiterhin die Träume der brasilianischen Technokraten. Auf der Nordseite des Amazonas sollte nach dem Fehlschlag der Transamazonica, auch Transamargura, Straße der Bitternis, genannt, die noch größere, 5.000 Kilometer lange „Perimetral Norte" durch menschenleeres, unfruchtbares Indianerland geführt werden. Brasiliens Souveränität sollte bestätigt werden.

Da es zwischen Belo Horizonte und Rio de Janeiro nur eine eingleisige Eisenbahnverbindung gab, griffen Brasiliens Planer zum Lineal, legten es auf die Landkarte und zogen einen Strich. „Hier wird eine Eisenbahn gebaut". So beschlossen sie den Bau der „Ferrovia do Aço", der wohl teuersten Bahn der Welt, teurer noch als der durch arktische Tundra gelegte transsibirische Schienenstrang der UdSSR. Eisenerz sollte mit 120 Stunden Kilometer Geschwindigkeit abgefahren, die vielen Gebirge einfach untertunnelt, die Täler einfachheitshalber überbrückt werden. Ein Drittel der 400 Kilometer langen Strecke würde unter der Erde verlaufen, bemängelten Kritiker. Die Regierung Geisel focht es nicht an. Schließlich sollte das Werk in 1.000 Tagen vollendet sein.[186] Auch dieses Projekt fiel, halbfertig, dem traditionellen brasilianischen Geldmangel zum Opfer.

Ein weiterer Bleistiftpunkt auf der Landkarte kennzeichnete den „strategischen" Standort des neuen Stahlwerks „AÇOMINAS". Dringend benötigtes Wasser gab es zwar nicht; außerdem traf der Bleistiftpunkt zufällig die Spitze eines Berges, der daraufhin fortgesprengt und abgetragen wurde. Erdbewegungsfirmen verdienten gutes Geld. Stahl wird aber von der AÇOMINAS sobald noch nicht ausgeschmolzen werden.

Auch das Telefonnetz war veraltet. 1,2 Millionen Anschlüsse wurden 1975 auf einmal bestellt, der größte jemals in der Welt vergebene Auftrag. Die Pleiten kamen später, als der ehemalige Siemens-Direktor und derzeitige Fernmeldeminister nicht mehr zahlen konnte oder wollte.

„Wie steht es mit Projekten und Studien?" fragten Skeptiker. „Die brauchen wir nicht!" lautete die Antwort. „Pläne auszuarbeiten dauert zu lange. Wir krempeln die Ärmel auf, beginnen mit den Bauarbeiten und machen hinterher die Zeichnungen. Wir haben keine Zeit, an Lappalien zu denken. Wir denken groß, wir denken an die „Großmacht Brasilien".

Internationale Kredite sollten die Projekte finanzieren. Präsident Geisel begab sich höchstpersönlich auf Einkaufsreisen nach Bonn, London, Paris und Tokio. Ein großer Paukenschlag, der deutsch-brasilianische Atomvertrag, würde allen Vorhaben Glaubwürdigkeit verleihen, so lauteten die Wahnvorstellungen der Militärs und Technokraten.

„Man beschütze unser Land und unsere Industrien vor den Staatsreisen unserer Regierung!" klagte Carlos Villares, Präsident der ABDIB (Verband der Investitionsgüterindustrie).

Einige wenige Industrielle, wie Antônio Ermírio de Moraes, Chef der VOTORANTIN, des größten brasilianischen Privatkonzerns, begannen die Köpfe zu schütteln. Sein Vorschlag: „Wir müssen unseren Planern die Computer wegnehmen und ihnen Addiermaschinen schenken. Die wollen pro Jahr mehr als unser gesamtes Bruttosozialprodukt investieren!"[187], sagte er. Die meisten Unternehmer jubelten jedoch. Fette Aufträge und noch größere Gewinne schienen ihnen sicher.

Wurzeln einer Krise

Eine Wirtschaftskrise schüttelte 1975 Europa, Japan und die Vereinigten Staaten; nur Brasilien schien ein Ruhepol zu sein. Das Arbeitslosenheer der Industrieländer überschritt 15 Millionen. Die gigantischen Pläne General Geisels versprachen, die unterbeschäftigten Werke der Industrienationen auszulasten. Es gab kaum einen Betrieb, kaum eine Firma, die nicht am brasilianischen Wirtschaftswunder teilnehmen wollte.

Es gab zwar schon Investitionsgüterindustrien; Brasilien wollte aber weitere Arbeitsplätze schaffen. Der große Run um die Gunst der Investoren begann: Terrains, Kredite, zollfreie Einfuhr von Maschinen, Ausrüstungsgütern und Komponenten, alles wurde ausländischen Industriellen nachgeworfen. „Die Ausländer bekommen gratis, was wir teuer bezahlen müßten", klagten brasilianische Unternehmer. „Meckert nicht! Ihr seid Brasilianer, und euch brauchen wir keine Vergünstigungen zu geben. Ihr sitzt sowieso schon im Lande!" lautete die Antwort der Regierung, und Velloso, derzeitiger Planungsminister, verkündete laut und deutlich: „Ausländischem Kapital werden wir bevorzugte Behandlung zukommen lassen." Brasilien wurde das Paradies internationaler Geschäftemacher.

Montagewerkstätten begannen wie Pilze aus dem Erdboden zu schießen. In kurzer Zeit besaß Brasilien 6 Walzwerkfabriken, 5 Turbinenwerke, 30 Laufbrückenfabrikanten, 3 auftragslose Lokomotivwerke, etc. Noch 1973 bauten 3 Elektromaschinenwerke etwa 100 größere Gleichstrommotoren pro Monat. Vier Jahre später gab es 15 Fabriken; der Markt war jedoch auf 30 Einheiten zusammengeschmolzen. Früher wurde in Brasilien in Serie gefertigt, heute werden nur noch Prototypen aus importierten Teilen zusammengesetzt, Brasilien aber fuhr weiterhin fort, großzügig mehr und mehr Anreize zu geben; eines jedoch wurde vergessen: Fabriken brauchen Aufträge, von denen sie leben können, und die wurden nicht vergeben.

„Laßt uns im Ausland erspartes Kapital einführen!" hieß das Motto der Finanzminister Delfim Neto und Mario Henrique Simonsen. Die großen Staatsgesellschaften, die wie Polypen das Land zu umschlingen begannen, standen vor einem schwierigen Problem. Cruzeiros hatten sie nicht; Dollarkredite für Auslandskäufe wurden ihnen aber von auftragshungrigen Konzernen der Industrienationen in jeder beliebigen Menge nachgeworfen. Industrie- und Handelsminister Calmon de Sá erläuterte: „Lieferantenkredite sind billig und erst in zehn oder fünfzehn Jahren (wenn wir nicht mehr an der Regierung sind) rückzahlbar. Es ist zwar verständlich, daß brasilianische Unternehmer auch Aufträge haben wollen; dafür haben wir aber kein Geld."[188]

Krupp und Demag wollten sich die Chance, lukrative Aufträge aus dem „größten Stahlprogramm der Welt" zu erhalten, nicht entgehen lassen. Bei Belo Horizonte stellten sie große Fabriken auf. Walzwerke sollten dort gebaut werden. Dafür erhofften sich die Deutschen bevorzugte Behandlung.[189] Ihr Projekt war von Geisel persönlich genehmigt worden. Die brasilianische Importwut hatten sie vergessen; kühle rationale Strategie hatten sie ihrem Investitionsbeschluß zugrunde gelegt. Die paßte aber den Brasilianern nicht recht. Mit großen, englischen Krediten sollte das Stahlwerk „AÇOMINAS" gebaut werden. Geisel selbst hatte das Geschäft 1975 anläßlich eines Staatsbesuches in London abgeschlossen. Demag und Krupp mußte deshalb der Zugang zum brasilianischen Markt versperrt werden. Reiche, auf Schweizer Nummernkonten gezahlte „Kommissionen" winkten den brasilianischen Regierungseinkäufern. Unangenehme Einkommensteuerprobleme konnten so elegant umgangen werden. Jacques de Broissia, Vorstandsmitglied der französischen Bank „Crédit Commercial pour l'Amérique Latine" erläuterte: „Kommissionszahlung ist eine in Brasilien häufig geübte Praxis. Man weiß eigentlich nie so recht, wo man das Gelände rechtmäßiger Geschäfte verläßt, und wo eigentliche Korruption beginnt."[190]

1978 beschwerte sich die Zeitschrift „Mundo Elétrico": „Der Leerlauf unserer Werke wird immer größer, es gibt keine Aufträge", und Marcus Vianna, Chef der brasilianischen Entwicklungsbank BNDE, monierte: „Unsere Regierungseinkäufer sollten im Ausland eigentlich nicht als Bettler, sondern als Handelspartner auftreten."[191] Der gesamte Ausbau der brasilianischen Stromversorgung wurde mit ausländischen Mitteln vorangetrieben. Lieferantenkredite der Mitglieder der IEA sorgten dafür, daß in Brasilien wenig Ausrüstungen gebaut wurden. Selbst die Kraftwerksprojekte kamen aus dem Ausland. Energieminister Shigeaki Ueki erklärte erneut: „Wir importieren, weil wir so außerordentlich gute Finanzierungsbedingungen angeboten bekommen."[192]

Während die brasilianischen Tochtergesellschaften der großen Elektrokonzerne, alle Mitglieder der IEA, in Brasilien nur zu 40 %, maximal 50 % ausgelastet wurden, verpflichtete sich die ELETROBRÀS, Kraftwerksausrüstungen im Werte von über 5 Milliarden Dollar einzuführen.[193]

Auch die brasilianischen Kernkraftwerke wurden auf Pump gekauft. „Die brasilianischen Partnern gewährten Kredite übersteigen schon 5 Milliarden Mark, und in Kürze werden wir weitere 2 Milliarden Mark Kredit gewähren", erklärte Winfried Späh von der Dresdner Bank.[194]

2,5 Milliarden Mark der Kosten der ersten zwei Kernreaktoren sollte Brasilien selber aufbringen, aber schon kurz nach Baubeginn zeigte sich, daß auch hier die Brasilianer sich übernommen hatten. FURNAS begann zuerst, die Zahlung an brasilianische Lieferanten einzustellen. Im Oktober 1978 betrugen die nun auch die KWU erfassenden Zahlungsverspätungen vier Monate. Da jedoch selbst die Schatzkammern der deutschen Banken für die Finanzierung des brasilianischen Nuklearprojektes zu klein waren, begann Brasilien, auf dem gesamten Eurodollarmarkt auch Kleinstbeträge von einigen wenigen Millionen Mark, Promill-Sätze des gesamten Nuklearprogramms, zusammenzukratzen, obwohl Nogueira Batista kurz vorher noch in Brasilia erklärt hatte, „dem Kernprogramm würden keinerlei Mittel fehlen".[195]

Auch die ELETROBRÀS meinte, vor einer schier unerschöpflichen Schatztruhe zu sitzen. Im November 1978 wurde ihr jedoch vorläufig die weitere Aufnahme von Dollarkrediten untersagt. Eine schon abgeschlossene Dollarfinanzierung von 313 Millionen Dollar durfte nicht mehr in Cruzeiros umgewandelt werden. Geisel hatte zum Ende seiner Amtszeit beschlossen, die chronische Inflation Brasiliens zu bekämpfen. Die ELETROBRÀS wußte jedoch Rat. Sie wälzte das Problem, wie in Brasilien üblich, auf ihre brasilianischen Lieferanten ab. „Ab 15. November 1978 werden die Rechnungen brasilianischer Industrien nicht mehr bezahlt", teilte sie lakonisch dem Energie- und Bergbauminister Shigeaki Ueki mit.[196]

Auch andere Staatsgesellschaften mußten ihre ehrgeizigen Pläne fallen lassen. Die Baufirmen der Ferrovia do Aço, der Schnellbahn für Erztransport, gingen in Konkurs. Ihre Rechnungen waren nicht bezahlt worden. Das gesamte Fernmeldeprogramm brach zusammen; auch hier wurden die Lieferanten einfach vergessen. Fast alle Projekte Geisels mußten aufgegeben werden. Seine Wirtschaftspläne brachen wie ein Kartenhaus zusammen. Nur der Atomvertrag war unantastbar. „Der Atomvertrag ist heilig und wird nicht geändert!“ wiederholten täglich und monoton die Sprecher Brasilias.

Der phantastische Kernenergieplan birgt jedoch Gefahren für viele Industriezweige. „Atomstrom wird pro Kilowatt das Doppelte unserer Wasserkraft kosten“, klagte Ermirio de Moraes, einer der wenigen Aluminiumhersteller südlicher Länder. „Ich bitte Sie, sich zu erinnern, daß ein zehntel Dollarcent mehr pro Kilowatt unser Aluminium gleich um 16 Dollar pro Tonne verteuert.“[197]

Japanischen Aluminiumschmelzern garantierte die brasilianische Regierung jedoch langfristige Lieferung billigen Wasserkraftstroms. Der Zeitpunkt des Konkurses brasilianischer, mit Atomstrom konkurrenzunfähig werdender, Aluminiumschmelzen läßt sich so rein rechnerisch leicht bestimmen.

Die Grundlagen der brasilianischen Wirtschaftskrise wurden während Brasiliens Boom gelegt. Unterwürfige Unternehmerverbände wagten es nicht, gegen Importwahnsinn und Pharaonentum zus protestieren. Selbst die undurchführbarsten Projekte wurden einstimmig gutgeheißen. Die brasilianischen Unternehmer bemerkten nicht, daß sie sich auf dem Wege des kollektiven wirtschaftlichen Selbstmords befanden.

Nur einige warnende Stimmen erhoben sich. „Wir müssen uns gegenseitig bewachen und unsere Großmachtträume und Megalomanie begraben“, stellte Ermirio de Moraes wiederum fest. „Weitblick mit öffentlichen Geldern beweisen zu wollen, ist nicht schwer.“[198]

„Armut wird mit Energie bekämpft“, so rechtfertigte Furnasvorstand Seabra die Pläne des starrköpfigen Diktators Geisel. Doch was waren die Folgen unbedachter einsamer Beschlüsse? Wirtschaftliches Chaos breitete sich aus. Die Inflation wuchs; Arbeitslosigkeit griff um sich. Technologie und eigenes Know-How wurden sinnlos zerstört, die künftige Entwicklung des Landes in Frage gestellt.

Wolf Dieter Melzer von der Deutschen Entwicklungsgesellschaft verblüffte Technokraten und Unternehmer, als er im September 1978 in Belo Horizonte öffentlich erklärte: „Europäische Unternehmer kennen ihre Investitionsrisiken genau, und Brasilien ist nicht mehr die beste Investitionsoption.“[199] Viele mittelgroße deutsche Unternehmen begannen, in Brasilien Bilanz zu ziehen und ihre Koffer zu packen.

Einar Kok, Sprecher der ABIMAQ (Associação Brasileira da Indústria de Máquinas), des brasilianischen Maschinenbauerverbandes, erinnerte die Regierung an zahlreiche nicht eingehaltene Versprechen. „1974 fragte man uns, ob wir an die Zukunft Brasiliens glauben würden. Wir taten es. Wir investierten, was wir besaßen und was wir nicht besaßen. Heute sind wir perplex und verzweifelt. Wir müssen uns entscheiden, und wissen nicht, wie."[200]

Diese Erkenntnis kam für viele Unternehmer zu spät. Viele Jahre hatte der Transformatorenhersteller Ugarte für friedliche Zusammenarbeit mit internationalen Konzernen, alle Mitglieder des IEA-Kartells, plädiert. Er war sogar zeitweilig in ein Kartell aufgenommen worden. 1978 bekannte er: „Es war ein Fehler. Es gibt kein Zusammenleben mit ihnen. Wir sollen ausgerottet werden".[201] Ein anderer Unternehmer, Barreto Keller, stellte auf einem Kongreß der Elektroindustrie die unangenehme Frage: „Gibt es auch nur ein Indiz dafür, daß dieses Land Brasilien eigene Industrien haben möchte?"[202]

Ohne Waffen in die Arena des unlauteren Wettbewerbs geworfen, blieb brasilianischen Unternehmern nur noch der Gladiatorengruß: „Ave Caesar, morituri te salutant". Selbst Dieter Schmidt, Leiter der Gießerei Tupy in Joinville, der lange Zeit Apologet des brasilianischen Wirtschaftswunders war, mußte 1978 Farbe bekennen: „Unsere Gesellschaft ist es müde, weiterhin in einem Land zu leben, das wirklich nicht für brasilianische Unternehmen geschaffen worden ist".[203]

Die Bundesrepublik sucht eine Diktatur

Brasiliens Wirtschaftswunder war auf Pump aufgebaut. Seine ehrgeizigen Mentoren meinten deshalb, auch ihre Nuklearwahnträume mit fremdem Geld verwirklichen zu können. Zwar hatte Brasilien seit seiner Unabhängigkeit im Jahre 1821 keine Schulden bezahlt, sondern diese immer nur effizient verwaltet, das heißt umgeschuldet; auch kreiste 1975 bereits wieder der Pleitegeier über dem Horizont des hochverschuldeten Giganten. Trotzdem beschloß Bonn, Brasiliens Diktatoren den Eintritt in das Atomzeitalter mit reichlichen Krediten zu finanzieren. Faulen Kunden nicht eintreibbare Gelder nachzuwerfen, gehörte eigentlich nicht zur Praxis erfahrener deutscher Unterhändler. Deutschland befand sich aber in einer Zwickmühle.

Jahrzehntelang hatte ein schier unerschöpflicher Strom spottbilligen Petroleums das bundesrepublikanische Wirtschaftswunder mit extrem kostengünstiger und relativ umweltfreundlicher Energie versorgt. Erdölkrise und arabischer Lieferboykott verdeutlichten 1973 jedoch plötzlich die Gefahren übergroßer Abhängigkeit. Ferne Potentaten drohten, den Ölhahn zuzudrehen und Europas Lichter auszulöschen.

Deutschland ist zwar kein energiearmes Land; es besitzt Kohle, die aber schwierig und teuer aus 800 Meter Tiefe gefördert werden muß. Kohlekraftwerke sind außerdem große Umweltverschmutzer. Ihren Schloten entströmen große Mengen CO^2, und jetzt schon läßt sich in der Erdatmosphäre ein spürbarer Anstieg des CO^2-Gehaltes messen, der das Wärmegleichgewicht der Erde zu zerstören droht. Unvorhersehbare Klimaänderungen könnten die Folge einer allgemeinen Aufheizung der Erde sein. Auch das Verstromen von Braunkohle ist nicht gefahrlos. Jährlich fünf Millionen Tonnen Schwefeldioxyd blasen die Schornsteine der DDR-Braunkohlekraftwerke in die Luft. Säurehaltiger Regen beginnt überall in Europa Denkmäler und Bauwerke zu zerstören. Skandinaviens Seen änderten ihren PH-Wert.

Atomstrom ist relativ umweltfreundlich, und schien vor allem relativ billig zu sein. Heinrich Mandel, Präsident des deutschen Atomforums und Vorstandsmitglied der Rheinisch Westfälischen Elektrizitätswerke, des größten Stromproduzenten und -verteilers Europas, erläuterte die Problematik: „Ein Kernkraftwerk ist in der Wirtschaftlichkeitsberechnung ausgelegt auf eine jährliche Betriebsdauer von etwa 7.000 Stunden, also 80 Prozent: Wenn Sie dieses Kraftwerk mit einem Steinkohlenkraftwerk vergleichen, dann kommen Sie in der Kostenrechnung zu einem verblüffenden Ergebnis: Die Kernenergie ist billiger, wenn das Kernkraftwerk mehr als 3.000 Stunden im Jahr arbeitet. Der Unterschied zwischen 3.000 und 7.000 ist 4.000 Stunden. Das Jahr hat 8.760 Stunden, das heißt also, selbst wenn das Kraftwerk sechs Monate in jedem Jahr stilliegt, ist sein Strom noch billiger als der Steinkohlenstrom."[204] Angesichts dieser Tatsache beschlossen Länder wie Japan, Frankreich oder die Bundesrepublik Deutschland, denen billige Alternativenergiequellen, wie Wasserkraft, fehlten, voll auf die Karte der Kernenergie zu setzen. „Wir dürfen nicht zum Armenhaus werden", warnte Professor Wilhelm Krelle. „Die wirtschaftliche Existenz der Bundesrepublik würde im Kern getroffen, wenn der Bau von Atommeilern und anderen technologischen Neuerungen gestoppt würde." Deutschland, Frankreich, Italien, Japan, auch Indien und Pakistan besitzen keine Wasserkraft; eine Energiequelle, mit der die Natur Brasilien in Überfluß bedachte. Sie brauchen Kernkraft, es bleibt ihnen keine Alternative als Zwischenfälle und Probleme, selbst Unglücke mit möglichen Todesopfern als notwendigen Preis technologischer Entwicklung in Kauf zu nehmen. Ein Bericht der KWU erläuterte die Problematik: „Technologie besitzt einen Preis. Niemand kann unseren Ingenieuren eventuelle Fehler vorwerfen. Nur der tägliche Betrieb bestätigt die Richtigkeit der auf dem Reißbrett durchgeführten theoretischen Berechnungen."[205]

Die deutsche Bevölkerung verspürte jedoch wenig Lust, Versuchskaninchen der Entwicklung neuer Energiequellen zu sein. Kernkraftgegner stoppten den Bau deutscher Atommeiler. Ruin drohte der KWU. Spezialisten-Teams begannen auseinanderzulaufen, mühsam angesammeltes Know-How drohte verloren zu gehen.

Die Atomwirtschaft gab jedoch die Hoffnung nicht auf, daß der technische Durchbruch doch noch zu erreichen sei. Schnellbrüter befanden sich in der Entwicklung; den Widerstand der Bevölkerung gegen handelsübliche Kernkraftwerke meinte man mit Geschick überwinden zu können. Vor allem Zeit brauchte die deutsche Atomwirtschaft und einen Partner, auf dessen Territorium sie das Abenteuer neuer technischer Entwicklungen und entsprechender Ausreifung durchführen könnte. Bonn erinnerte sich an einen Präzedenzfall.

Die deutsche Reichswehr durfte nach den Bestimmungen des Versailler Vertrages nur 100.000 Mann haben. Gewisse Waffengattungen waren ihr ganz untersagt. Der zwischen Deutschland und Rußland abgeschlossene Rappallo-Vertrag ermöglichte jedoch in den zwanziger Jahren, in der Sowjetunion deutsche Eliteeinheiten auszubilden. Atommeiler des Typs Biblis wollte die KWU bei Königsberg bauen, doch das Abkommen mit Rußland kam nicht zustande.

Es ist bekannt, daß Australien über ein Fünftel der Uranvorräte der westlichen Welt verfügt. 1974 legte die Regierung Whitlam verschiedenen europäischen Regierungen ihre Pläne „Technologie gegen Rohstoffzusagen" vor. Australien war reich und menschenleer, offenbar der ideale Partner für die Bundesrepublik. Der australische Regierungschef trug seine Angebote Anfang Januar 1975 dem Bundeskanzler Schmidt und Außenminister Genscher vor. Das deutsche Interesse aber blieb unverbindlich; aus dem Geschäft wurde nichts.[206] Australien besaß einen entschiedenen Nachteil: Es war ein angelsächsisches Land, und es war demokratisch. Seiner Bevölkerung könnten langfristige Kernkraftpläne der Regierung mißfallen. Mit Demonstrationen und Abwahl einer kernkraftfreundlichen Regierung mußte gerechnet werden.

Eine Diktatur mit strenger Pressezensur und effizienter Repressionsmaschine, bereit, jahrzehntelang den Wohlstand der Bevölkerung dem Ehrgeiz seiner Herrscher zu opfern, schien der ideale Partner zu sein. Bonn fand ihn. Er hieß Brasilien. Seine statushungrigen Diktatoren, Generale und Politiker verstanden wenig von Kernenergie. Diplomaten machten Atompolitik. Der große Atomvertrag konnte abgeschlossen werden.

Den Partner zu beherrschen, war nicht schwer. In den mit der Ausführung des Abkommens beauftragten brasilianischen Gremien saßen Diplomaten, Generäle, Politiker, ein ehemaliger Präfekt der Stadt Niteroi, sowie ein ehemaliger Direktor der Naturschutzbehörde. Fachleute und anerkannte Wissenschaftler fehlten; sie fanden keine Aufnahme in die Nuclebrás.

Deutschland dagegen schickte seine besten Leute nach Brasilien. Einige von ihnen hatten mit dem Bau des argentinischen Reaktors ATUCHA wertvolle Erfahrungen und Erfolge sammeln können. Von missionarischem Eifer ergriffen, gedachten sie nun in Brasilien der Welt zu zeigen, was deutsche Ingenieurkunst vermag. Ihre Begeisterung war mitreißend, ihre Worte Gesetz. Atomenergie galt es zu bezähmen und wirtschaftlich zu gestalten, eine von keiner anderen Nation bisher bewältigte Aufgabe.

„Der deutsch-brasilianische Atomvertrag schenkte der deutschen Atomwirtschaft die zehn oder fünfzehn Jahre, die sie zum Ausreifen ihrer Technologie benötigte", erläuterte die angesehene Zeitung JORNAL DO BRASIL die wirkliche Lage.[207]

Der Atomvertrag sollte der deutschen Industrie jedoch nicht nur die 13.000 Arbeitsplätze in Fabriken, Ingenieurbüros und Verkaufskontoren der KWU sichern. Beim Bau von Reaktoren werden bedeutende ingenieurwissenschaftliche, verfahrenstechnische und Management-Erfahrungen gesammelt. Mit jeder zusätzlichen Einheit sind also beachtliche Kostenersparnisse in erheblichem Umfang verbunden. Anders ausgedrückt: gelingt es einer nationalen Reaktorindustrie, bedeutende Aufträge aus dem Ausland zu erhalten, so führt dies zu einer Kostenersparnis, die entweder die Preise senken hilft, oder größere Gewinne ermöglicht. Alle Reaktorbauer besitzen ein starkes Interesse, ihren weltweiten Marktanteil um fast jeden Preis zu steigern; alles dieses schien der deutsch-brasilianische Atomvertrag zu ermöglichen. Daß er in Deutschland nicht kritisiert wurde, war daher verständlich.

Brasilianische Wissenschaftler und Spezialisten stellten sich von Anfang an gegen das von Professor Cerqueira Leite als „unverantwortlich" abqualifizierte Abkommen. Ihre Meinung durfte jedoch lange Jahre nicht publiziert werden. Eine am 15. September 1972 erlassene Verfügung des brasilianischen Justizministers Alfredo Buzaid drohte allen Zeitungen mit Beschlagnahmung; ihren Journalisten „die ungünstige Leitartikel oder kritische Kommentare über die Wirtschaftslage" veröffentlichten, drohte sie zusätzlich mit Gefängnis.[208] Nur die Meinung der Jubelbrasilianer durfte publiziert werden. Die Welt begann, an die auch von deutschen Zeitungen verbreitete Mär vom brasilianischen Wirtschaftswunder zu glauben.

Drei Jahre lang verhüllte ein Mantel des Schweigens die verhängnisvolle Entwicklung des Atomvertrages. 1978 ließ sich der Zusammenbruch des „Brasilianischen Entwicklungsmodells" nicht mehr verschweigen. Pressezensur war nicht mehr aufrechtzuerhalten. Journalisten hatten es gelernt, unangenehme Wahrheiten in Metaphern auszudrücken. Die Diktatur ließ sich kaum noch gegen den Widerstand der Bevölkerung durchsetzen. Präsident Carter drang auf Wahrung der Menschenrechte. Ziviler Ungehorsam breitete sich aus. Demokratisierung wurde zum Schlachtruf der Geknechteten.

Dem laut brasilianischer Geheimdiensterkenntnis sowjetisch kontrollierten deutschen Magazin „DER SPIEGEL" blieb es überlassen, weltweit die Kunde von der Milliardenpleite des Atomgeschäfts zu verkünden. Auch in Brasilien platzte der „Atomskandal". Niemand mehr wagte es, das Abkommen zu vertreten. Washington gegenüber hatte Bonn das Jahrhundertgeschäft mit juristischen Spitzfindigkeiten verteidigt. Jetzt begannen Brasiliens Technokraten zur gleichen Waffe zu greifen. „Uns bleiben fast vier Jahre noch, bis wir uns zum Kauf der sechs restlichen Kernkraftwerke entscheiden müssen. Wir brauchen sie nicht mal alle zu kaufen: Der Vertrag umfaßt *bis* zu acht Reaktoren",[209] erklärte 1978 Barbalho, Präsident der ELETROBRÀS.

Brasiliens Bürokratie ist weltberühmt: Man beschloß, den Atomvertrag vorläufig auf die bürokratische Hindernislaufbahn zu schikken. Anfang September 1978 wurde der Plan für den zweiten deutschen Reaktor in der Bucht von Itaorna fallen gelassen. Die Bucht sei denn doch zu eng, fanden nun plötzlich die Meiler-Männer.

Die Suche nach neuen Bauplätzen begann, eine ideale Taktik, den Baubeginn eines Kernkraftwerks aufzuschieben. Etliche Behörden müssen Gutachten abgeben, nachdem Hunderttausende von Dokumenten natürlich nur von beeidigten Dolmetschern in portugiesische Sprache übersetzt, alle Aspekte der Standortwahl klargelegt haben. Immer neue Bauplätze können so gesucht und wieder verworfen werden. Am Ende kann dann noch einmal ein mutiger Amtsrichter die ganze Sache um Monate und Jahre verzögern; der anschließende Instanzenweg ist lang. Mehr als dreißig Jahre alte Verfahren liegen dem brasilianischen Appellationsgericht und dem Obersten Gerichtshof noch zur Entscheidung vor, und Brasilien ist in solchen Fällen ein sehr rechtliebendes Land, das der Justiz ihren Lauf läßt.

„Das Lizenzierungsverfahren", deutete das „JORNAL DO BRASIL" vorsichtig an, „wird sehr lange dauern".[210]

Oppositionelle Senatoren, die dem Abkommen 1975 noch ungeteilten Beifall gezollt hatten, griffen den Vertrag nun offen als „das vollkommenste Produkt der Megalomanie unserer Herrscher" an.[211]

Die Bundesrepublik Deutschland dagegen beschloß, auf seinem Jahrhundertgeschäft zu bestehen. Hans Holger Haunschild eilte nach Brasilien. „Deutschland glaubt immer noch, daß kein internationales Aval für das Geschäft mit Brasilien benötigt wird. Wir können es einfach nicht glauben, daß Brasilien seine im Atomabkommen eingegangenen Verpflichtungen nicht einhält."[212]

Bonn hatte allen Grund, auf Einhaltung des Vertrages zu bestehen. Immer schwärzere Wolken schwebten über der deutschen Atomindustrie. Iranaufträge waren geplatzt; Österreich hatte sich in einer Volksabstimmung gegen Kernkraft ausgesprochen; Ende

1978 waren 56 Prozent der Bundesbürger schon davon überzeugt, die bisherigen Erfahrungen mit Kernkraftwerken reichten noch nicht aus, um immer neue zu bauen.

Professor Dr. Klaus Knizia, Vorsitzender des Vorstandes der VEW, erläuterte das Dilemma der deutschen Atomindustrie: „Denkpausen helfen nichts. Sie überwinden nicht die Schwierigkeiten bei der erforderlichen Innovation von der Pilotanlage bis zur technischen Reife, sie schaffen nicht die Erfahrungen aus Planung, Bau, und vor allem Betrieb einer Vielzahl von Großanlagen, sie schaffen keine Fertigungskapazität für den Kraftwerksbau, sie geben weder dem Ingenieur noch dem Schweißer die Routine, die sie bei ihrer Arbeit brauchen. Der heute vorhandene hohe Sicherheitsgrad geht so eher verloren, als daß er wächst. Die Zahlen zeigen, daß wir als einer der größten Lieferer von Kraftwerksausrüstungen erheblich zur friedlichen Entwicklung der Welt beitragen könnten, wenn wir nicht unsere Möglichkeiten und Fähigkeiten auf diesem Gebiet selbst zerstören (sic). Ein Moratorium für Kraftwerke gleich welchen Typs ist ein Investitionsmoratorium, und es ist ein Innovationsmoratorium."[213] Die Brasilienverträge sollten das Dilemma der deutschen Atomindustrie lösen.

Wasserkraft – oder warum billig, wenn es auch teuer geht

„Ohne Atomstrom gehen in Brasilien 1985 schon die Lichter aus.“ Mit diesem Argument rechtfertigte Geisel den mit Deutschland geschlossenen Monstervertrag.

Ende 1979 äußerte sich die ELETROBRÀS endlich offiziell deutlich. Brasilien braucht keinen Atomstrom. Diese Erkenntnis stand in einer Energieminister Cesar Cals von Mauricio Schulmann, dem Präsidenten des großen Energieversorgungsunternehmens, am 3. Oktober 1979 überreichten Studie.

Die als „Plan 95“ bekannt gewordene Untersuchung listete das bisher aufgenommene brasilianische Wasserkraftpotential auf und verglich es mit dem zu erwartenden Stromverbrauch.[214] Um allen Kritikern im voraus den Wind aus den Segeln zu nehmen, rechnete die ELETROBRÀS mit einer wahrscheinlich großen Verbrauchszunahme. Um 12,7 Prozent jährlich, meinte sie, würde die Stromabnahme zwischen 1979 und 1985, wachsen. Anschließend allerdings rechnete sie in Anbetracht der sich am Horizont abzeichnenden Wirtschaftskrise mit kleineren Zuwachsraten. Um 8,2 Prozent würde der Stromverbrauch noch zwischen 1985 und 1990 wachsen, um anschließend gar auf die eigentlich indiskutable Wachstumsrate von 7,4 Prozent abzusinken. Daß der Elektrizitätsverbrauch weltweit um durchschnittlich nicht mehr als 7 Prozent steigt, und bei der hohen Entwicklungsstufe der Industrienationen eigentlich gar keinen Verbraucherzuwachs mehr aufweist, wurde vorsichtshalber gar nicht erst berücksichtigt.

Wasserkraft ist umweltfreundlich. Sie ist auch die billigste aller bekannten Energiequellen. Diese Binsenweisheit lernen angehende Ingenieure schon während des ersten Semesters.

Brasilien ist das Land der großen Urwaldströme, der Hochflächen und der mächtigen Wasserfälle. Das bereits bekannte Wasserkraftpotential übersteigt 209 Millionen Kilowatt; es ist damit viermal größer als die heute größte Strombedarfsspitze der Bundesrepublik (51 Millionen Kilowatt), eines angemessen entwickelten Landes.

25,2 Millionen Kilowatt könnten heute Brasiliens Wasserkraftwerke liefern. Ihr Potential wird jedoch nicht ausgenutzt; noch ist der Strombedarf des sogenannten Schwellenlandes zu klein. Große Aufträge winken trotzdem den brasilianischen Stauwerkbauern. 76.700 Megawatt Grundlast sollen Brasiliens Staudämme schon 1990 liefern. Etwa 50 Milliarden Dollar, nicht viel mehr als der heutige Wert des Atompaketes, plant das Land in den nächsten fünfzehn Jahren für Staumauern, Kraftwerksausrüstungen und Fernleitungen auszugeben.

Das ausbaufähige Wasserkraftpotential des Landes ist damit jedoch 1990 noch längst nicht erschöpft. Vorläufige, noch nicht abgeschlossene Untersuchungen ergeben, daß die ELETROBRÀS alleine südlich des Amazonas nach 1990 noch Stauwerke bauen kann, die mit insgesamt mindestens 63.000 Megawatt Grundlast gefahren werden können. Die mögliche Nutzung des Potentials des Hauptlaufes des Amazonas (zwei Staustufen, insgesamt 80.000 Megawatt) sowie seiner nördlichen Nebenflüsse wurde für die Ausarbeitung des „Plans 95“ überhaupt noch nicht in Betracht gezogen. Die Berechnungen des Energieversorgungsunternehmens beschränkten sich außerdem nur auf Wasserfälle, deren Ausbau zur Zeit, einschließlich Fernübertragung nach Rio de Janeiro, nicht mehr als US 1.000/KW kosten würden. Brasilien ist das Land der gigantischen Staudämme der tausend und zehntausend Megawattklasse. Daß man auch bescheiden sein und sogenannte Mini- und Kleinkraftwerke bis 100 Megawatt bauen könnte, daran wurde bisher überhaupt noch nicht gedacht. Weitere 200.000 bis 300.000 Megawatt könnten so gewonnen werden, schätzten Fachwissenschaftler der Universitäten von São Paulo und Campinas.[215] „Nicht vor dem Jahre 2.020 oder 2.030 werden wir Atomstrom benötigen“, schätzten anerkannte Energiefachleute Brasiliens.

Im Oktober 1979 schloß „FURNAS“ die Schleusen von Itumbiara. Ein 778 Quadratkilometer großer See wurde am Rio Parnaïba im Staate Goias aufgestaut. Itumbiara war ausgesprochen billig. Nicht mehr als 730 Millionen Dollar, 370 Dollar pro Kilowatt, etwa 12 Prozent eines Kernkraftkilowatts, kostete das 2.100 Megawatt Stauwerk. 91 Prozent aller Arbeiten und Ausrüstungen wurden von Brasilien gestellt, einige tausend Arbeiter und Ingenieure fanden hier jahrelang Arbeit. Atommeiler werden dagegen importiert; nur der deutschen Industrie liefern sie Arbeitsplätze und Gewinne.

Acht deutsche Kernkraftwerke, deren mittlere Verfügbarkeit in ihrem Ursprungsland selten 61 Prozent übersteigt, sollen den Brasilianern einmal 10.000 Megawatt Nominalleistung liefern. Pannen und Ausfälle eingerechnet, kosten 6.100 Megawatt mittlerer Dauerleistung, Brennstoffkreislauf eingeschlossen, etwa 45 Milliarden Dollar. Obwohl nicht alle Staudämme, wie Itumbiara, für 370 Dollar pro Kilowatt zu haben sind, können brasilianische Urwaldflüsse dem aufstrebenden tropischen Giganten für diese 45 Milliarden Dollar mindestens 45.000 Megawatt, das heißt 7,5 mal mehr Energie als die deutschen Kernkraftwerke, liefern.

In den sechziger Jahren hatte die kanadische Firma CANAMBRA schon eine Bestandsaufnahme brasilianischer Flüsse vorgenommen.

Da Wärmekraftwerke billig zu bauen und der Barrel Petroleum seinerzeit spottbillig, für US$ 1,80, zu haben war, setzten die Kanadier ihren Untersuchungen eine Obergrenze. Nicht mehr als US$ 500,-- pro Kilowatt durften Stauwerke seinerzeit kosten. Aus diesem Grund befaßten sie sich auch noch nicht mit dem immensen Potential der südlichen Amazonasnebenflüsse. Trotzdem aber kamen sie auf ein Wasserkraftpotential Brasiliens von 150 Millionen Kilowatt.

Als Helmut Schmidt und Ernesto Geisel 1975 den deutsch-brasilianischen Atomvertrag abschlossen, waren diese Zahlen schon bekannt. Es durfte bloß nicht über sie gesprochen werden. Schließlich galt es ja, die deutsche Atomindustrie zu retten.

Pumpspeicherkraftwerke

Pumpspeicherkraftwerke ermöglichen bessere Nutzung der Wasserkraft aller Flüße und Seen. Mit billigem Nachtstrom wird Wasser bergauf gepumpt, damit es tagsüber Turbinen zur Spitzenbedarfsdeckung antreiben kann.

Pumpspeicherkraftwerke sind nicht besonders teuer. Sie kosten etwa US$ 200,-- pro KW. Brasilien ist das Land der hohen Gebirge und der großen Täler. Pumpspeicherkraftwerke mit über 40.000 Megawatt Leistung könnten im Industriedreieck Rio-Belo Horizonte-São Paulo gebaut werden.[216] Ferne Amazonas-Kraftwerke samt teurer Überlandleitungen könnten so mit ständiger Vollast gefahren werden. Pumpspeicherkraftwerke würden den eventuellen Spitzenbedarf decken.

Kleinkraftwerke

Brasilien ist jedoch nicht nur das Land der großen Ströme. Zahlreiche, für brasilianische Verhältnisse kleinere Wasserfälle durchziehen seine Gebirge. Wissenschaftler der Universität São Paulo errechneten, daß diese Minikraftwerke weitere 200 - 300.000 Megawatt Leistung erbringen könnten. Brasilien war schon einmal das Land der Kleinturbinen zwischen 50 und 20.000 KW Einzelleistung. Kleine Farmen und weitab entlegene Dörfer besaßen früher eigene Kraftwerke. Einfache Erddämme schützten das Land vor Erosion. Fruchtbarer, vom Regen abgetragener Humus wurde in den kleinen Stauwerken zurückgehalten und später als Schlamm auf die Felder zurückgepumpt. Der brasilianischen Bürokratie gelang es jedoch, dem Ausbau der sogenannten Minikraftwerke ein Ende zu bereiten.

Stromerzeugung ist ein lukratives Staatsmonopol, das es zu erhalten gilt. Selbst für die Aufstellung einer 5 KW Turbine, die knapp für einige Lampen, einen Eisschrank und einen Fernseher ausreicht, wird eine staatliche Genehmigung aus Brasilia benötigt. Diese wird nur nach strenger bürokratischer Prüfung erteilt. Das Staatsmonopol könnte ja durch Kleinstkraftwerke gefährdet werden! „Beweise, daß überhaupt ein Wasserfall vorhanden ist!" war die Antwort, die ein Farmer nach zweijähriger (genauer) Untersuchung seines Antrags erhielt.[217] Brasilianische Turbinen- und Generatorenhersteller gingen in Konkurs. Diesel- und Benzinaggregate wurden auf entlegenen Farmen aufgebaut. Im fortgeschrittenen Staat São Paulo wurden dagegen über Tausende von Kilometern Überlandleitungen gespannt, um entfernten Häusern und Farmen Strom und Komfort zu bringen. Mitglieder der internationalen Kabel- und Transformatorenhersteller verdienten außerordentlich gut. Warum also auf diese angenehme Einnahmequelle verzichten und billige Kleinkraftwerke bauen?

Brasilianische Kohle

Brasilien ist nicht nur das Land der Wasserkraft. Es besitzt auch über 12 Milliarden Tonnen Kohle. Ein Großteil dieser Vorkommen, etwa 8 Milliarden Tonnen, liegt im südbrasilianischen Staat Rio Grande do Sul. Der Volksmund sagt zwar, brasilianische Kohle sei unbrauchbar, da sie zuviel Schwefel und Asche enthalte. Trotzdem läßt sie sich aber verbrennen und eignet sich somit zum

Verstromen und zur Befeuerung von Wärmekraftwerken. Da die Kohle im Tagesbau gewonnen werden kann, ist sie auch nicht besonders teuer. Selbst unter Berücksichtigung der Fernübertragung nach São Paulo wäre die KW-Stunde Wärmestrom bedeutend billiger als Kernkraftstrom aus Angra.

Kohlekraftwerke sind relativ preisgünstig und können schnell gebaut werden. Ihre Technologie ist bekannt und liegt im Bereich der Möglichkeiten brasilianischer Industrien. 320 MW Turbosätze ließen sich sogar in Serien bauen. Über Jahrhunderte könnte Südbrasilien 30.000 MW Kohlestrom erzeugen.[218]

„Wir brauchen Atomstrom, um in Zeiten der Dürre und des Austrocknens unserer Flüsse und Stauwerke unsere Industrien betreiben zu können."[219] So verteidigte der brasilianische Energieminister Shigeaki Ueki den Atomvertrag. Er vergaß jedoch, daß die zwei in Angra zu bauenden KWU-Meiler, falls sie jemals gleichzeitig ihre volle Leistung abgeben sollten, 3.600 MW liefern, dafür aber über US$ 6 Milliarden kosten. Für das gleiche Geld hätte die ELETROBRÀS Wärmekraftwerke von insgesamt 5.700 MW, Fernübertragung nach São Paulo eingeschlossen, bauen können.

Diskret vergaß Ueki auch, die geringe Verfügbarkeit von Kernkraftwerken zu erwähnen. Amerikanische Wissenschaftler errechneten, daß 2.600 MW Atomstrom wegen des häufigen Abschaltens durch 1.700 MW Kohlestrom ersetzt werden können.[220]

Die KWU-Reaktoren sollen 1995, wenn keine Komplikationen auftreten, 5 % des brasilianischen Strombedarfs decken. Ihr Beitrag zur Minderung der Folgen künftiger Trockenzeiten wird also nur gering sein. Brasilianische Technokraten ließen außerdem außer acht, daß es in diesem großen Land immer irgendwo regnet. Der Dürre, die 1978 Südbrasilien heimsuchte, entsprachen die gleichzeitigen Überschwemmungen des Paraná-Flußes und der Zuflüsse des linken Amazonas-Ufers.

Fernübertragung

Immer wieder behaupten die Verteidiger des Atomstroms, daß sich das große Wasserkraftpotential des Amazonasbeckens nicht nach Südbrasilien übertragen ließe, da nur Fernleitungen von 1.500 - 2.500 km Länge die Flußbecken des Araguaia, Xingú, Tapajos und Rio Madeira erfassen könnten.

Fernübertragungsfachleute und Meilerbauer von SIEMENS konnten sich jedoch bisher nicht auf eine einheitliche Argumentation einigen. Die einen behaupten, daß sie ohne weiteres diese Leistungsmengen mit Gleichstromübertragung transportieren können, während die Meilerbauer die Fernübertragungsspezialisten als „Spinner“ bezeichnen. Wie dem auch sei: in den USA und Afrika gibt es Fernleitungen, die Weiten ähnlicher Größenordnung überspannen und nicht einmal so teuer waren.

Etwa US$ 300,- pro KW würde es kosten, Amazonas-Strom nach Rio de Janeiro zu bringen, errechnete 1977 ein internationales Fernleitungsgremium, dem jedoch die Konzerne widersprachen.[221] Für 6.600 MW Gleichstromübertragung von Itaipú nach São Paulo (900 km) wollten Mitglieder des Kartells HVDCC (High Voltage Direct Current Group) ursprünglich US$ 500,- Millionen haben; sie besannen sich dann eines besseren und verlangten US$ 1,2 Milliarden. Auf einen Skandal mehr oder weniger kam es der Elektroindustrie nun auch nicht mehr an, argumentierten Insider.

Mit zwei Millionen Cruzeiros, etwa 200.000 Mark, wollte das Konsortium AEG/BROWN BOVERI/SIEMENS den Skandal durch Kauf von kritischen Journalisten und Redakteuren mindern. Doch die Öffentlichkeit wurde informiert und der Versuch scheiterte. Schließlich einigte man sich: 811 Millionen Dollar, d.h. 135 Dollar pro KW, wird die Gleichstromleitung kosten. Kanadische Techniker stellten trotz teurer Fernleitungen trocken fest: „Amazonas-Strom einschließlich Übertragung wird auch in Rio de Janeiro und São Paulo noch wesentlich billiger als in Angra erzeugter Atomstrom.“[222]

Um die gewaltigen Investitionen in Atomstrom zu rechtfertigen, begann die NUCLEBRÁS Wachstumsraten zu manipulieren. „Unser Stromverbrauch wird über 10 % im Jahre steigen und der Bedarf sich alle sieben Jahre verdoppeln. 1990 brauchen wir schon 80.000 MW, und zu Ende des Jahrhunderts beinahe 200.000 MW“,[223] erklärte Nogueira Batista.

Da Brasilien nun einmal das Land des Wirtschaftswunders war, beschlossen Brasiliens Technokraten, die allgemeinen, weltweit festgestellten Wachstumsraten von durchschnittlich 7 % wesentlich zu erhöhen. Es begann die Epoche der Megawatt-Megalomanie. 63 Kernkraftwerke sollten bis zum Ende des Jahrhunderts ihren Betrieb aufnehmen. Die Aufträge würden zweifellos Rentabilität und Arbeitsplätze der deutschen Atomwirtschaft sichern. Ob Brasilien jedoch auch einen Energieüberschuß aus Atomstrom bekommen würde, wurde von französischen und amerikanischen Wissenschaftlern bezweifelt. Viel Energie und noch mehr Geld werden gebraucht, um Kernkraftwerke zu bauen. Erst 15 Jahre nach Baubeginn erreicht die Energiebilanz eines Kernkraftwerkes den Plus-Minus-Punkt. Je mehr Kernkraftwerke gebaut werden, desto mehr Energie wird verbraucht. Der Bau von 63 Kernkraftwerken bis zum Jahre 2.000 verbraucht mehr Energie, als die schon in Betrieb genommenen Reaktoren produzieren würden. Die deutsche Atomwirtschaft wäre zwar gerettet, Brasilien hätte sich aber einen nimmersatten, sich selbst ernährenden Atommoloch geschaffen.

Pietro Erber, Sachverständiger der ELETROBRÀS, zweifelte die von der NUCLEBRÀS errechneten Wachstumsraten an: „Sie sind stark übertrieben und entstammen der Zeit des Wahnes und der Euphorie. Die Marktanalysen der ELETROBRÀS deuten darauf hin, daß wir zumindest bis zum Jahre 2.010 mehr als genug Wasserkraft zur Verfügung haben werden."[224]

Auch Mario Bhering, der als Präsident der ELETROBRÀS 1975 überhaupt nicht zum Atomvertrag befragt worden war, wandte sich gegen die Kernkraft. „Dem Atomvertrag lagen Wirtschaftswachstumsraten von 12 % sowie Investitionskosten von etwa US$ 500,- pro kW eines Kernkraftwerkes zugrunde, deren Kosten sich jedoch seitdem verdreifachten. Selbst ohne Amazonas-Strom brauchen wir uns bis zum Jahre 2.000 wirklich keine Sorgen zu machen",[225] erklärte er einer Untersuchungskommission des brasilianischen Senats. Im Oktober 1978 warnten brasilianische Planer vor Kraftwerksüberkapazitäten. Niemand wußte mehr, was noch mit dem zu erzeugenden Strom anzufangen sei. Der Bau von drei Wasserkraftwerken mit insgesamt 2.620 MW Leistung (Porto-Primavera, Taquaraçu und Rosana), die im Herzen des brasilianischen Industriedreiecks liegen sollten, wurde auf unbestimmte Zeit verschoben. Sie hätten zwar nur US$ 600,- pro kW, weniger als ein Drittel der KWU-Kernkraftwerke, gekostet, aber angesichts der Absatzprobleme konnte ein so überflüssiges Investment nicht mehr genehmigt werden.[226]

Brasilien befand sich in einer einmaligen Lage. Es war wohl das einzige Land der Welt, das teuren Atomstrom billiger Wasserkraft vorzog. Die Regierung Geisel betrachtete jedoch die Kritik am Nuklear-Programm als ungerecht. „Der Atomvertrag ist realistisch und entspricht unbedingt unserem Entwicklungsstand", beteuerte Geisels Energieminister Shigeaki Ueki immer wieder.[227]

Zensur

Kardinal Paulo Evarista Arns, Erzbischof der Diözese São Paulo, war wütend. Wie üblich, mußte die katholische Zeitung „O SÃO PAULO“ unvollständig erscheinen. Geisels Zensoren hatten die Wiedergabe einer schon im "DIÁRIO DO CONGRESSO“ (Kongreßmitteilungen) veröffentlichten Rede des Senators Franco Montoro verboten. Am 3. November 1977 verklagte Arns Präsident Geisel, seinen Justizminister Falcão und den Polizeichef Moacir Coelho wegen Amtsmißbrauch. Welches denn die gesetzliche Grundlage der Zensur sei, wollte der Kardinal nun ganz genau wissen.

Ronaldo Poletti verteidigte Geisel: „Zwei vom Präsidenten Emilio Garrastazu Medici erlassene Dekrete, nämlich Dekret Nummer 165 B vom 29. März 1971 und Dekret Nummer 224 B vom 20. Juni 1973 bilden die gesetzliche Grundlage der brasilianischen Zensur. Es handelt sich um ‚Geheimdekrete‘. Artikel 155, Absatz 2, Buchstabe E unserer Verfassung erlauben uns, diese Art von Zensur durchzuführen. Es ist die Zensur des ‚Belagerungszustandes‘.“[228]

Die Zensur hatte sich schon seit langem durchgesetzt. Der Zeitung „MOVIMENTO“ wurde im Juli 1976 die Veröffentlichung der Amerikanischen Unabhängigkeitserklärung (Gettysburg Address) verboten. Vertreterinnen der Frauenbewegung durften nicht mehr zu Worte kommen, das Ballett „Romeo und Julia“ nicht im Fernsehen gezeigt werden. Berichten über eine sich ausbreitenden Meningitiswelle wurde per Zensur Einhalt geboten, ja, selbst die sommerliche Hitze von Rio de Janeiro fiel unter das Diktat der Zensur. In Zeitungen abgebildete Thermometer durften die 35 Grad-Grenze unter Androhung schwerer Strafen nicht überschreiten.[229] Trotz allem blieben die Ausführungsbestimmungen der Zensur geheim, und zwar so geheim, daß selbst die tüchtigen Zensoren sie wahrscheinlich selber gar nicht kannten. An die Öffentlichkeit gelangten nur die Bestimmungen der Auswahlprüfung für Zensoren des Regierungsdienstes.

„Mens sana in corpore sano" heißt ein altes römisches Sprichwort, das Brasilien wohl auch zu befolgen gedachte. 3.000 Meter-Lauf und Hochsprung gehörten daher zu den Pflichtfächern der Zensorenprüfung.[230] Brasiliens Intellektuelle fanden schnell eine Erklärung für diese skurrilen Aufnahmebestimmungen: „Der Meute unserer wütenden Schriftsteller zu entkommen, wird später einmal nicht leicht werden."

Ab Anfang der siebziger Jahre wurden die multinationalen Gesellschaften in Brasilien immer stärkerer Kritik unterzogen. Die Regierung Medici reagierte scharf. Am 15. September 1972 ging allen brasilianischen Zeitungen eine Anweisung des Justizministers Buzaid zu: „Es ist ausdrücklich verboten, die Wirtschaftspolitik und Lage in Zeitungsartikeln, Kommentaren oder Leitartikeln zu kritisieren."[231]

In ihrem Jahresbericht 1975 bemängelte die KWU die Intoleranz der fest in den Massenmedien etablierten Kernkraftgegner. Der Konzern beschloß zu handeln, weltweit mußten jetzt kritische Stimmen unterdrückt werden. Im Februar 1974 eröffnete Bernhard Plettner, Vorstandsvorsitzender der Münchener Siemens A.G., in Rio de Janeiro eine publizistische Großoffensive. Der AKI (Arbeitskreis Information) von Siemens, Bosch, Bayer, BASF, Hoechst, Krupp, GHH, Mannesmann und Mercedes Benz (Volkswagen verweigerte aus politischen Bedenken ausdrücklich die Teilnahme) sollte als Imagebereiniger der auslandsfreundlichen Diktatur auftreten. Anzeigenboykott sollte Publikationen über explosive Themen wie multinationale Gesellschaften unterbinden.[232]

Da aber alles nichts half, wurde Terror gegen Journalisten angewandt. Vladimir Herzog starb am 25. Oktober 1975 in den Kerkern der Geheimpolizei. 1978 bestätigte ein Gerichtsurteil, daß die brasilianische Bundesregierung für seinen Tod verantwortlich sei und er keinen Selbstmord begangen habe.[233]

Der deutsch-brasilianische Atomvertrag war gar vollends tabu, er durfte nicht kritisch untersucht, sondern nur gefeiert werden.

Über 350 Bücher, unter ihnen viele rein pornographische Werke, hatte die bezahlte Inquisition der Generäle zwischen 1974 und 1976 schon verbieten, beschlagnahmen und verbrennen lassen, als die Polizei erneut bemüht werden mußte.

Am 24. Februar 1977, die Trommelwirbel des gerade beendeten Karnevals hingen noch in der Luft, stürmte schwerbewaffnete Militärpolizei Buchläden in Belo Horizonte, Porto Alegre, Rio de Janeiro, São Paulo, Recife und anderen brasilianischen Städten. Eine gefährliche Aufgabe wartete auf die todesmutigen Soldaten. Ein gerade erschienenes Buch, „DIE DIKTATUR DER KARTELLE".

sollte beschlagnahmt werden, und dieses Buch hätte sich ja verteidigen können. Sorgfältige Planung ließ das Unternehmen jedoch zu einem vollen Erfolg werden. Nur einige wenige Exemplare der „DIKTATUR", zum Teil noch auf dem Postweg und nicht mehr als 800, konnten nicht beschlagnahmt werden.

Den Befehl zur Beschlagnahmung der „DIKTATUR" hatte Falcão, Geisels Justizminister, in weiser Voraussicht schon im September 1976, als das Manuskript des Werkes noch gar nicht in der Endfassung existierte, persönlich unterschrieben.[234]

Ein später gegen den Autor wegen Verrat von Staatsgeheimnissen (Erwähnung der Existenz von Geheimdekreten über Zensur und Wirtschaftssteuerung) geführtes Militärgerichtsverfahren enthüllte die Hintergründe der erstaunlichen Beschlagnahmungsaktion.

Im Frühjahr 1976 vernahm Ballarin, Vorsitzender des Verwaltungsrates der brasilianischen Niederlassungen der Schweizer Konzerne „Nestlé" und „Brown Boveri", Gerüchte von der Entstehung eines Buches über die Arbeitsweise internationaler Kartelle, in dem unter anderem einiges über die Tätigkeit der bis dahin weitgehend unbekannten INTERNATIONAL ELECTRICAL ASSOCIATION geschrieben werden sollte. Die mögliche Publikation schien Ballarin zu beunruhigen; er wollte sie verhindern. Robert Lentz Plassing hatte gute Referenzen.

Ballarin bestätigte dem brasilianischen Kartellamt CADE später, Brown Boveri habe Plassing für „Relações públicas especiais", d.h. „besondere Öffentlichkeitsarbeiten" unter Vertrag genommen.[235]

Der Terrorist ging umgehend und schnell zu Werk. Erst ließ er dem Autor der „DIKTATUR" eine Kopie des Buchentwurfes entwenden, dann drohte er: „Bomben könnten explodieren, falls dieses Buch veröffentlicht würde."[236] Merkwürdiges ereignete sich später. Am 15. Oktober 1976 versuchte ein sich als Polizei ausgebendes Kommando die Originalmanuskripte des Buches „DIE DIKTATUR DER KARTELLE" in den Verlagsräumen der EDITORA CIVILIZAÇÃO BRASILEIRA zu beschlagnahmen. Die Polizei selbst lehnte anschließend jede Verantwortung für den Beschlagnahmungsversuch ab. Am 5. Dezember 1976 wurde dann ein Bombenanschlag auf den Verlag verübt. Es entstand Sachschaden.

In einem von den Rechtsanwälten Beusch und Lindemann unterschriebenen Brief vom 8. März 1977 verlangte die Firma Siemens, daß „DIE DIKTATUR DER KARTELLE" auch in Deutschland nicht publiziert werden solle. Das gleiche Anliegen wurde dem Reinbeker ROWOHLT VERLAG im November 1977 zugestellt. Die Androhung von Prozessen, auf die der Autor bis heute wartet, sollte der Forderung Nachdruck verleihen.

Die Aufdeckung der IEA und ihrer Markt- und Machtstrategien war der Stein des Anstoßes, und die Konzerne schienen zu fürchten, daß die Publikation von Dokumenten und Informationen die lukrative soziale Machtwirtschaft der von der deutschen Bundesregierung geförderten internationalen Kartelle weltweit in Gefahr bringen könne.

Die Veröffentlichung der „DIKTATUR DER KARTELLE" konnte nicht verhindert werden. Am 8. April 1978 sprach das 15köpfige Kollegium des Obersten Brasilianischen Militärgerichts den Autor vom Verdacht des Staatsverrats frei und empfahl das Buch einem jeden Brasilianer zur Lektüre.

Da Publikationen nun zu zirkulieren begannen, galt es, die Wurzel des Übels zu packen und mögliche Informationslecks zu stopfen. Im März und April 1978 knöpfte sich die politische Polizei brasilianische Meilerbauer vor und warnte sie, weiter öffentlich über die Mißstände in Angra zu sprechen. „Auf der Baustelle herrschen keine Mißstände". Die Unterschrift unter diese Erklärung verlangte der Kommissar Brito von den kritischen brasilianischen Ingenieuren. Als seine Bitte jedoch nichts fruchtete, bedauerte der Polizeichef das mangelnde Brasilianertum der Ingenieure und verlegte sich aufs Drohen: „Ihr werdet Eure Stellungen verlieren!"[237] Der Autor selber wurde im Juli 1978 dreimal vom brasilianischen Geheimdienst SNI (Serviço Nacional de Informações) zu freundschaftlichen Gesprächen vorgeladen. Warum ausgerechnet der Autor sich für den deutsch-brasilianischen Atomvertrag interessiere, sollte er erklären.

Atomvertrag, Wahnsinnsimporte, Korruption, Vernichtung des brasilianischen Unternehmertums, alles dies erleichterte die Zensur; niemand konnte das Land auf die Folgen unverantwortlichen Konzerngebarens aufmerksam machen. Einigen brasilianischen Zensoren Arbeit und Brot zu geben, kostete dem Lande Milliarden Dollars. Dafür breiteten sich Arbeitslosigkeit und Wirtschaftskrise aus, Brasilien wurde jedoch das Mekka der Konzerne, milliardenschwere Aufträge gingen an die Industrienationen.

Geheimdekrete oder „Kafka in der brasilianischen Wirtschaft"

Am 22. August 1979 schlugen die Häscher der brasilianischen Polizei erneut zu. Obwohl die Zensur seit Beginn des Jahres offiziell abgeschafft worden war, verlangten zwei unauffällig gekleidete Herren morgens um 2 Uhr die Originaldruckfahnen der ersten und zehnten Seite des brasilianischen Handelsblatts GAZETA MERCANTIL zu sehen und zur besseren Analyse gleich mitzunehmen. Zu jener Zeit verhandelte die KWU gerade mit Argentinien. Ein Reaktorauftrag sollte den Kanadiern weggeschnappt werden, deutsche Arbeitsplätze standen auf dem Spiel. Der argentinischen Atomkommission hatte die KWU weitestgehende Zusammenarbeit vorgeschlagen; das brasilianische Modell einer gemeinschaftlichen Know-How- und Ingenieursfirma wie der NUCLEN sollte benutzt werden.

Eine Zusammenarbeit, in der nur deutschen Technikern das Diktat und die alleinige Entscheidungsgewalt vorbehalten war, sah dagegen das geheim gehaltene, zwischen der KWU und der NUCLEBRÁS unterzeichnete Aktionärsabkommen der gemeinschaftlichen Planungs- und Ingenieursfirma, der NUCLEN, vor. Es war den Deutschen deshalb verständlicherweise peinlich, durch Publikation ihrer Geheimdokumente vor Argentinien als mögliche Roßtäuscher entlarvt zu werden. Ob mit der mitternächtlichen Beschlagnahmungsaktion ebenfalls die Veröffentlichung der bisher noch geheim gehaltenen Protokolle von Bonn und Brasilia verhindert werden sollte, konnte dagegen nicht nachgewiesen werden.

Geheimniskrämerei gehört zur Tradition brasilianischer Wirtschaftspolitik; Geheimdekrete bestimmen Gedeih und Verderb vieler Industriezweige. Ein in Brasilien von Minister Campos 1965 erlassenes Geheimdekret steuerte die Auftragserteilung brasilianischer Staatsbetriebe. Einheimischen, mit eigenem Know-How arbeitenden Betrieben der Investitionsgüterindustrie, durften keinerlei Lieferverträge zugeteilt werden; bestehende Aufträge mußten storniert werden.

Ausländischen Großkonzernen sollten im Rahmen der vorhergesehenen Internationalisierung der brasilianischen Wirtschaft die für eventuelle Investitionen benötigten Mittel durch bevorzugte Ordervergabe zugeschoben werden. Zahlreiche einheimische Fabriken mußten daraufhin wegen Arbeitsmangel die Tore schließen. In Anbetracht des geheimen Charakters der Gesetze und Dekrete konnten betroffene und geschädigte Unternehmer jedoch keinerlei öffentliche Proteste vorbringen oder etwa gar die Hintergründe ihrer Konkurse erklären. Eine Anklage vor dem Kriegsgericht steht auf Verrat von Staatsgeheimnissen. 1977 wurde der Autor vor ein Militärgericht der brasilianischen Luftwaffe zitiert, weil er Geheimdekrete als Hintergrund zahlreicher zwischen 1966 und 1974 erfolgter Firmenzusammenbrüche der brasilianischen Maschinenbaubranche und Elektroindustrie in dem daraufhin beschlagnahmten und verbotenen Buch „DIE DIKTATUR DER KARTELLE" erwähnt hatte.

Staatsanwalt Gildo Correa Ferraz (1979 vom Präsidenten Figueiredo wegen Amtsmißbrauch geschaßt) schrieb am 27. April 1977 in der Klageschrift gegen den Autor: „Schon an einem einzigen Absatz erkennt man die unabwendbare Verdammung der ‚DIKTATUR DER KARTELLE'."

„So mußte der österreichische Einwanderer Reinhold Wallner seine Dampfturbinenfabrik MESCLI schließen, weil die französische Firma RATEAU (IEA-Mitglied Nr. 17) der brasilianischen Regierung den Aufbau einer Turbinenfabrik unter der Bedingung versprochen hatte, daß ein Auftrag der staatlichen Petroleumgesellschaft PETROBRÁS an die Firma MESCLI zurückgezogen werde; sie hätte 22 Turbinen liefern sollen. PETROBRÁS folgte einer geheimen Anweisung des damaligen Planungsministers Roberto Campos, als sie den Auftrag an MESCLI annullierte. Nach Anweisung des Ministers waren Aufträge nur Inhabern internationaler Fertigungslizenzen zu erteilen. Während RATEAU importierte Turbinen lieferte, ging MESCLI in den Konkurs."

Da das Dekret Nr. 60.417 vom 11. März 1967, sowie die Gesetze Nr. 69.354 und 79.099 (Staatsanzeiger vom 16. November 1971 und 16. März 1974) die Veröffentlichung vertraulicher Angelegenheiten verbieten, beging der Autor mit ihrer Erwähnung das Delikt des *„Staatsverrates"*.

Begünstigung aufgrund von Honorierung einflußreicher Regierungskreise und Geheimdekreten bildet jedoch nicht immer die Grundlage einer sicheren und dauerhaften Geschäftstätigkeit. Diese schmerzliche Erfahrung mußte ein amerikanischer Konzern machen. CIA. INTERNACIONAL DE ENGENHARIA, eine Tochtergesellschaft der amerikanischen MORRISON KNUDSEN, schien jahrelang ein erfolgreiches Geschäftskonzept zu besitzen. Walzwerke, Staudämme, Raffinerien, alles dieses durfte Morrison Knudsen exklusiv für die brasilianische Regierung planen; lukrative Kontrakte waren der Firma sicher. Bevorzugte Auftragsvergabe per Geheimdekret hatte dem Planungs- und Ingenieursbüro einen wahren Goldregen beschert. 1977 änderte sich jedoch die Lage. Plötzlich versiegten die Aufträge. Morrison Knudsen mußte ihre Tochtergesellschaft Cia. Internacional de Engenharia an die brasilianische Planungsgruppe MONTREAL verkaufen. Neue „Unwritten Instructions" der brasilianischen Regierung hätten diesen Verkauf erzwungen, berichtete die amerikanische Zeitschrift „BUSINESS WEEK" am 7. Dezember 1977.[238] Mauricio Alvarenga, Einkaufschef der PETROBRÁS, bestätigte später, am 7. November 1978: „Die Einkaufspolitik der PETROBRÁS wird auch durch nichtgeschriebene Regeln bestimmt."[239]

Der deutsche Maschinenbaukonzern DEMAG machte ebenfalls schlechte Erfahrungen. Am 6. August 1977 beschwerte sich Hans Peter Klein, Leiter der brasilianischen DEMAG-Niederlassung: „Wir kamen auf Einladung der brasilianischen Regierung nach Brasilien. Die 1975 erfolgte Genehmigung unseres Industrieprojekts trägt sogar die Unterschrift des Präsidenten Geisel. Walzwerksausrüstungen wollten wir in Brasilien bauen. Die großen Staatsgesellschaften wären unsere Kunden; sie kaufen aber nur von Lieferanten, die im BNDE, der brasilianischen Entwicklungsbank, registriert sind. Die Bank weigert sich jedoch, uns als Walzwerksausrüster anzuerkennen. Als wir nach Brasilien kamen, dachten wir nicht im Traum daran, daß uns so etwas passieren könnte. Statt Stahlwerke zu liefern, arbeiten wir jetzt schon seit zwei Jahren als Reparaturwerkstätte. Wenn wir nicht baldigst registriert werden, müssen wir unsere mühsam ausgebildeten Techniker und Facharbeiter entlassen. Wenn wir gewußt hätten, was uns in Brasilien blüht, hätten wir uns zweimal überlegt, hier zu investieren."[240]

Der bekannte Wankelmut der Brasilianer focht Siemens jedoch wenig an. Schließlich hatte das ehrwürdige Münchener Haus alle Trümpfe und Karten in seiner Hand. Da Brasilien zur Atomgroßmacht aufsteigen wollte, hatte es sich dem Diktat des deutschen Großkonzerns zu beugen. Auf allen Gebieten verstand es Siemens, seine Interessen, häufig per Geheimdekret, durchzusetzen. Euclides Quandt de Oliveira, ein Vorstandsmitglied der brasilianischen Siemensniederlassung, avancierte 1974 zum Fernmeldeminister des Kabinetts Geisel. Am 22. April 1976 unterzeichnete er ein aufsehenerregendes Protokoll.[241] Dem brasilianischen Elektroindustrieverband garantierte er, eventuelle Verzögerungen der Zahlungsverpflichtungen seines Ministeriums ausländischen Gesellschaften gegenüber mit Zinsen und Inflationsanpassung auszugleichen. Brasilianischen Gesellschaften wurden diese Privilegien verwehrt. Der Einfachheit halber beschloß Quandt, seine Landsleute gleich überhaupt nicht zu bezahlen. Schließlich stand bei ihnen nicht der internationale Ruf Brasiliens auf dem Spiel. Jahrelang gelang es Quandt de Oliveira, dieses erstaunliche Protokoll geheim zu halten.

Terror

Große Studenten- und Arbeiterdemonstrationen bedrohten 1968 die brasilianische Diktatur. Am 13. Juni 1968 rief deshalb Brigadier João Paulo Penido Burnier, Kabinetts-Chef des Luftwaffenministers, Sergio Miranda Ribeiro, Hauptmann der brasilianischen Fallschirmjäger, in sein luftgekühltes Kabinett. „Bist du bereit zu töten?“ fragte Burnier den Leiter der Para-Sar, der Rettungsgruppe der brasilianischen Luftwaffen. „Wenn ja, dann schieße bitte mit deiner Truppe in den Fenstern der Hochhäuser sitzende Demonstranten ab.“ Eine weitere Aufgabe wollte Burnier gleich mitgelöst haben. Es galt, Rios Gasometer zur Hauptverkehrszeit in die Luft zu sprengen und das Attentat und die Opfer der Druckwelle linken Kreisen anzulasten.[242]

Eine „Kristallnacht“ sollte organisiert, die Opposition verjagt und ihre Führer 100 Kilometer vor der Küste von Flugzeugen den Haien zum Fraß vorgeworfen werden. Der Hauptmann Sergio Miranda Ribeiro lehnte ab. Diese Aufgabe sei nicht mit dem Gewissen seiner stets mit gefährlichen Rettungsaufgaben befaßten Männer zu vereinbaren. Leben zu retten, nicht zu vernichten, sei seine Aufgabe, bedeutete er Burnier. Sergio Miranda Ribeiro wurde seines Ranges enthoben und unehrenhaft aus der Luftwaffe entlassen. Das ewige lateinamerikanische Teufelsspiel der Gewalt begann auf Brasilien überzugreifen.

Der Däne Henning Albert Boilensen verstand die Zeichen der Zeit. Die Industrie mußte für den Kampf gegen die Subversion mobilisiert werden. Das Wort des einflußreichen Vorstandsmitgliedes des „Ultra-Konzerns“, der der amerikanischen Phillips-Petroleum angeschlossen ist, hatte Gewicht. Bald schon beteiligten sich Niederlassungen namhafter europäischer und amerikanischer Konzerne, Baulöwen und andere am sogenannten Wirtschaftswunder Brasilien interessierte Gruppen an der Finanzierung der Terroraktionen der OBAN (Operação Bandeirantes), dem politischen Gegenstück der berüchtigten Todesschwadron. Gehälter mittlerer Polizeichargen wurden aufgebessert, das Verschwinden aufsäßiger Arbeiter und Intellektueller oder unbequemer Konkurrenten mit Geldprämien belohnt. Terror war zum Mittel effizienter Geschäftspolitik geworden.[243]

„Es ist schwer, die OBAN (Operação Bandeirantes) als einen der Bekämpfung des Terrorismus dienenden Apparat zu definieren. Rechtliche Form besitzt sie nicht, die Presse spricht aber offen von ihr", sagt der Schweizer Georges André Fiechter.[244] Die Süddeutsche Zeitung schrieb: „Die enge Verbindung mit den Sicherheitsbehörden der Polizei und der Armee beruht einerseits auf dem Interesse der Unternehmer, vor unruhigen Elementen in der Arbeiterschaft geschützt zu werden, zum anderen aber auf den Geldanweisungen, mit denen diese Kreise den Sicherheitsbehörden ihre Dankbarkeit bekunden. Der Initiative des Industriekaufmannes Boilensen ist es zu danken, daß diese Geldgeschenke schon vor Jahren institutionalisiert und zur Bildung eines Fonds verwendet wurden, aus dem die Gehälter jener Sicherheitsbeamten aufgebessert werden, die in der Dachorganisation der Sicherheitsdienste beschäftigt sind."[245]

Henning Boilensen war jedoch zu aktiv; er nahm persönlich an Foltersitzungen teil. Am 15. April 1971 wurde er morgens auf der Straße erschossen.

Einige Opfer der OBAN starben auf brutale Art und Weise. Der Student Paulo Stewart Wright, Sohn eines amerikanischen Presbyterianer-Missionars, wurde, mit dem Mund am Auspuff eines Autos festgebunden, zu Tode geschleift.

Selbst Kleinkinder entkamen nicht der Folter. Hilda Gomes da Silva war verhaftet worden. Um sie zum Reden zu bringen, folterte der Vernehmungsoffizier Isabel die vier Monate alte Tochter Hildas. Stromschläge verwandelten das Kleinkind vor den Augen seiner entsetzten Mutter in ein zuckendes Bündel.[246]

„Zum Schutze unserer Werke" sammelte die ABINEE, der brasilianische, von internationalen Konzernen beherrschte Elektromaschinenverband im Oktober 1974 Gelder für die OBAN. Auch der Autor wurde aufgefordert, sein Scherflein für den Fond zu stiften.
‚Es ist bekannt, daß es in Brasilien immer eine Industrie des Anti-Kommunismus gegeben hat," erklärte ein ehemaliger Leiter brasilianischer Sicherheitsdienste. „Aber nie vorher in unserer Geschichte hat die Psychose des Antikommunismus soviel Leute reich gemacht".[247]

Der Beamte, selbst überzeugter Antikommunist, erklärte: „Immer wieder wurde ich von Paulo Henrique Sawaia Filho aufgesucht. Mir wurden Ausrüstungen und Geld in beliebiger Menge angeboten, Abrechnungen brauchten nicht gemacht zu werden. Ich selber habe keinerlei Geld angenommen, es ist aber ein offenes Geheimnis, daß vielen meiner Kollegen das Mehrfache ihrer Gehälter zugesteckt wurde. Sie erhielten auch Prämien, wenn sogenannte Gegner einfach verschwanden."

„Es ist nicht schwer herauszubekommen, wen die Tortur begünstigt und wer sie finanziert hat," erläuterte ein anderer Beamter der Sicherheitsbehörden. „Ihr braucht Euch nur die Großen, auf unerklärlich leichte Weise in den letzten Jahren entstandenen Vermögen zu betrachten". Er selbst habe, fuhr er fort, beobachtet, wie diese Reichtümer entstanden. „Sieh dir zum Beispiel jenen Unternehmer an, der sich in wenigen Jahren ein Zuckerimperium zusammenraffte und heute einen eigenen Autorennstall unterhält."[248]

Daß auch die braven Schweizer Konzerne in Brasilien Repression und Zensur bezahlten, kam heraus, als Oswaldo Ballarin, Präsident des Verwaltungsrat der brasilianischen Nestlé und Brown Boveri, vor dem CADE (Conselho Administrativo de Defesa Econômica) erklärte, die Firma Consultores Industriais Associados und ihre Partner, die Terroristen Robert Lentz Plassing und Paulo Henrique Sawaia für „besondere Public-Relationaktionen" angeheuert zu haben.

Ein brasilianischer Unternehmer erklärte die Problematik der Repression: „Manager multinationaler Gesellschaften brauchen keine Hemmungen und Gewissensbisse zu haben, ihre Familien und Verwandten sitzen in Europa und Amerika, niemand kann sich an ihnen rächen. Wenn es heiß wird, verlassen sie das Land, wir aber müssen unser Leben hier verbringen." Brasilianer wurden deshalb häufig zur Zahlung gepreßt. Kredit- und Auftragsentzug drohte jenen, die sich den Zahlungsaufforderungen der Manager besonderer Public-Relationsaufgaben der CIA (Consultores Industriais Associados) entzog.[249]

Repression war zum „Racket" geworden, ihre Methoden ähnelten den „Schutzangeboten" amerikanischer Mafiosi. Am 25. Oktober 1975 starb der Journalist Vladimir Herzog in den Kerkern der politischen Polizei von São Paulo, drei Monate später wurde der Arbeiter Manoel Fiel Filho Opfer des Repressionssystems. Geisel wurde es zu bunt, er erließ strenge Bestimmungen, Brasiliens Polizei tötete nicht mehr, Folter, Zensur und Wirtschaftsterror gingen aber weiter.

E.J. war ein aufstrebender junger deutsch-brasilianischer Diplomingenieur. Seine Karriere verlief steil. Jung schon wurde er Vorstandsmitglied der brasilianischen Niederlassung eines bekannten deutschen Großkonzerns. Daß ihm einige Probleme über den Kopf wuchsen, war nicht weiter verwunderlich. Aufsässige Arbeiter, rückläufige Umsätze, mit allem diesem mußte er plötzlich fertig werden. Es war verständlich, daß er sich Ratgeber suchte. Ein Reserveoffizier der brasilianischen Polizei bot sich an, für Arbeitsfrieden und Ruhe im Betrieb zu sorgen. E.J. zahlte. Langsam wurden die Zahlungen größer, es fiel E.J. nicht auf, daß einige Arbeiter verschwanden, daß die OBAN, Operação Bandeirantes als Folter- und Mordorganisation ins Gespräch kam.

E.J. ging morgens pünktlich zur Arbeit, erledigte sie gewissenhaft zur Zufriedenheit seiner deutschen Konzernvorstände und fand abends noch Zeit, als Kirchenvorstand der Prominentengemeinde der evangelischen Kirche von Santo Amaro sich wohltätigen Zwecken zu widmen. Von Politik hielt E.J. wenig, er hatte auch keine Zeit Zeitungen zu lesen. Die Umsätze stiegen, dafür zahlte der Konzern ja auch gerne Provisionen. Daß Maschinen der Konkurrenten nachts zerschlagen wurden, hielt E.J. für bösartige Verleumdungen.

1976 allerdings begann Familienstreit. E.J.s Arbeitgeber stand immer häufiger wegen anrüchiger Geschäftsmethoden in den Zeitungen. E.J.s Frau begann Presseausschnitte zu sammeln.

Der Eklat kam auf einer Sitzung des Kirchenvorstandes. Wochen schon hatte das Drama der Frau M. die Gemeinde beschäftigt. Ihr Sohn, Student an einer der großen brasilianischen Universitäten, war verschwunden. Jetzt stürzte Frau M. in den Saal. Sie hatte ihren Sohn gefunden, in den Kerkern der DOPS, der politischen Polizei von São Paulo, gefoltert, entmannt und halb totgeschlagen. Seine einzige Bitte aus dem Gefängnis: „Mutter, besuch mich nie wieder, ich bin erledigt". E.J., der brave von allen Mitmenschen geschätzte Bürger erbleichte: „Ich habe nie gefragt wie die von uns bezahlten Arbeiten erledigt wurden" und verschwand. An jenem Abend flog die Prominentengemeinde der deutschen Vorstandsherren in São Paulo auseinander. Der Pastor O.S. quittierte seinen Seelsorgerdienst in jener Stadt und betreut seitdem eine kleine Landgemeinde im Inneren des deutsch besiedelten Südstaates Santa Catarina. Frau M. dagegen verschwand im Untergrund.

Boilensen, Burnier, Fleury, Sawaia, Plassing und viele andere mehr erlebten ihre goldenen Jahre als Brasilien boomte. Repression, Zensur und Folter war ihr Handwerk, darauf verstanden sie sich. Viele Konzernherren zahlten und fragten wie E.J. nicht, wie die Schmutzarbeit erledigt wurde.

Am 15. März 1979 übernahm der populistische General Figueiredo das Ruder Brasiliens, es begann die Zeit der „lächelnden Diktatur". Folter und Repression waren jetzt verpönt, die Zensur aufgehoben. Über Korruption durfte offen geredet werden, das brasilianische Volk war der Willkür überdrüßig. Der Folterer Fleury starb auf ungeklärte Art und Weise. Ein chaotischer Aufstand des zivilen Ungehorsams hatte die Macht der Diktatur gebrochen. Attala und Lindenberg, unter anderem Finanziers der Repression wurden sämtliche Regierungskredite gestrichen.

Der Atomvertrag war zum Symbol brasilianischer Diktatur und Pharaonentums geraten. Am 22. August 1979 versuchten zwei Herren die Herausgabe eines kritischen Berichtes der paulistaner Zeitung „Gazeta Mercantil" zu verhindern. Einige Tage danach, am 29. August 1979 überfielen merkwürdige Einbrecher das Haus des Autors. Mit vorgehaltener Waffe wurde sein neunjähriger Sohn eingeschüchtert, das Haus in aller Ruhe drei Stunden lang, von 14 bis 17 Uhr durchsucht, Geld und Schmuck interessierte die Einbrecher allerdings nicht.[250] Wo ist das verdammte Archiv der IEA (International Electrical Association), wollten anonyme Telefonanrufer später wissen und sie prophezeiten „Wir kommen wieder". Mit Drohungen von Kindesentführung und Kindesmord wurden die zwölfjährige Tochter und der neunjährige Sohn des Hauses telefonisch eingeschüchtert.[251]

Wenig später stellte sich heraus, daß auch andere Kritiker des Atomvertrages unliebsamen Besuch erhalten hatten. Die Frau des Physikers und Atomvertragkritikers Mario Schemberg wurde am 18. September 1979 in ihrer Wohnung zusammengeschlagen, die Physiker Pinguelli, Leite Lopes sowie der Künstler Mario Gruber telefonisch bedroht.[252] Eine neonazistische Gruppe – MRN Movimento de Reorganização Nazista – erklärte sich für die Aktionen verantwortlich. Ob es sich um Geisteskranke handelte, ob Opponenten des Vertrages tatsächlich eingeschüchtert werden sollten, oder ob die „lächelnde Diktatur" eigenhändig nach altem schon gehabten Muster vorgegangen war, um die Öffentlichkeit gegen die „NAZIS" zu mobilisieren, diese Fragen konnten nicht geklärt werden. Eines stand jedoch außer Zweifel. 10 Jahre lang, bis März 1979 pflegten solche Aktionen auch aus den „Kampffonds" der IEA – International Electrical Association – bezahlt zu werden, und dafür gab es ein Motiv. Zensur und Einschüchterung sollten Ruf und Geschäft der der IEA angeschlossenen internationalen Elektrokonzerne bewahren.

Als das Bundeskartellamt Berlin auf die Problematik der von ihm autorisierten und registrierten Kartellverträge der deutschen Elektroindustrie, ihrer Kampffonds und der aus ihnen bezahlten und in Lateinamerika ausgeübten Repression, Zensur und Wirtschaftsterror angesprochen wurde, handelte es wie Pilatus und wusch seine Hände in Unschuld. „Die Auslandstätigkeit der deutschen Konzerne geht uns überhaupt nichts an. Wir erfüllten nur unsere Pflicht, als wir die vom Gesetzgeber erlaubten Exportkartellverträge hier in unsere Register eintrugen".

„Wir haben in der Zeit der Diktatur Arbeitnehmer aus den Gefängnissen geholt und vor weiterer Folterung bewahrt, während die Unternehmer mit dieser Regierung kooperiert haben. Sich nun an einen Tisch zu setzen, als ob nichts geschehen wäre, ist nicht so einfach". Dieses war die Antwort der evangelischen und katholischen Kirchen, als sie 1980 von in Schwierigkeiten geratenen deutschen Konzernen um Vermittlung in den jetzt in Brasilien beginnenden schweren Streiks und sozialen Unruhen gebeten wurden.

Nogueira Batista, Brasiliens Chefnukleokrat hatte jedoch die richtige Antwort. „Nur Kernenergie sichert den Bestand der Demokratie. Nur mit Energie können wir die Demokratie verteidigen, deshalb setzen wir auf Kernkraft. Ohne Energie gibt es keine Stabilität und keine Entwicklung und ohne diese entstehen unkontrollierbare Sozialspannungen, wahrer Nährstoff totalitärer Regierungen".[253]

Immer die falschen Pferde

Am 27. Juni 1975 hatten die Außenminister Genscher und Azeredo da Silveira in Bonn ein wichtiges Dokument unterzeichnet. Ein Jahrhundertgeschäft war abgeschlossen worden. Die brasilianische Presse feierte Deutschlands Macht und Größe. Nie zuvor war Deutschen in Brasilien so viel Ehre gezollt worden, nie zuvor hatten die deutsch-brasilianischen Beziehungen einen derartigen Höhepunkt erreicht. Der Atomvertrag schien die endgültige Freundschaft zweier Länder zu besiegeln.

Nicht immer leicht hatten es deutsche Einwanderer in Brasilien gehabt. Viele Kolonien von Hessen, Hunsrückern oder Pommern waren im Laufe der Jahre eingegangen, die Menschen der Entwicklung Brasiliens als Kulturdünger geopfert. Bei den Überlebenden aber blieb die Erinnerung an das ferne Ursprungsland wach.

Als das dritte Reich Deutschlands Größe verkündete, waren viele deutschstämmige Brasilianer nicht mehr zu halten. Die Welt sollte erobert und mit deutschem Wesen beglückt werden. Hitler wirkte wie ein Magnet. Nationalsozialisten feierten in Brasilien große Erfolge. Aktive Ortsgruppen gründete die mit brasilianischen Integralisten vereinte NSDAP in allen deutschsprachigen Siedlungsgebieten des brasilianischen Südens. Als die Fahne rief, zögerten Deutschlands unkritische tropische Söhne und Enkel nicht. Mit Hitlers Armeen zogen „Gaúchos" und „Pommeraner" nach Rußland, um vor Moskau oder in Stalingrad zu fallen.

Brasilianer deutscher Sprache wanderten dagegen bei Ausbruch des zweiten Weltkrieges als Mitläufer des Dritten Reiches in die berüchtigten Konzentrationslager der Ilha das Flores oder der Ilha Grande, die vor Angra dos Reis, der Bucht der Könige, gelegen ist.

Der Atomvertrag stellte Jahrzehnte später in Brasilien lebende Deutsche und deutschsprachige Brasilianer erneut vor ein Dilemma. Wieder einmal herrschte ein Diktator in Brasilien. Bücher wurden verbrannt, seine außer Kontrolle geratene Polizei folterte und mordete in ihren Kerkern, das Geschäft aber blühte. Große Projekte sollten verkauft werden, die megalomanen Wahnträume des Diktators schienen bares Geld zu bedeuten, und Geld stinkt nicht, „non olet", wie es schon die Römer wußten.

Deutsche Einwanderer hatten zahlreiche Klein- und Mittelbetriebe in Brasilien aufgebaut, nun hielten sie ihre Stunde für gekommen. Von großen Aufträgen träumte zum Beispiel jener Bremer, der seit fünf Jahren in Brasilien Dampfarmaturen fertigte und sich eine Existenz aufgebaut hatte. Auch ein deutscher Professor für Elektronik glaubte an die Gunst der Sterne. Ein Reaktorbau benötigt viele Zulieferungen und Regelanlagen, seine Zukunft schien gesichert. Beider Erwachen war böse, ihre Tüchtigkeit hatte sie zu natürlichen Feinden ihrer deutschen Landsleute gemacht. „Gott behüte uns vor Sturm und Wind und vor Deutschen, die im Ausland sind", heißt ein altes, jetzt auch von der deutschen Industrie beherzigtes Seemannssprichwort. Da die Betriebe deutscher Auswanderer den deutschen Export und somit deutsche Arbeitsplätze gefährdeten, mußten sie vernichtet werden, und dabei gingen deutsche Konzerne nicht gerade zimperlich vor. Brasiliens Jubeldeutsche hatten, als sie den Atomvertrag beklatschten, wieder einmal auf das falsche Pferd gesetzt; dies mußten sie später mit Schrecken feststellen.

In einem vor der „American Management Association" am 26. Januar 1971 gehaltenen Vortrag verlangte Haskel L. Hoffenberg, Präsident der Latin American Resources Inc., daß Washington repressive, aber wirtschaftlich erfolgreiche Diktaturen überall auf der Welt tatkräftig unterstützen müsse.[254] Hoffenberg's Appell fand Gehör. Allende wurde gestürzt, ITT hatte maßgeblich dazu beigetragen. Überall in Lateinamerika übernahmen blutige Diktatoren das Ruder. Amerikanische Unternehmen finanzierten Repression und Zensur.

Deutschlands Auslandsmanager sind als harte Arbeiter bekannt. Sie leben in einem Ghetto, vor lauter Arbeit verlieren sie häufig den Kontakt zum Gastland, deren Sprache sie nicht kennen und deren Zeitungen sie nicht lesen können. Einheimische Freunde besitzen sie nicht, ihr Informationsstand ist oft erschreckend niedrig. Es dauert seine Zeit, bis Entwicklungen zu ihnen vordringen, dann allerdings werden sie aktiv und wollen der Welt deutsche Tüchtigkeit beweisen. So geschah es auch in Brasilien.

1974 rief Plettner, Vorsitzer des Vorstandes der SIEMENS AG, den Arbeitskreis Information Brasilien (AKI) ins Leben. Für Pressezensur sollte gesorgt werden. Kampffonds der in Lausanne beheimateten Exportkartelle der deutschen Elektroindustrie begannen, die brasilianische Repression zu finanzieren; irgend jemand mußte ja schließlich für „Law and Order" sorgen. Geisels Diktatur wurde das Lieblingskind deutscher Konzerne. Peter von Siemens verkehrte persönlich beim Diktator in Brasilia.

Daß der Wind in Amerika sich längst geändert hatte, daß Carter von Menschenrechten sprach, daß überall in der Welt, im Iran, aber auch in Brasilien aufgezwungenes Schweigen nicht mit politischer Stabilität gleichzusetzen sei, alles dieses merkten die deutschen Manager nicht. So wie Mercedes Benz auf Nicaraguas Somoza gesetzt hatte, setzten Siemens und die KWU auf den Schah von Persien, sie setzten auf Ernesto Geisel und die argentinischen Militärs.

1973 gründete David Rockefeller, „chairman" der mächtigen Chase Manhattan Bank, die heute berühmte „Trilateral Commission".[255] Banker, Unternehmer und Politiker der Vereinigten Staaten Europas und Japans sollten eine neue Weltordnung erarbeiten. Längst war es führenden Köpfen der Industrienationen klar geworden, daß neue Abhängigkeiten entstanden waren. Der Wohlstand des reichen Nordens hing jetzt von Rohstoff- und Energieeinfuhren ab. Der Nord-Süd Konflikt mußte entschärft, blutige Umstürze verhindert werden. Natürlich sollte der südlichen Halbkugel nur ein minderer Lebensstandard zugebilligt werden, schließlich reichen die Ressourcen der Welt nicht für alle. Trotzdem aber galt es, den Armen dieser Länder die allernotwendigsten Lebensbedürfnisse zu erfüllen. Das Beispiel Iran hatte gezeigt, daß gewaltsame Unterdrückung nur Emotionen weckt und zu unkontrollierten Volksaufständen führt. Internationale Konzerne beherrschten längst das Wirtschaftsleben südlicher Völker, Meinungsfreiheit konnte deshalb als harmloses Ventil risikofrei zugelassen werden. „Die Hunde kläffen, aber der Zug fährt weiter", dieses Sprichwort sollte künftig befolgt werden. General Geisel wurde im März 1979 durch den lebenslustigen General Figueiredo ersetzt. Nicaraguas Somoza wurde gestürzt, überall wackelten die Stühle der Diktatoren. Es sprach sich herum, daß es wenig persönliche Vorteile bringt, in die Geschichte nur als weiterer lateinamerikanischer Folter-Diktator einzugehen. Es begann die Zeit der lächelnden Diktaturen.

Deutschen, in Arbeit vertieften Managern, fiel der Trendwechsel jedoch nicht auf. 1978 begann Brasiliens Arbeiterschaft mit Massenstreiks, Volkswagen ging gegen seine Arbeiter vor. Washington lobte nun den Atomvertrag; es wußte, daß deutsche Manager und Politiker im Bewußtsein freudiger Pflichterfüllung ins offene Messer laufen würden.

Die Zensur war längst abgeschafft, als eine Nacht- und Nebelaktion im August 1979 eine von der KWU beanstandete Veröffentlichung der paulistaner Zeitung „Gazeta Mercantil" verhindern sollte. Wenig später wurden Kritiker des Atomvertrages von Unbekannten terrorisiert.

Der Bau der deutschen Meiler von ANGRA wurde im März 1979 eingestellt. Wirtschaftsminister Graf Lambsdorff vergaß jedoch nicht, den Brasilianern während eines Besuches noch im August 1979 klar zu machen: Bonn erwarte, daß der Atomvertrag von Brasilien erfüllt würde, auch wenn das Land keinerlei Kernkraft benötige. Es scheint das Schicksal der Deutschen zu sein, auf falsche Pferde zu setzen.

Blindheit

Präsident Geisel war zweifellos fleißig. Sein Arbeitstag begann früh. Noch vor dem Morgenkaffee wurde ihm eine Zusammenfassung sämtlicher Nachrichten, die in der brasilianischen Presse erschienen waren, die sogenannte „Synopse" vorgelegt. Ihr entnahm er, daß sein Volk ihm zujubelte und daß er der beste Präsident Brasiliens sei. Sein Geheimdienstchef, General Figueiredo bestätigte den Befund des morgendlichen Pressespiegels. Geisel merkte sich die Namen einiger häufig in der Presse erwähnter tüchtiger Politiker.[256] Er beschloß, sie zu fördern. Francelino Pereira wurde so der Gouverneur des Staates Minas Gerais. Figueiredo, der von Geisel auserwählte künftige Präsident Brasiliens, hatte nichts dagegen einzuwenden.

Der „Synopse" entnahm Geisel auch, daß das brasilianische Volk einstimmig den Atomvertrag befürwortete. Daß dieses aber das mögliche Resultat seiner eigenen Zensur sein könne, daran dachte der alte Herr nicht.

Seit Jahren hatte sich Washington gegen den Atomvertrag gewandt. Das Verhältnis Carter-Schmidt litt merklich unter dem zwischen der Bundesrepublik und Brasilien abgeschlossenen Jahrhundertgeschäft. Im März 1978 wußte David Foster, AP-Korrespondent in Brasilia, aber von bedeutsamen Änderungen amerikanischer Politik zu berichten: Washington habe sich von der Undurchführbarkeit des deutsch-brasilianischen Atomvertrages überzeugt, und würde daher seinen Widerstand gegen dieses Abkommen aufgeben. Als Präsident Carter wenig später Präsident Geisel besuchte, wurde das leidige Thema mit keinem Wort angeschnitten. Carter wies anschließend Arthur J. Warner, Abteilungsdirektor des amerikanischen Energiedepartments in Washington, an, das deutsch-brasilianische Abkommen ausdrücklich zu loben. „Das brasilianische Atomprogramm ist hervorragend, und wird von außerordentlichem Erfolg gekrönt werden", erklärte Warner der brasilianischen Presse am 10. Juni 1978.[257]

Auch David Rockefeller lobte den Atomvertrag in höchsten Tönen während eines vor der Brasil-Amerikanischen Handelskammer gehaltenen Vortrags.

Der amerikanische Widerstand gegen den Atomvertrag hatte ursprünglich das brasilianische Volk hinter Geisel geeinigt. Die Euphorie des großen Geschäftsabschlusses mit Bonn war jedoch schon seit langem verflogen; längst hatten sich Zweifel an der Notwendigkeit der megalomanen Kerninvestition in die Seele der Brasilianer eingeschlichen. Das amerikanische Lob des Atomvertrages lieferte nun der brasilianischen Öffentlichkeit den endgültigen Beweis, daß das Abkommen technisch und finanziell undurchführbar sei.

Wenig später ließ eine „Spiegel"-Reportage den brasilianischen Atom-Skandal platzen. Die brasilianische Presse nahm das Vertragswerk unter die Lupe. Von Korruption und Mißwirtschaft war bald die Rede. Die Wahrheit über das Jahrhundertgeschäft wollte eine brasilianische Senatskommission wissen.

Geisel jedoch war betroffen. Jahrelang hatte er nur für sein Volk gearbeitet; warum plötzlich dieser unerwartete Gesinnungsumschwung? Der findige Journalist Sebastião Nery fand Ende 1978 die Erklärung: „Ob die morgendliche „Synopse" denn die Wahrheit der Pressemeinungen widerspiegele", wollte er wissen und verglich deshalb in der „Synopse" genannte Artikel, Meldungen und Zusammenfassungen mit den tatsächlich in den Zeitungen erschienenen Berichten. „Alles gefälscht", lautete Nerys Befund.

Schon John D. Rockefellers Söhne hatten dem alternden Ölmagnaten eine nur für ihn bestimmte Ausgabe der „New York Times" drucken lassen, und stets wußte diese Sonderausgabe nur von steigenden Kursen und noch größeren Gewinnen der Standard Oil zu berichten. Dieses Beispiel hatten Geisels Pressereferenten befolgt. Als es heraus kam, reagierte der Präsident hart. Ein angeblich für die Fälschungen verantwortlicher kleiner Angestellter der „Agencia Nacional", der Nachrichtenagentur der Regierung, wurde gefeuert, die Ernennung des Präsidentennachfolgers Figueiredo und seiner Gouverneure aber bestätigt.

Konzernherren sind mächtig, sie dürfen nicht kritisiert werden, denn von ihnen hängt schließlich Einkommen und Aufstiegschancen des ehrgeizigen Jungmanagers ab. Auch Banker- und Industriekollegen üben ungern Kritik, schließlich darf das eigene Nest nicht beschmutzt werden. Nur wenn es wirklich untragbar wird, gibt es einen Eklat, wie Ludwig Poullain, mächtiger Chef der Westdeutschen Landesbank, es einmal spüren mußte.

In Anbetracht der eigenen Macht und Herrlichkeit beschlossen auch Siemens KWU-Manager, nur auf eigene Stimmen und die reich bezahlter Lobsinger zu hören. Ob auch ihre Informationsquellen, d.h. Pressespiegel und Hausmitteilungen der Firma Siemens, ebenfalls wie die brasilianische „Synopse" des Herrn Geisel manipuliert waren, ließ sich nicht feststellen. Nach deutscher Tradition jedoch beschlossen die Manager des mächtigen deutschen Konzerns, nicht auf Kritiker und Warnzeichen zu achten. Als „Nestbeschmutzer und Verräter größerer deutscher Interessen" wurden Mahner disqualifiziert. Auch Bonns Diplomaten in Brasilia scheuten den Kontakt zu Andersdenkenden; schließlich gab es keine bessere Informationsquelle als die persönliche „Synopse" des brasilianischen Präsidenten.

„Viel Feind – viel Ehr", so lautet eine alte deutsche, leider nur allzu oft befolgte Weisheit. Es war voraussehbar, daß auch die ehrgeizigen Herren von Siemens und KWU sie beherzigen würden. Eigentlich systematisch wurde so die gesamte brasilianische Bevölkerung gegen den mit einem unpopulären Regime abgeschlossenen Atomvertrag mobilisiert.

63 Atomkraftwerke sollten bis zur Jahrtausendwende gebaut, bis zum Jahre 1985 gar die Stahlschmelzkapazität von 6 auf 70 Millionen Tonnen im Jahr verzwölffacht werden. Hinzu kamen jährlich zu installierende 1,2 Millionen neuer Telefonanschlüsse und viele andere gute Projekte mehr. Geisel war ehrgeizig, er wollte das Land in kürzester Zeit entwickeln. Es war allen klar, daß diese Projekte Techniker und Ingenieure in großer Zahl zu ihrer Durchführung benötigen würden. Firmen begannen deshalb Facharbeiter, Zeichner und technische Führungskräfte zu horten. Ein guter Ingenieur konnte 1974 in Brasilien spielend 10.000 Mark im Monat verdienen, Hochschulabsolventen waren nicht unter 5.000 Mark im Monat zu haben, die Zukunft schien rosig. In Massen stürzten Studenten in die Universitäten.[258]

Der Katzenjammer begann, als Geisels Wirtschaftsmodell zusammenbrach. 1978 schon breitete sich Arbeitslosigkeit aus, brachen Firmen zusammen. Brasiliens Elektroindustrie war inzwischen von internationalen Elektrokonzernen übernommen worden; diese brauchten keine lokalen Ingenieure, ihre Projekte kamen aus den Heimatwerken. Brasiliens Ingenieure und Techniker fanden keine Arbeit mehr, ihre Gehälter sanken. Wer seine 10.000 Mark-Stellung verlor, konnte mit 900 Mark Salär wieder neu anfangen. Verabredete Ratenzahlungen für Haus und Auto waren nicht mehr einzuhalten. Überfremdung, Megalomanie und Atomvertrag waren schnell als Quelle dieses Disasters ausgemacht. Brasiliens einflußreiche Mittelschicht wandte sich gegen das Regime und die von ihm abgeschlossenen Verträge.

Allen brasilianischen Wissenschaftlern des Landes war schon seit langem, wohl weil sie als Denker politisch unzuverläßig waren, die Mitarbeit am großen deutsch-brasilianischen Projekt verwehrt. Vielen war die Lehrerlaubnis entzogen worden. Der Siemens fiel jedoch nicht auf, daß sie sich damit die Feindschaft der Professoren zugezogen hatte, die nicht zögerten, während jeder Vorlesung gegen den Atomvertrag vom Leder zu ziehen.

„Lange Jahre unterstützten wir die Konzerne, das war unser Fehler", erkannte der Transformatorenhersteller Ugarte 1978.[259] Den Gewerkschaften wurde erklärt, warum so viele Arbeitsplätze verloren gingen, warum sich Arbeitslosigkeit ausbreitete, weshalb das allgemeine Lohnniveau im Interesse der internationalen Konzerne gedrückt wurde. Auch die unmenschlichen Zustände der Baustelle von Angra wurden als gutes Beispiel nicht vergessen. Streikwellen begannen das Land zu schütteln, die Diktatur wurde machtlos. Unternehmer, Presse, Gewerkschaften, Kirche, Wissenschaftler, alle wandten sich gegen den Atomvertrag.

Im Iran finanzierten persische Kaufleute, die sogenannten Basari, den ursprünglichen Aufstand gegen den Schah. Auch brasilianische Industrielle ließen sich 1978 nicht mehr einschüchtern. Das brasilianische Bürgertum begann, der Arbeiterschaft bei der Organisation von Streiks zu helfen. Repression und Polizeiwillkür griffen nicht mehr.

Der Atomskandal platzte im Oktober 1978, obwohl es noch nicht zu den in Europa und den USA längst üblichen blutigen Zusammenstößen zwischen Kernkraftgegnern und polizeilichen Ordnungskräften gekommen war. Noch hatte der Agronom Lutzenberger die Scharen seiner inzwischen organisierten Ökologen nicht zu Bauplatzbesetzungen und Sturm auf Atommeiler antreten lassen. Noch war wegen Ausfalls der Stromerzeugung der wegen geringer Verfügbarkeit berühmten deutschen Atommeiler niemand zur Mittagszeit in überheißen Fahrstuhlschächten hängengeblieben. Noch war es der Bevölkerung nicht bewußt, daß nur ihr Opfer die Verwirklichung eines aberwitzigen, Milliarden Dollar kostenden Bauprogramms nutzloser Kernkraftwerke ermöglichen würde.

Brasiliens Stromtarife müssen zur Deckung der Kernkraftinvestitionen stark angehoben werden. Bei Erhalt ihrer Strom- und Lichtrechnungen werden sich künftig nationalbewußte Brasilianer stolz auf die Brust klopfen und sagen: „Unser Opfer ermöglicht den Fortschritt der deutschen Atomindustrie". Jeder Reisebeschränkung werden sie freudig zustimmen: „Wir sparen Dollars und Mark, um die Meiler der KWU zu bezahlen".

Investitionen der Größenordnung des brasilianischen Atomprogramms lassen sich nur mit der Unterstützung des gesamten Volkes erfolgreich zu Ende bringen. Statt für ihr Geschäft zu werben, setzten SIEMENS- und KWU-Manager jedoch nach alter Kartelltradition auf Repression und Zensur. Als der Atomvertrag in Brasilien schärfster Kritik unterworfen wurde, verschwanden die deutschen Befürworter der Kernkraft in der Versenkung. Kein Siemensmanager wagte es, den Reaktorbau in Brasilien zu verteidigen. Kein Vorstandsmitglied der KWU oder SIEMENS nahm zu den Vorwürfen Stellung, obwohl es so einfach gewesen wäre, zu sagen: „Wir haben nicht geschmiert, der Vertrag ist vernünftig; wer will, kann die Dokumente einsehen. Kernenergie kostet wenig und kann Brasilien mit billigem Strom versorgen". SIEMENS schwieg, vielleicht aber gab es auch nur keine Argumente mehr, mit denen der Monstervertrag noch hätte verteidigt werden können.

SIEMENS schwieg weiterhin, als die Debatte auf Kartellgebaren, Repression und bezahlte Zensur kam. Kein deutscher Manager kam auf den Gedanken, die Vorwürfe einmal vorurteilsfrei untersuchen zu lassen. Selbst Bernhard Plettner fiel es nicht im Traume ein, zu fragen: „Wer hat denn da Mist gebaut? Unser Name leidet, wir müssen diese Angelegenheit schnellstens bereinigen".

Nur Helmuth Vervuert, Geschäftsführer der SIEMENS S.A. in Brasilien, beschwerte sich im September 1978 während einem Mittagessen der Deutsch-Brasilianischen Handelskammer von São Paulo über[260] „aufkommende nationalistische oder gar fremdenfeindliche Strömungen in Brasilien", noch aber fehlten SIEMENS und Bonn menschliche Größe, noch bestanden sie auf ihrem Jahrhundertgeschäft, noch waren sie nicht bereit, zuzugeben: „Irren ist menschlich, laßt uns die Vergangenheit (und das Abkommen) begraben und neu beginnen".

1965 ließ Mannesmann Wechsel im Werte von über 60 Millionen Mark platzen. Jahrelang hatte der Konzern brasilianische Börsen überschwemmt. In den Vorzimmern des Vorstandes waren die Papiere gehandelt worden, jetzt verweigerte der Konzern die Zahlung. Eine Unterschrift sei immer gefälscht gewesen, lautete die Entschuldigung. Tausende von kleinen Sparern verloren ihr Geld. 12 Jahre lang mußte prozessiert werden, bevor Mannesmann sich zur Zahlung bequemte.

Jahre später begannen deutsche Kartelle einen erbarmungslosen Wirtschaftskrieg gegen das südliche Land zu führen. Gleich dem Mannesmannfall wird auch diese Angelegenheit bewältigt werden müssen. Dann werden wir alle, die wir deutsche Namen haben und die deutsche Sprache sprechen, wie immer pauschal für den nuklearen Wahnsinn und die deutsche Unterstützung der Diktatur büßen. Unsere noch nicht von deutschen Exportkartellen vernichtete Arbeit und Vermögen werden wir dann endgültig verlieren. Wenn der Aufstand der Vorstädte beginnt, wird niemand mehr Zeit haben, uns zu fragen, was wir gemacht haben und wo wir standen. Man wird uns jagen, aufhängen und aus dem Land vertreiben; es wäre nicht das erste Mal.

Wer soll das bezahlen?

Ende 1980 erreicht Brasiliens Auslandsschuld den Wert von 55 Milliarden Dollar. Die Lage begann kritisch zu werden. Allein 12 Milliarden Dollar müssen jährlich für Zinsen und Tilgung aufgewandt werden, weitere 12 Milliarden Dollar kosten Brasiliens Erdölimporte. Da der tropische Gigant sich nicht selber zu ernähren vermag, wurden 1979 Nahrungsmittel im Wert von fast 2 Milliarden Dollar eingeführt, während auf andere Importe von zusätzlich fast 8 Milliarden Dollar auch nicht zu verzichten war.

Da Brasiliens Export jedoch, wenn alles gut geht, 1980 schwerlich 17 Milliarden Dollar überschreiten wird, erhebt sich die Frage, wie alle Rechnungen bezahlt werden sollen. Da das Land eigentlich nicht recht wettbewerbsfähig ist, nimmt sein Export, in Tonnage gemessen, seit etwa 5 Jahren nur geringfügig zu. In aller Welt, auch in der Bundesrepublik zu beobachtende protektionistische Strömungen erschweren die Lage zusätzlich. „Mit etwa 15 Milliarden Dollar muß Brasilien sich jährlich zusätzlich verschulden, wenn es seine Wirtschaft in Gang halten möchte", schätzten Experten amerikanischer Banken. Die Morgan-Bank errechnete außerdem, daß das Land schon 1983 eine Gesamtverschuldung von 130 Milliarden Dollar erreichen wird.

Seit Jahren kauft Brasilien im Ausland, was es selber hätte produzieren können: Mais, Reis, schwarze Bohnen, Fleisch, Eisenbahnausrüstungen, Maschinen, Walzwerke, Turbinen; alles dies wurde in Hülle und Fülle importiert. „Atommeiler statt Wasserkraftwerke", lautete die Devise.

„Wie vor fünfzig Jahren bezahlen wir inzwischen Kredite mit Aufträgen", bemerkte verbittert Carlos Ramos Villares, Leiter des unterbeschäftigten Villares-Konzerns. „Die Staatsbesuche unserer Präsidenten sind das größte Problem unserer Investitionsgüterindustrie. In jeder Hauptstadt werden Kredite unterzeichnet, die unsere einheimische Industrie jeweils weit zurückwerfen", klagte ein anderer Unternehmer schon 1977.[261]

Im Jahre 1966 wurden zwei aufsehenerregende Gesetze verkündet. Sie warfen die Investitionsgüterindustrie Brasiliens um Jahrzehnte zurück. Gesetzdekret Nr. 37 vom 11. November 1966 und Gesetz Nr. 61574 genehmigten die zoll- und mehrwertsteuerfreie Einfuhr von Maschinen- und Industrieausrüstungen. Während also die Einfuhr subventioniert wurde, unterlag die lokale Fertigung von vornherein einer 22prozentigen Besteuerung. Schließlich mußte sich der Staat ja seine Steuereinnahmen erhalten. An Einfuhr interessierte Kreise mußten als einzige Bedingung eine „freiwillige" Zustimmung lokaler Industrien zu diesen Importen beibringen. Da die brasilianischen Industrieverbände selbstverständlich mehrheitlich von Mitgliedern europäischer Exportkartelle kontrolliert werden, war es nicht schwer, die entsprechende Bescheinigung zu erhalten. Die nicht einverstandenen brasilianischen Hersteller sahen sich außerdem in folgender Zwickmühle: Stimmten sie „freiwillig" den Importen zu, so verloren sie ihren Markt an die ausländischen Konzerne; verweigerten sie ihre Zustimmung, wurden sie sofort den Repressalien ihrer protestierenden Kunden ausgesetzt, die nun garantiert nicht mehr bei ihnen kaufen würden.[262]

Am 5. August 1975 beschlossen brasilianische Elektrounternehmer auf einer Sitzung ihres Verbandes, alle Investitionen einzustellen. Sie konnten nicht mehr mit den zollfreien Preisen konkurrieren. Noch 1978 wurden nach Auskunft des damaligen Planungsministers Reis Velloso 88,2 % aller Importe des Landes vollkommen steuerfrei durchgeführt.

1979 begann das große Bangen und Zagen. „Wie sollen wir weiterhin unsere Petroleumimporte bezahlen?" fragte Präsident Figueiredo. Er selber wußte keine Antwort. Der Magier und jetzige Planungsminister Delfim Netto ersann einen brillanten Ausweg: „Die brasilianischen Niederlassungen internationaler Konzerne und Gesellschaften schulden dem Ausland 16 Milliarden Dollar (Wert Ende 1979), die Gläubiger werden diese Schuld in haftendes Kapital umwandeln müssen", schlug er im Oktober 1979 vor.

Zahlungsunfähigkeit ist ein geschichtlicher Dauerzustand der Entwicklungsländer. In Brasilien begann er mit der Unabhängigkeitserklärung 1823. 3.686.200 Pfund Sterling wurden in London aufgenommen, um die maroden Finanzen des Landes zu sanieren; außerdem übernahm Brasilien Portugals Schulden als Preis für die Unabhängigkeit, und die Zolleinnahmen von Rio de Janeiro, Bahia, Pernambuco und Maranteão wurden verpfändet. Weitere Anleihen folgten 1829, 1839, 1843, 1852, 1859, 1860. Das Haus N.M. Rothschild & Sons spezialisierte sich darauf, Brasiliens Pleiten zu finanzieren. 1898 war das Land wieder einmal zahlungsunfähig. Eine große Anleihe, „Funding Loan", rettete das Land. Weitere „Funding Loans" folgten. 1931 war das Land wieder zahlungsunfähig; stets wurden Zinsen und Tilgungen mit neuen Anleihen bezahlt. Der brasilianische Außenminister Aranha bemerkte 1930 aus Anlaß der Anleiheverhandlungen: „Brasilien hat noch nie aus eigener Kraft seine Anleihen bezahlt. Neue Anleihen deckten stets alte Verpflichtungen." 1943, 1961, 1964 wurde erneut über Zahlungsstundung verhandelt. Die Bedingungen der Gläubiger waren stets hart. Meist wurde Aufhebung von Zollmauern „zur Förderung des freien Handels" verlangt.

Der Wert des deutsch-brasilianischen Nuklearpaketes erreichte 1979 etwa 45 Milliarden Dollar. Wie dieser Betrag in Anbetracht der schon hohen Verschuldung des Landes bezahlt werden könne, darüber hatte die Bonner Regierung allerdings wohl nicht nachgedacht; nur die Finanzierung des ersten in Angra zu bauenden Reaktors schien gesichert. 2,5 Milliarden D-Mark sollte die brasilianische Seite aufbringen; für 4,3 Milliarden D-Mark Kredit zeichnete sich die deutsche Seite verantwortlich. Sechs Monate nach der Betriebsbereitschaft der ersten Reaktoren sollte Brasilien mit der Rückzahlung der Kredite beginnen, wobei sich der Tilgungszeitraum nach den Vereinbarungen bis 1997 erstrecken könnte. Wie die Kostensteigerungen allerdings finanziert werden sollten, wußte niemand zu sagen.

Da die deutsche Atomwirtschaft das Risiko dieses Geschäfts nicht zu tragen gewillt war, deckte Bonn die gewährten Kredite mit neuartigen Hermes-Garantien gegen politische und wirtschaftliche Risiken ab. Neben einem großen deutschen und internationalen Bankenkonsortium unter Führung der Dresdner Bank stellte die staatlich kontrollierte „Kreditanstalt für Wiederaufbau" den Brasilianern einen Kredit von 1,9 Milliarden Mark für das Atomgeschäft zur Verfügung.

Die Dresdner Bank allerdings lief keinerlei Risiko; Helmut Häusgen erläuterte den modernen Zuschnitt der Finanzierung: „Die Hermes-Deckung weist insofern eine Besonderheit auf, als daß der sonst bei Exportfinanzierungen übliche Selbstbehalt von 10 - 20 %, mit dem der Exporteur an etwaigen Kreditausfällen beteiligt ist, in diesem Fall auf 5 % reduziert ist. Den Geschäftsbanken wird die Möglichkeit gegeben, einen Teil ihrer Forderungen aus Krediten an den ausländischen Projektträgern und die hierfür gewährte Hermes-Deckung, die ohnehin die Basis für jede Großprojektfinanzierung ist, an Hypothekenbanken zu übertragen. Die normale Hermes-Deckung, die aufgrund der für sie geltenden Bedingungen *per se* nicht kapitalmarktfähig ist, wird bei dieser Übertragung durch ein

„Deckblatt" aufgewertet. In diesem „Deckblatt" verzichtet der Bund gegenüber der Hypothekenbank auf die ihm normalerweise bei Hermes-Deckungen zustehenden Einrede- und Aufrechnungsmöglichkeiten; dadurch wird die übliche Hermes-Deckung zu einer quasi abstrakten Garantie des Bundes aufgewertet, und den Hypothekenbanken wird die Möglichkeit gegeben, die Kreditförderungen am Kapitalmarkt zu refinanzieren, und diese Mittel den Geschäftsbanken zur Verfügung zu stellen."[263]

Es war jetzt klar, wie die möglicherweise in Brasilien aufzustellenden Meiler bezahlt werden sollten. Die Hermes-Versicherung, das heißt der deutsche Steuerzahler, wird angesichts der wohl unabwendbaren Zahlungsunfähigkeit der Brasilianer für die Rechnungen der deutschen Reaktorbauer aufkommen. Brasiliens Wirtschaft selber kann den Jahrhundertvertrag nicht verdauen. Alleine 1980 wird sich die Auslandsverschuldung, ohne Erfüllung des Atomvertrages, um gigantische 12 Milliarden Dollar erhöhen.

Vergeblich bemühte sich Brasilien deshalb Anfang 1980 in den USA um größere Kredite. Etwas schadenfreudig wies man in Washington aber darauf hin, daß Brasilien offenbar genügend Geld für den Atomvertrag habe; wenn nicht, so sei die Bundesrepublik sicher zur Kreditgewährung bereit. Der Sprecher der Deutschen Bank, Winfried Guth, war allerdings anderer Meinung. Er ließ die Brasilianer wissen, sie sollten vorerst einmal ihre im Nuklearvertrag eingegangenen Verpflichtungen erfüllen.

In Brasilia heißt es dafür inzwischen hinter vorgehaltener Hand, daß außer der deutschen Bundesregierung doch wohl niemand mehr so recht noch an den Atomvertrag glaube.

Es gibt in Brasilien ein unübersetzbares Wort, und das heißt „jeito". Es bedeutet soviel wie Geschick haben, ein Händchen haben für schwierige Situationen. Mit „jeito", so wird überall versichert, werden sich die Brasilianer elegant aus den Verträgen wieder herausziehen,[264] deshalb sandten sie Verträge, Standortsuche und Bauarbeiten auf die bürokratische Hindernislaufbahn, die es ihnen ermöglicht, durch endlose Verzögerungen aus den Verträgen herauszukommen ohne durch abrupte Kündigung Verluste zu risikieren.

Energiekrise

Jahrelang lebte Brasilien in Saus und Braus von schier unerschöpflichen Krediten. Eisenbahn- und Schiffahrt wurden aufgegeben, die Automobilindustrie übernahm die primäre Stellung. Von Mercedes gebaute Diesellastwagen rollten Ernten in Städte und Häfen.

Ohne Dollars und damit bezahltem Öl, Treib- und Schmierstoff stagniert in Brasilien alles, und der Kreditstrom lebensnotwendiger Dollars drohte 1979 zu versiegen. Brasilien hatte sich an seinen megalomanen Projekten übernommen. Wirtschaftswunder, Petroleum- und Nahrungsmittelimporte, Atomkraftwerke – selbst die größten Kredite reichten nicht aus, um alles dies zu bezahlen.

„Die Weltwirtschaft verträgt keinerlei weitere Preiserhöhung des Ölkartells", warnte Helmut Schmidt im Sommer 1979. Dieses traf auch auf Brasilien zu. Diesel- und Schweröl wurden rationiert, Ernten verfaulten auf den Feldern, Fabriken begannen mit Kurzarbeit; schließlich deckte Erdöl über 60 % des brasilianischen Energiebedarfes. Nicht sich selbst, sondern anderen schoben Geisels Technokraten Brasiliens Wirtschaftskrise und Misere in die Schuhe. „Die Ölscheichs sind an allem schuld", erkannten auch Brasiliens Regierende.

Guter Rat war teuer, Petroleum und die künftige Atomkraft dagegen unerschwinglich, selbst die Natur schien sich gegen das Land verschworen zu haben. Die staatliche Petroleumgesellschaft PETROBRÁS entwickelte sich sprunghaft, doch meist nur auf dem Gebiet des Baues immer größerer Bürokratensilos. Unter der Erde tat sich nichts. An Brasiliens Grenzen schienen die Ölfelder anderer Länder aufzuhören. Jahrelang galt Erdölsuche in Brasilien als aufrührerisch und revolutionär. Gefährliche Elemente, wie Geologen und Ölbohrer, landeten im Gefängnis. Jetzt hatten sich aber die Zeiten geändert. Ab 1977 begann Brasilien wirklich mit der Ölsuche; es hatte nur Pech. Das schwarze Gold war einfach nicht zu finden. Nicht mehr als 15 % des Eigenbedarfs deckte Brasiliens seit nunmehr zwanzig Jahren leicht rückläufige Petroleumförderung.

Auch mit anderen Problemen mußte sich die PETROBRÁS herumschlagen. Als der Tanker „Brasilia" Ende Juli 1979 in São Francisco do Sul seine Ölladung löschte, fehlten 94.300 Barrels Öl. „Leider verdunstet", erklärte Shigeaki Ueki, Energieminister und jetziger Präsident der brasilianischen Erdölgesellschaft PETROBRÁS. Mit steigenden Ölpreisen stieg die „Verdunstungsquote" der Tanker sprunghaft. Alleine 500.000 Tonnen Öl hatten sich zwischen Irak, Saudi-Arabien und Brasilien 1978 in Luft aufgelöst.[265] Brasiliens Petroleumdurst schien kaum noch löschbar. Doch Rettung winkte.

Wieder einmal beschlossen deutsche Konzerne, Brasilien aus der Patsche zu helfen und die Konjunktur zu retten. „1980 werden wir nur noch Autos mit Alkoholmotoren bauen", kündigte Mario Garnero, Vorstandsmitglied der VOLKSWAGEN DO BRASIL S.A., an. Begeistert nahm Energieminister Cals die Idee der Deutschen auf.[266]

„1985 werden wir nur noch 30 % (heute 85 %) unseres Treibstoffbedarfs einführen", verkündete Cesar Cals staunenden in Los Angeles versammelten Energiefachleuten am 22. Oktober 1979, und er fuhr fort: „1985 werden wir 2.500.000 Millionen Alkoholautos bauen."[267] Brasilias Pläne waren grandios. Zur Deckung des Treibstoffbedarfs des Landes sollten 400,000 Quadratkilometer der besten Landwirtschaftsgebiete (doppelte Größe der Bundesrepublik) mit bodenerschöpfendem Zuckerrohr bepflanzt werden.

Daß Brasiliens Problem jedoch nicht an mangelnder Benzinversorgung, sondern an fehlendem Diesel- und Schweröl sowie mangelnden Grundstoffen der Petrochemie lag, daran dachte im Moment der neuen Euphorie wieder einmal niemand. Daß Brasilien längst einen Benzinüberschuß hatte, daß es sogar wegen nicht umstellbarer Raffinerien Benzin exportieren mußte, all dieses fiel nicht auf. Im Oktober 1979 schon wußten Brasiliens Alkoholerzeuger nicht, was sie noch mit ihren Überschüssen anfangen sollten; trotzdem setzte das Land weiterhin auf Alkohol zur Lösung seiner Arbeitslosen- und Energieprobleme.

Bonn meinte dagegen, nur Kernenergie könne Brasilien aus Energie-, Wirtschafts- und Solvenzkrise helfen. Daß die Energieversorgung des tropischen Giganten nur zu 25 % mit Elektrizität zu decken war, focht die Energiepläne des Bonner Bundesministeriums für Forschung und Technologie nicht an. Atomreaktoren sollten den Lateinamerikanern weiterhin schmackhaft gemacht werden; dafür war ihnen kein Argument zu schade.

Wirtschaftskrise und Arbeitslosigkeit in Brasilien

Aufstände kennzeichneten das Erscheinungsbild Brasiliens des Jahres 1979. Eine unerwartete Streikwelle legte das Land lahm. Nicht mehr als 130, vielleicht 140 Mark verdient ein Peão, ein Bauarbeiter in Brasilien, zum Leben und Sterben zu wenig. In den Stahlstädten Belo Horizonte und Volta Redonda, in den Industrievororten São Paulos, in Rio de Janeiro und Porto Alegre, überall gab es Krawalle. Die Regierung war machtlos. Vor den Toren der Autowerke der FIAT im Staate Minas Gerais lagen die ersten Toten.

Nach dem BOOM zu Anfang der siebziger Jahre war das tropische Wirtschaftswunder jetzt zu Ende. Schon seit drei Jahren hatten Brasiliens Unternehmer, die der Geheimdekrete, Zensur, der Repression und Korruption überdrüssig waren, die Hände in den Schoß gelegt. Sie setzten keinen schäbigen Cruzeiro mehr auf die grandiosen Pläne des Diktators Geisel.

25 % Realzinsen bar auf der Hand konnten Industrielle und Landwirte schweiß- und risikolos im brasilianischen Tageszinsmarkt verdienen; diese Chance ließen sich viele nicht entgehen. „Warum arbeiten, wenn wir auch Coupons schneiden können?" hieß die Devise. In kurzer Zeit gelang es Geisels Finanzminister, dem Geldgenie Simonsen, mit einem Schneeballsystem eine Inlandsschuld von 20 Milliarden Dollar aufzutürmen, für die allerdings keine Straße, keine Brücke, keine Fabrik, kein Wert geschaffen worden war; durch stete Ausgabe neuer Schuldscheine (ORTN-Obrigações Reajustáveis do Tesouro Nacional) wurden hochverzinsliche Regierungspapiere bezahlt. Brasiliens Produktion dagegen kam vollends zum Erliegen. Selbst VOLKSWAGEN verdiente im Tageszinsmarkt mehr Geld als mit dem Bau von Autos.

Über 100 neue Investitionspläne genehmigten Brasiliens Bürokraten 1974 noch monatlich; jetzt waren es nicht mehr als einer, in guten Monaten zwei oder drei; dieses, obwohl mehr als 1.500.000 neue Arbeitsplätze jährlich für Brasiliens heranwachsende Jugend geschaffen werden mußten. Brasilien ist ein armes Land, Arbeit jedoch gab es keine mehr.

„Die Investitionsgüterindustrie beschäftigt heute noch 212.000 Arbeiter; bis zum Jahresende werden 40.000 Arbeiter, Techniker und Ingenieure entlassen werden müssen", warnte der brasilianische Maschinenbauverband ABDIB am 23. Juli 1979.[268] Insider sprachen jedoch von größeren Entlassungen. 90.000 Menschen würden ihren Arbeitsplatz verlieren, meinten eingeweihte Unternehmer. „Die Auslastung unserer Industrie liegt unter 50 %", erkannte die Entwicklungsbank BNDE im Oktober 1979. Trotz dieser schon beängstigenden Lage beschloß Brasilien, weiterhin seinen Ausrüstungsbedarf im Ausland zu decken. Statt Lokomotiven bei der beschäftigungslosen General Electric in Campinas zu bestellen, wurde 1979 ein großes Lokomotivgeschäft mit spanischen Werken abgeschlossen. Statt im Rahmen von Arbeitsbeschaffung Staudämme zu bauen, setzte Geisel auf importierte Kernkraftwerke. „Wir haben im November 1978 einen Kongreß abgehalten und zahlreiche Vorschläge zur Behebung der Wirtschaftskrise gemacht. Unsere Anregungen wurden aber nicht einmal gelesen oder angehört, geschweige denn befolgt", klagte der brasilianische Elektroindustrieverband ABINEE (Associação Brasileira da Indústria Eletro-Eletrônica) im September 1979, und Claudio Bardella, Präsident der ABDIB, sekundierte: „Seit Jahren warnen wir vor den verhängnisvollen Folgen der verfehlten Wirtschaftspolitik."

Den jetzt beschäftigungslosen Massen blieb nur Kriminalität oder der Hungertod. Arbeitslosenunterstützung gibt es nicht in Brasilien. Auch die Landwirtschaft vermochte keinerlei Arbeitskräfte mehr aufzunehmen.

Brasiliens Inflation erreichte nach fünfzehnjährigem Wirtschaftswunder 1979 schwindelerregende Werte. Auf jährlich 80 % war der Geldschwund 1979 gewachsen; allein im September 1979 verringerte sich der Wert des Cruzeiro um fast 8 %. Um der Inflation endgültig Herr zu werden, beschlossen Brasilias Technokraten, in großem Umfang Lebensmittel zoll- und steuerfrei zu importieren. 1,5 Millionen Tonnen des Volksnahrungsmittels schwarze Bohnen wurden 1979 aus Mexiko und Chile eingeführt; dazu kamen 1,5 Millionen Tonnen Reis aus Bangladesch, Burma, Thailand und Pakistan, fast 7 Millionen Tonnen Weizen und Mais aus den Vereinigten Staaten, 100.000 Tonnen Milchpulver sowie größere Mengen Butter aus den Lagerhäusern der EG, 250.000 Tonnen Fleisch und 60.000 Tonnen Sojaöl aus Argentinien, Uruguay und Paraguay, sowie vieles andere mehr. Zur Aussaatzeit wurden diese Lebensmittel billig auf den Markt geworfen. Brasiliens Farmern verging die Arbeitslust. Der Getreidehändler Arno Glitz aus dem Südstaat Paraná schimpfte dagegen: „Es ist alles simple Korruption".

„An der Größe unserer Felder erkennt man die Dummheit unserer Farmer,"[269] stellte Ferola, Landwirtsführer des Staates Minas Gerais, schon 1977 fest. „Die Häufung begangener Fehler wird uns in eine noch nie erlebte Versorgungskrise stürzen",[270] zu diesem Forschungsergebnis kam das Regierungsinstitut Fundação Getúlio Vargas in seltener Selbsterkenntnis im August 1979.

Das Land besaß zwar inzwischen eine gute Infrastruktur, Strom, Verbindungswege und ein Nachrichtensystem. 1,2 Millionen Studenten bevölkerten 1979 die Universitäten; die Fabriken und Industrien jedoch waren beschäftigungslos. Im Kampf gegen Unterentwicklung und Armut hatte Geisels Megalomanie Brasilien um mindestens zehn Jahre zurückgeworfen. Nicht Kernkraftwerke, sondern die vor dem Luxusflughafen von Rio de Janeiro gelegenen Elendshütten der „Favela da Maré" bildeten Brasiliens Visitenkarte. „Brasilien war das Land der Zukunft, ist das Land der Zukunft, und wird das Land der Zukunft bleiben!" sagt ein brasilianisches Sprichwort.

Der heilige Egoismus der Industrienationen

Spätestens seit der Veröffentlichung der Studien des ‚Club of Rome' ist bekannt, daß, falls alle Völker der Erde den jetzigen Lebens- und Verbrauchsstandard der USA erreicht hätten, die bekannten, leicht zugänglichen Ressourcen der Erde längst verbraucht worden wären. Doch auch so werden die heute bekannten leicht zugänglichen Öl- und Kohlevorräte in absehbarer Zeit erschöpft sein. Sie reichen bei weitem nicht aus, der gesamten Erdbevölkerung den heute in den USA und Europa üblichen Lebensstandard zu ermöglichen.

„Wenn wir im Jahre 2030 nicht technische Dauerquellen zur praktisch unbegrenzten Produktion von Energie einsetzen, entweder auf Kernenergie-Basis oder auf der Basis großtechnischer Sonnenenergienutzung fußend, müssen wir als Alternative weltweit residuale fossile Brennstoffe wirklich ausschöpfen und ganze Erdteile umgraben, eine nicht gerade attraktive Option", erklärte Wolfgang Häfele den Teilnehmern einer von der Friedrich Ebert-Stiftung organisierten Tagung über Probleme der Kernenergie.[271]

Energie wird in Amerika und Europa bedenkenlos konsumiert. Energie war in allen ihren Formen lange Zeit wesentlich zu billig. Kapital, das heißt, aufgewandte Arbeit, wurde daher häufig durch Energie ersetzt. Mehr als die Hälfte der heute in den Vereinigten Staaten verbrauchten Energie wird vergeudet, z.B. Air Condition eingesetzt, um überheizte Räume zu kühlen. „Unser Energieverbrauch kann ohne Einschränkung unseres Lebensstandards um 40 % gesenkt werden", zu dieser Einsicht kamen amerikanische Kongreßberichte. Energiesparen ist die billigste Energiequelle unserer Nation, behaupteten andere. „Wir werfen Energie wie Müll fort", erkannte Revelle, Stadtrat von Seattle,[272] und Carter klagte: „Unser größtes Problem ist, daß wir zuviel Energie verbrauchen und verschwenden". Einsicht soll zwar der erste Weg zur Besserung sein; trotzdem ließ sich der Durchschnittsamerikaner nicht dazu bewegen, seinen Energieverbrauch einzuschränken.

„Der reine Mindestbedarf an Energie wird im Jahre 2030 bei einer Erdbevölkerung von 8 Milliarden Menschen, 4,5 mal so hoch wie der heutige Gesamtverbrauch sein, und das bei Voraussetzung wesentlich kleinerer Wachstumsraten", erklärte Häfele. „Heute beträgt der Anteil des Kapitalbedarfs im Energiebereich 25 % des gesamten Kapitalstockes. Um nach den alten Regeln, nämlich bei konstanter „Capital output Ratio" und konstantem Anteil des in Energie investierten Kapitals, zu rechnen, müßten 450 % des heutigen Weltsozialprodukts in Energiekapital angelegt werden. Auch bei äußersten Energiesparmaßnahmen kann diese Rechnung nicht aufgehen. Wir werden zu unkonventionellen Schritten kommen müssen, die sich aus den heutigen Marktgleichgewichten nicht von selbst ergeben, diese Meinung vertrat Häfele.[273]

Seit eh und je griffen die reichen Industrienationen zu unkonventionellen Schritten, um ihre Weltherrschaft zu sichern, stets wußten sie sich ihr Technologiemonopol, Grundlage ihres Reichtums, zu erhalten. Kolonialheere sicherten früher den Zugang zu billigen Rohstoffquellen, heute werden die Länder der Dritten Welt wirtschaftlich geknechtet und ausgebeutet, jede Eigenentwicklung stets frühzeitig unterbunden.

John Abbink, Chef einer amerikanischen Untersuchungskommission erkannte 1950: „Die Vereinigten Staaten müssen die Entwicklung der Länder der Dritten Welt steuern, wenn unsere Exportinteressen nicht schwerwiegend unter den Folgen unkontrollierten Wirtschaftswachstums der Entwicklungsländer leiden sollen".

Selten offen ausgesprochene Rettungsbootmentalität begann sich in den Industrieländern auszubreiten. Der kalifornische Wissenschaftler Garret Hardin erklärte die Lage in einem vom amerikanischen Kongreß veröffentlichten Bericht. Er verglich die reichen Nationen mit auf dem Ozean treibenden Rettungsbooten. „Außerhalb der Rettungsboote schwimmen die ertrinkenden Armen der Welt. Sie möchten aufgenommen werden, um an den Freuden der Welt teilzuhaben. Was soll die Besatzung der Boote tun? Sie können alle an Bord nehmen, dann aber wird das Boot hoffnungslos überladen, sinken und alle ertränken. Vollständige Gerechtigkeit bedeutet komplette Katastrophe". Andere argumentieren dagegen, daß, falls es wirklich in der Absicht der reichen Industrienationen liegen sollte, den Armen zu helfen, diese Hilfe mit umfangreicher Unterstützung zur Hebung landwirtschaftlicher Produktion und Senkung der Wachstumsrate der Bevölkerung verbunden sein muß. Jede unzulängliche Hilfe würde der Produktivität nur entgegenwirken und das Elend später vergrößern.[274]

„Es mag grausam und kaltherzig klingen; wenn die Industrienationen aber nicht bereit sein sollten, diese ungeheure Aufgabe in Angriff zu nehmen und nichts deutet darauf hin, daß sie dazu bereit sind, wäre es besser, die Lösung der Probleme dem Lauf der Natur zu überlassen“, mit anderen Worten: Massensterben durch Verhungern zur Herstellung des biologischen Gleichgewichts.

Das schnelle Ende des Atomzeitalters

Viele Jahre lang glaubte die Menschheit, sich künftig mittels Atomstrom aller Energiesorgen entledigen zu können. Der Wahn zerstob. Milliarden Dollars mußten aber erst ausgegeben werden, bevor die Welt zu der Erkenntnis kam, daß Kernkraft ganz einfach keine billige und sichere Energiequelle ist.

1978 stellte der Amerikanische Kongreß in einem Bericht fest: „Kernenergie ist bedeutend teurer als konventionelle Energie, wie z.B. der Kohlestrom. Atomstrom kann wahrscheinlich auch nicht mit anderen sich in Entwicklung befindlichen Energiequellen, wie der Sonnenenergie, in Wettbewerb treten."

Als sich die Bundesrepublik Deutschland und Brasilien 1975 auf ihr nukleares Abenteuer einließen, stellten die Amerikaner schon den Bau von Kernkraftwerken ein. Ein 1978 publizierter Bericht der Rand Corporation besagte, daß Atomkraft nie wettbewerbsfähig wäre. General Electric und Westinghouse veröffentlichten nie die Bilanzen ihrer Kernkraftabteilungen. Sie unterschätzten stets die Entwicklungskosten für Atomkraft und sammelten in wenigen Jahren Verluste von über US$ 850 Millionen. Über Westinghouse ergoß sich nicht der erwartete Goldregen. Auch die KWU lebte von der steten Hoffnung auf bessere Tage, die jedoch nie kamen.

„Der Rückgang der Kernkraftaufträge ist ein klarer Beweis, daß Atomstrom nicht konkurrenzfähig ist. Amerikanische Stromerzeuger verzichteten auf ihre Anwendung", stellte Robert Perry von der Rand Corporation fest.[275] Die amerikanischen Banker empfahlen ihren Klienten, nicht mehr in Kernkraftwerke zu investieren. Die heftigste Kritik kam von Saunders Miller, einem New Yorker Investment Berater: „Niemals in der Geschichte eines Landes hatte man beschlossen, sein gesamtes Wirtschaftsleben auf solch tönerne Füße zu stellen!"[276] sagte er.

1975 noch wollte Amerika US$ 677 Milliarden für Kernkraft ausgeben, Spesen, neben denen die für den Vietnamkrieg hinausgeworfenen US$ 160 Milliarden als unbedeutend verblassen. „Nur einmalig mondsüchtige Planer verlassen sich auf Kernspaltung als Primärenergiequelle", schrieb Miller in seinem Buch „The economics of Nuclear and Coal Power", über das die konservative Zeitschrift „Barrons" sich äußerte: „Wenn alle Vorstandsmitglieder unserer Stromgesellschaften dieses Buch lesen, wird der Bau von Kernkraftwerken eingestellt."[277]

539.000 Menschen gab der Bau der amerikanischen Atombombe während des zweiten Weltkrieges Arbeit und Brot. Diese Arbeiter, Techniker und Wissenschaftler mußten auch nach Beendigung des Konfliktes noch beschäftigt werden. Die Ausnutzung der Möglichkeiten der Kernenergie bot sich als Betätigungsfeld an. A.M. Weinberg, einer der bedeutendsten Reaktorfachleute der USA, gab freimütig zu: „There is the perfectly natural impulse of self-preservation among the many technical and administrative people in nuclear development; we realize that our personal future depend on how well we succeeded in establishing a nuclear energy enterprise which fulfills a persisting economic need, and that is not too much time left before success will have to be demonstrated or funds will be cut".[278]

Nicht eine Energielücke erforderte die Verwendung von Atomenergie, sondern die Atomindustrie bedurfte einer „Energielücke" zum Nachweis ihrer Existenzberechtigung. Weinberg fuhr fort: „There is an understandable drive on the part of men of good will to build up the positive aspects of nuclear energy, simply because the negative aspects are so distressing.... Nuclear energy is viewed as a solution to one of mankind's profoundest shortages – a shortage of energy – although it seems as though the discovery of the remedy has made the world really discover the shortage".[279]

Den Kernphysikern und den Interessenten der Atomindustrie gelang es mit „alldurchdringender Propaganda und unbemerkter Regie", der Weltmeinung zu suggerieren, „daß nur die Kernenergie in der Lage sei, das Problem eines Schwundes der Energievorräte zu lösen, das erst durch sie selbst zu einem Weltproblem dramatisiert worden war".

Kernkraft hatte jedoch einen weiteren Vorteil. Wegen ihrer militärischen Möglichkeiten unterlag sie striktem Geheimnis. Niemand brauchte über Erfolg und Fehlschlag Rechenschaft abzulegen. Alle Kernkraftprobleme wurden weltweit nur noch hinter verschlossenen Türen behandelt und entschieden. Technokraten, Generäle und Diplomaten verfügten so über ungeheure Summen, über die sie unter dem Vorwand eines militärischen Geheimnisses niemandem Rechenschaft zu geben brauchten. Die mögliche militärische Nutzung der Atomenergie erlaubte den Aufbau repressiver Polizeisysteme. Eventuelle Opponenten konnten jederzeit als Vaterlandsverräter abgestempelt werden. Weder Wasserkraft noch Sonnenenergie boten diese Vorteile. Unter dem Vorwand der militärischen Notwendigkeit von Atomenergie konnte Washington mehr als US$ 100 Milliarden mit ihrer Entwicklung verplempern.

Noch 1974 wandte Washington US$ 1,63 Milliarden für Kernforschung, und nur US$ 92 Millionen für andere Energie auf. Erst 1978 änderte sich die Lage. Nun wurden US$ 85 Millionen für Sonnenenergie, und US$ 254 Millionen für Energieeinsparung ausgegeben.

Als Charles F. Luce Chairman der riesigen Consolidated Edison Company wurde, beschloß er im Banne der Wachstumsdoktrin, den Stromverbrauch des Durchschnitts-New Yorkers in die Höhe zu treiben, der etwa um die Hälfte unter dem Landesdurchschnitt lag. Seine Propaganda hatte nachhaltigen Erfolg. Nach dem Zusammenbruch einiger Stromleitungen mußte Edison die Stromspannung herabsetzen und sogenannte „brownouts" erzeugen. Die New Yorker – über Jahre wirksam mit Propaganda überschüttet – forderten mehr Strom. Ende 1970 kam Charles F. Luce vor einem bestürzten Zuhörerkreis in Manhattan die Erkenntnis: „The wisdom of three years ago is the idiocy of today."

Der amerikanischen Atomenergie gelang es nie, ihre Wirtschaftlichkeit unter Beweis zu stellen. Weinbergs Worte, denen zufolge der Atomindustrie nicht mehr viel Zeit bliebe, um ihre Existenzberechtigung nachzuweisen, bevor ihr die Mittel gestrichen würden, erwiesen sich als prophetisch.

1978 stellte ein Bericht des Amerikanischen Kongresses fest:[280]

1. Die Beseitigung radioaktiver Abfälle bildet ein großes, bisher ungelöstes Problem. 3.000 Tonnen abgebrannter Kernbrennstoffe werden provisorisch in Kernkraftwerken gelagert. Weitere 17.000 Tonnen werden in den nächsten 10 Jahren anfallen, und es gibt keinerlei sichere Technologie der endgültigen Lagerung.
2. Weder die Bundesregierung, noch die Atomwirtschaft besitzen zuverläßige Schätzungen über die Kosten der endgültigen Lagerung hochradioaktiver Abfälle.
3. Während der 30 Jahre ihrer Existenz gelang es der Atomwirtschaft nicht, sichere Abbruchmethoden stillgelegter Kernkraftwerke zu entwickeln. Die Kosten der Stillegung und des Abbruchs sind unbekannt.
4. Verfügbarkeit ist ein wichtiger Faktor der Stromkostenrechnung. Je unzuverlässiger ein Reaktor ist, desto teurer wird Strom.

5. Kernkraftwerke sind weniger verfügbar als konventionelle Wärmekraftwerke. Stromabnehmern werden Preisaufschläge zur Deckung der Kosten der Stillstandszeiten der Kernkraftwerke auferlegt.
6. Die Investitionskosten für Kernkraftwerke steigen dramatisch und überschreiten bei weitem die Steigerungsraten des allgemeinen Preisindexes. Die Preise für Kernkraftwerke stiegen doppelt so schnell wie die Preise für Wärmekraftwerke. Der Uranpreis stieg von US$ 12,- bis 16,- im Jahre 1973 auf mehr als US$ 80,- im Jahre 1978.
7. Die Stromerzeuger schufen erhebliche Überkapazitäten, die Millionen und Millionen Dollar kosten und die unnütz den Strompreis verteuern.
8. Die Wachstumsraten des Stromverbrauchs wurden überschätzt. Einige Staaten verweigern augenblicklich die Erlaubnis zum Bau weiterer Kraftwerke.
9. Sonderabschreibungen und andere fiskalische Anreize förderten den Bau von Atomkraftwerken, deren Kosten jedoch den Verbrauchern aufgebürdet wurden.
10. Überhöhte Preissteigerungen und geringere Wachstumsraten des Stromverbrauchs bewirkten Verringerung der Reaktoraufträge und Ansteigen der Zahl der Auftragsannullierungen.
11. Ein Gerichtsbeschluß erklärte den Price Anderson Act als mit der Verfassung nicht vereinbar. Wenn dieser Gerichtsbeschluß aufrecht erhalten bleibt, wird die Atomwirtschaft erhebliche Rückschläge in Kauf nehmen müssen.
12. Sonnenenergie, einschließlich Wind, Biomasse und Ozeanwärmekraftwerke stellen attraktive Alternativen zur Atomenergie dar. Wenn die Vereinigten Staaten in die Sonnenenergie nur einen Bruchteil der für die Entwicklung der Kernkraft aufgebrachten Mittel investieren würden, dann könnte sich die Sonnenenergie in weniger als fünf Jahren wettbewerbsfähig gestalten.
13. Energie sparen und rationalisieren ermöglichen den Vereinigten Staaten, sich 25 Jahre lang ausreichend aus den augenblicklich verfügbaren Energiequellen zu versorgen.
14. Kernkraftwerke sind kapitalintensiv. Sie schaffen wenig Arbeitsplätze. Alternative Energiequellen, wie die Ausbeutung der Sonnenenergie, sind arbeitsintensiv und schaffen dreimal mehr Arbeitsplätze.

Angesichts dieser Schlußfolgerungen des Berichts wurden folgende Empfehlungen ausgesprochen:

1. Das Department of Energy soll beweisen, daß es sichere und wirtschaftliche Mittel und Wege der Beseitigung radioaktiver Abfälle gibt.
2. Genehmigungen zum Bau neuer Kernkraftwerke sollen nur nach Vorlage der Kosten der endgültigen Lagerung des Atommülls erteilt werden.
3. Kongreß und Exekutive sollen die Genehmigung neuer Kernkraftwerke nur mit der endgültigen Lösung des Abfallproblems erteilen.
4. Das Department of Energy soll schnellstmöglichst eine geologisch sichere und wirtschaftlich annehmbare Örtlichkeit zum Bau der Aufnahmeschächte abgebrannter Kernbrennstoffe auswählen.
5. Das Department of Energy soll diese Endlagerschächte betreiben und die Kosten auf die Benutzer umlegen.
6. Die Nuclear Regulatory Commission soll die gesamte Verantwortung des Betriebes dieser Endlagerstellen übernehmen.
7. Die Endlagerstellen müssen zugänglich sein und ein Bergen des einmal eingelagerten Materials ermöglichen, um so Schutz gegen etwaige technische Fehler oder geologische Probleme zu gewährleisten.
8. Das Department of Energy wird Gebührentabellen zwecks Deckung der Kosten der Endlagerung und permanenter Bewachung erarbeiten.
9. Die Nuclear Regulatory Commission soll zukünftig die Vorlage späterer Abbruchkosten zu bauender Kernkraftwerke verlangen. Sämtliche Kosten für Abriß und Endlagerung des Atommülls müssen in die Stromtarife eingeschlossen werden und auf speziellen Konten deponiert werden.
10. Der Nuclear Regulatory Commission soll der Nachweis über die tatsächliche Notwendigkeit der Erhöhung der Stromerzeugungskapazitäten erbracht werden.
11. Kernkraftwerksbauer sollen künftig nachweisen, daß es keine wirtschaftlich und ökologisch akzeptablere Alternativen zum Bau der Kernkraftwerke gibt.
12. Der Amerikanische Kongreß soll die Verfassungswidrigkeit des Price Anderson Act untersuchen und der Atomwirtschaft die volle zivilrechtliche und finanzielle Verantwortung für den Betrieb der Atomkraftwerke auferlegen.

Schlußbetrachtung

Der „pfiffigen Bundesregierung“ verdankt es die Bundesrepublik nach Aussagen des Managements der KWU, daß die Akzente der Atomförderung richtig gesetzt [281] und damit der Abschluß des Brasilvertrages ermöglicht wurde. Schon die Pleite des Atomgeschäfts mit dem ursprünglich militärisch und wirtschaftlich aufstrebenden Iran machte deutlich, welche Risiken Deutschlands Nukleokraten teilweise bedenkenlos eingehen. Ob das Brasilgeschäft wirklich pfiffig ausgeknobelt war, sollte erst die spätere Entwicklung zeigen.

Diplomaten hatten Brasiliens Atomprojekt ausgearbeitet, es war daher nur natürlich, daß Brasilien auf dem Gebiet der Kernenergie von einem diplomatischen Sieg zum anderen eilte. Die ganze Welt bestaunte den Atomvertrag; nie vorher war Brasiliens Name so häufig in der internationalen Presse als Synonym für ein aufstrebendes Land genannt worden. Das Geschäft hatte jedoch einen Haken. Je größer und bedeutender die diplomatischen Siege, desto vernichtender die wirtschaftlichen und technologischen Niederlagen.

Der Atomvertrag erwies sich schon 1978 als undurchführbar. Trotz allem setzte Geisel noch auf sein Prestigeprojekt. Die Konten sollten noch nicht abgeschlossen, die Verluste der sich abzeichnenden Monsterpleite noch nicht ausgerechnet werden. Auch Bonn versuchte noch verzweifelt, sein Jahrhundertgeschäft zu retten.

„Unabhängige Energieversorgung der Bundesrepublik und Brasiliens“ war das Ziel des Nuklearabkommens. Doch was geschah wirklich? Deutschlands Versorgung mit amerikanischem Kernbrennstoff geriet in Gefahr. In Angra begann sich die größte Niederlage der deutschen Atomindustrie abzuzeichnen. Auf der anderen Seite des Äquators hatte Brasilien sich dagegen in ein unüberschbares Abenteuer eingelassen. „Warum billig, wenn es auch teuer geht?“ hieß die Devise. Strom aus Kernkraftwerken mit zweifelhafter Zuverlässigkeit sollte die billige Wasserkraft des Landes ersetzen. Nicht vorhandene Technologie mit geliehenem Geld zu kaufen, um einige Kernkraftwerke mit nicht vorhandenem Kernbrennstoff zu betreiben, dies war Geisels Politik.

Die technische und wirtschaftliche Undurchführbarkeit des Monsterabkommens versetzte Brasilia jedoch in eine äußerst schwierige und peinliche Lage. Geisels Weltmachtillusionen bescherten allen am Geschäft Beteiligten eine Kette unlösbarer Probleme. 1975 hatte die KWU ihren vorläufig letzten Reaktorauftrag erhalten. Zahlreiche Gerichtsbeschlüsse verzögerten den Bau deutscher Kernkraftwerke. Die Stornierung des Brasiliengeschäfts konnte, nachdem der Iranauftrag geplatzt war, den Todesstoß der deutschen Atomwirtschaft bedeuten.

Deshalb knüpfte die Bundesrepublik die Lieferung atomarer Technologie des gesamten (von Deutschland noch nicht beherrschten) Brennstoffkreislaufes an die brasilianische Abnahme von acht deutschen Atommeilern. Graf Lambsdorff ließ im August 1979 keinerlei Zweifel daran, daß bei Abnahme von weniger als acht Reaktoren die Verhandlungen zwischen Brasilien und der Bundesrepublik über den Brennstoffkreislauf beendet würden.

Ohne Brennstoffkreislauf begibt Brasilien sich aber in die vollständige Abhängigkeit von ausländischen Brennstofflieferanten; es weiß nicht einmal, wer zu welchem Preis ihm das benötigte angereicherte Uran noch würde liefern wollen. Eine Verkleinerung des brasilianischen Reaktorbauprogrammes auf zwei oder drei Prestigemeiler würde jedoch das Ende der 300 Dollarmillionen Reaktorfabrik NUCLEP bedeuten, die sich dann nur noch als Denkmal weiterer nicht erfüllter deutscher Atomgroßmachtträume vorzeigen ließe. Selbst die Fertigstellung von ANGRA II und III, für die die KWU schon Reaktoren, Ausrüstungen und Turbogeneratoren baut, verursacht Probleme.

Sechs oder sieben Milliarden Dollar würde Brasilien für die Ehre ausgeben, sich Atommacht nennen zu können. Von zweifelhafter Brennstoffversorgung abhängig, würden diese beiden Reaktoren etwa 2.100 MW (mittlere Verfügbarkeit des BIBLIS Typs – 60 %) teuersten Atomstroms in Brasiliens Netze einspeisen; dafür verzichtete das Land aber auf den Ausbau von mindestens 7.000 MW kostengünstiger, Arbeitsplätze schaffender Wasserkraftwerke.

„Unsere Regierung befindet sich in einer unlösbaren Situation", kommentierte die Zeitung „O ESTADO DE SÃO PAULO". „Nur unserem geschlossenen Regime und den in ihm von kleinsten Kreisen getroffenen Entscheidungen verdanken wir unsere schwierige Lage." „Kein einziges Mal nur wurden konstruktive Kritiken beachtet. Wissenschaftler, Techniker, ja selbst Regierungsmitglieder, viele warnten vor diesem Vertrag, alle sahen den unvermeidlichen Fehlschlag voraus. Welches sind nun unsere Alternativen? Wie man es auch wendet, sie sind alle negativ. Egal welcher Beschluß gefaßt wird, er wird nur die brasilianische Wirtschaft in einem äußerst schwierigen Moment belasten, und wir werden nichts dafür erhalten. Das Erbe dieses Vertrages wird ein schweres Erbe sein".[282]

Das Jahrhundertgeschäft des Atomvertrages sollte Brasiliens endgültigen Aufstieg zur Weltmacht sichern. Doch welches waren die wirklichen Folgen? Brasiliens Name wurde angeschlagen. „Brasilianische Projekte" entwickelten sich zum Sinnbild der Träume größenwahnsinniger Diktatoren.

Doch auch der Name der Bundesrepublik würde nicht unangeschlagen aus der Milliardenpleite des Nukleargeschäfts herausgehen. „Wenn die Bundesrepublik Deutschland sich auf diesem Bereich des Technologietransfers nicht positiv hervortut, sondern aus verschiedenen Gründen international zum Sündenbock wird, ergibt sich eine empfindliche Beeinträchtigung deutscher Interessen weit über das deutsch-brasilianische Verhältnis hinaus", warnten internationale Stimmen.[283]

Ein Verdienst kommt dem Atomvertrag jedoch zu: Brasilien fand URAN, genug, um damit zumindest Verluste des Atomgeschäfts auszugleichen, und den Überschuß noch auf internationalen Märkten zu verkaufen. Ein Verzicht auf das deutsch-brasilianische Atomgeschäft würde nicht unbedingt Brasiliens Verzicht auf die Entwicklung eigenen Nuklear-Know-How's bedeuten. Brasiliens Wissenschaftler, seine Industrie und ihre Ingenieure wären wohl imstande, eigene, kleine Reaktoren zu bauen.

Brasilien hat sich großzügig gezeigt, es kann aber nicht seine Aufgabe sein, die deutsche Atomindustrie zu retten. Vordringlichere Aufgaben, zum Beispiel Beseitigung der Favelas, des Elends und der Arbeitslosigkeit, gilt es hier zu lösen.

Ein freiwilliger Verzicht auf das wahnwitzige Atomgeschäft könnte der deutschen Industrie Türen und Tore öffnen. Vereint könnten Brasilianer und Deutsche sich dann der Entwicklung dieses großen Landes widmen. Manager der KWU betonten einmal: „Nicht Mißtrauen wäre angebracht, sondern Vertrauen in den guten Willen zweier Länder, ihren Bewohnern mit wirtschaftlichem Fortschritt verbesserte Lebensbedingungen zu schaffen und zu sichern" – diese Worte würden dann ihre volle Erfüllung finden.

Anmerkungen

1 Über amerikanische Atompolitik siehe auch „How atoms for peace became bombs for sale", in: The New York Times Magazine v. 5. Dezember 1976, S. 39 ff.
2 Siehe auch U.S. Congress, Joint Committee on Atomic Energy, „*Future structure of the uranium enrichment industry*", Vol. 2., S. 1351.
3 Siehe Schlesinger, James, in: „A crise de energia é maior do que se pensa", in: Jornal do Brasili (especial) v. 8. Januar 1978.
4 Über „Spezifische Kompensationen" und brasilianische Nuklearpolitik siehe Bandeira, Moniz, „*Presença dos Estados Unidos no Brasil*", S. 354 ff, sowie Guilherme, Olympio, „*O Brasil e a era atômica*" und Távora, Juares, „*Atomos para o Brasil*". Siehe auch Costa, Terezinha, „Politica nuclear já era motivo de CPI em 1956", in: Jornal do Brasil v. 5. November 1978, S. 27.
5 Amerikanisches Memorandum, siehe Távora, Juarez, „*Atomos para o Brasil*", S. 346/347.
6 Über Weizenabkommen siehe Bandeira, Moniz, „Presença dos Estados Unidos no Brasil", a.a.O., und Bandeira, Moniz, „Carteis e Desnacionalização", S. 74-77.
7 Über Alvaro Alberto siehe Bandeira, Moniz, „*Presença dos Estados Unidos no Brasil*" a.a.O., S. 370 und Távora, Jurarez, „*Atomos para o Brasil*".
8 Über Weizenlieferungen der USA siehe auch Mirow, Kurt Rudolf, „*Die Diktatur der Kartelle*" Reinbek 1978, S. 155 ff.
9 Über brasilianische Nuklearpläne siehe Waack, William, „*Probleme des Internationalen Technologie-Transfers am Beispiel des Deutsch-Brasilianischen Atomgeschäfts*", Mainz 1978.
10 Costa e Silva zitiert in: Araripe, Luiz de Alencar, „*Panorama Nuclear Mundial e o Brasil*", Vortrag, veröffentlicht in: Ministério das Relações Exteriores „Textos e declarações sobre Politica Nuclear do Brasil", Rio de Janeiro, 9. August 1967
11 Ibid.
12 Über weitere Einzelheiten siehe Mirow, Kurt Rudolf, „Loucura Nuclear," Rio de Janeiro 1979, S. 15 ff.
13 Zur Geschichte der deutschen Atomindustrie siehe auch Arbeitsgruppe Wiederaufarbeitung an der Universität Bremen, „Atommüll oder der Abschied von einem teuren Traum", a.a.O., S. 160 ff.
14 Siehe Gaul, Ewald, „*Atomenergie oder ein Weg aus der Krise*", Reinbek, 1974, S. 47 ff.
15 Annual report for 1975 of the Kraftwerk Union Aktiengesellschaft, S. 16/17

16 Angaben aus: „Fourth Nuclear Program 1973 to 1976 of the Federal Republic of Germany“, Bonn, Bundesministerium für Wissenschaft und Technologie.

17 Siehe Michaels, Heinz, „Querschüsse aus den USA. Wie die amerikanische Konkurrenz den deutschen Reaktorexport zu behindern sucht“, Die Zeit v. 20. Juni 1975.

18 Siehe auch „Bombengeschäft oder Geschäft mit der Bombe? „Report über das weltweite Geschäft mit deutschen Atomkraftwerken.“ Der Spiegel Nr. 12, 1976, S. 65 ff.

19 „Matter of Marks and Pfennigs“, zitiert in Waack, William, a.a.O., S. 149 und Wonder, Edwald, „Nuclear Commerce and Nuclear Proliferation: Germany and Brazil“, 1975 in Orbis, Vol. 21, Nr. 2, S. 292.

20 Siehe: „A estranha saída de diretores de Furnas“, in: O Estado de São Paulo v. 6. Oktober 1978, S. 1, sowie „A estranha coincidência em ANGRA“, ibid. S. 9 und „Programa nuclear – contratos antigos, a explicação do Ministro Simonsen para a COBREL“, in: Gazeta Mercantil v. 19. September 1978, S. 9.

21 Siehe Rosa, Luiz Pinguelli, „Panorama e perspectiva de energia nuclear“, in: *„Energia, tecnologia e desenvolvimento – a questão nuclear“*, a.a.O., S. 38 ff.

22 Mario Henrique Simonsen ist Gründer und Vorstandsmitglied der Banco de Investimentos Bozano-Simonsen, an der sich ihrerseits die Mellon National Corporation, Pittsburgh, mit 25 % beteiligt hat. Die Mellon Gruppe besitzt wesentliche Interessen an Westinghouse. Cobrel, eine Tochtergesellschaft der Bank Bozano-Simonsen vertritt Westinghouse-Interessen in Brasilien. Siehe Geschäftsberichte der Bozano Simonsen Gruppe, sowie „Simonsen e a Westinghouse“, in: Folha de São Paulo v. 15. Oktober 1978, S. 50.

23 Bethel in U.S. Congreß, „International proliferation of nuclear technology“, Washington, 1975, Vol. 3., S. 67 ff.

24 Siehe Gall, Norman, „Atomos para o Brasil“, in: *„Multinacionais, os limites da soberania“*, a.a.O., S. 288.

25 Siehe Lowrance, William, „Futuros nucleares a venda: questões suscitadas pelo Acordo Nuclear Brasil-Alemanha“, in: *„O ciclo do combustível nuclear“*, a.a.O., S. 267.

26 Siehe „Einstieg ins Weltgeschäft“, Die Welt v. 24. Juni 1975.

27 Paulo Nogueira Batista in: „Uma forte nação pacífica“, Veja v. 2. Juli 1975, S. 21.

28 Siehe „Nuclear Madness“, The New York Times v. 13. Juni 1975, S. 36.

29 Amerikanischer Senat, Rede vom 3. Juni 1975.

30 Amerikanischer Senat, Rede vom 3. Juni 1975.

31 „O Brasil fica fora da lei americana – Genscher diz que Vance está de acordo“, in Istoè v. 19. März 1978, S. 34.

32 Hervásio de Carvalho in: „Brasil não vai renegociar acordo nuclear com os EUA“, Folha de São Paulo v. 14. Juni 1978, S. 9.

33 Siehe „A volta do silêncio sobre o acordo nuclear“, in: O GLOBO v. 6. August 1978, S. 30.

34 Forrestal in: Green, David *„The Containment of Latin America“*, S. 44/45, Chicago 1971

35 Über Baruch-Plan siehe Guilherme, Olympio, *„O Brasil e a era atômica“*, a.a.O., S. 37 ff.

36 Indice Gallup de Opinião Pública, „O Acordo sobre Energia Nuclear entre Brasil e Alemanha", No. 6, 30. August 1975.

37 Über Uraniumkartell siehe U.S. Senate, „*International uranium cartel*", hearings before the Subcommittee on Oversight and Investigations of the Committee on Interstate and Foreign Commerce, House of Representatives, Washington, 1977, sowie Mirow, Kurt Rudolf / Maurer, Harry, „*The Cartel Conspiracy*", Houghton Mifflin Comp., New York, 1981

38 Zitiert aus: Miller, Saunders, „*The economics of nuclear and coal power*", S. 10/11, New York 1976, siehe auch OECD, „*Energy Prospects to 1985*", 1974, Vol. II. S. 191 ff.

39 Siehe „Uranvorräte", in: Argumente v. 14. November 1977.

40 Nogueira Batista, Paulo, in: „Uma forte nação pacífica", Veja v. 2. Juli 1975, S. 21.

41 Electricity too cheep to meter, in: „*Nuclear power costs*", a.a.O., S. 31.

42 Siehe auch „Why atomic power dims today", in: Business Week v. 17. November 1975, S. 98 ff.

43 Siehe Komanoff, Charles, „*An analysis of nuclear and coal capital cost*", New York, Juli 1978, S. 20. Siehe auch: Pacific G&E files nuclear plant costing US$ 4 Billion", in: Wall Street Journal v. 31. August 1977, S. 14.

44 Siehe Eletrobrás, „*Plano de atendimento dos requisitos de energia elétrica até 1990*", Kapitel IV, S. 26.

45 Siehe Cotrim, John Reginald, „Furnas pode chegar a impasse financeiro", Folha de São Paulo v. 4. August 1978, und „Cotrim: ritmo do Programa precisa ser reformulado", in: Gazeta Mercantil v. 4. August 1978, S. 7.

46 „We can't afford to bankrupt a whole generation of tax-payers by a construction program which is building an edifice that is not required and may never be required", in: „*Nuclear power costs*", a.a.O., S. 35.

47 Siehe: „*Nuclear power costs*" a.a.O., S. 26.

48 Über Verfügbarkeit deutscher Reaktoren siehe auch „Atomkraftwerke, verblaßter Traum", in: Der Spiegel, Nr. 26, 1978, S. 33, sowie periodisch veröffentlichte Untersuchungen des Instituts für Reaktorsicherheit, Köln.

49 Über Verfügbarkeit amerikanischer Reaktoren siehe „*Nuclear plant performance 1976*", von Komanoff, Charles & Boxer, Nancy A., Komanoff Energy Associates, New York, 1976, S. 10.

50 Siehe „*Nuclear power costs*", a.a.O., S. 29.

51 Siehe „*Nuclear power costs*", a.a.O., S. 30.

52 Über den brasilianischen schnellen Brüter siehe Batista, Paulo Nogueira, „Usina de reprocessamento é irreversível para a NUCLEBRAS", Jornal do Brasil v. 21. Mai 1978, S. 33.

53 Siehe auch „Bocaina passa no teste mas é rejeitado pela Petrobrás", Jornal do Brasil v. 1. September 1978, S. 2.

54 Angaben aus: Rosa, Luiz Pinguelli, „Panorama e perspectivas da energia nuclear", Simpósio de Energia Elétrica, Clube de Engenharia, Rio de Janeiro, Oktober 1977, veröffentlicht in: „*Energia, Tecnologia e Desenvolvimento – a questão nuclear*", a.a.O., S. 43.

55 Siehe auch „Why atomic power dims today", in: Business Week v. 17. November 1975.

56 Siehe auch Gall, Norman, „Atomos para o Brasil", Kapitel: „Multinacionais, os limites da soberania", Fundação Getúlio Vargas, 1977.

57 Siehe Aussage von Professor Becker vor der Untersuchungskommission „Atomvertrag" des brasilianischen Senates, Brasilia, 23. Oktober 1979.

Siehe auch „Acordo nuclear previa processo mais testado e barato“, Jornal do Brasil v. 24. Oktober 1979, S. 19 und „Sistema da KWU é o mais caro“, in Gazeta Mercantil v. 24. Oktober 1979, S. 1.

58 Siehe Protokoll der Aussage des Generals Dirceu Coutinho vor der Untersuchungskommission „Atomvertrag“ des brasilianischen Senats, Brasilia. Siehe auch „Por que o general Coutinho condena o acordo com a RFA“, Gazeta Mercantil v. 18. Oktober 1979, S. 8.

59 Aus Presidencia da República, „*Livro branco sobre o Acordo Nuclear Brasil-Alemanha*“, Brasilia, 1977.

60 Siehe auch „Bilan énergétique des programmes nucléaires“, in: „*L'Escroquerie Nucleaire*“, Les Amis de la Terre, a.a.O., S. 171.

61 Siehe auch „Bilan énergétique du programme électronucléaire français“, in: „*L'Electronucléaire en France*“, Syndicat CFDT de l'Energie atomique, Editions Seuil, 1975, S. 157 ff.

62 Coronel Luiz Franco Francisco o Ferreira in: „Acordo Nuclear. Governo denuncia interesse externo“, O GLOBO, v. 31. Oktober 1978, S. 26.

63 Nogueira Batista, Paulo, „A tecnologia dos reatores à serem construídos no Brasil“, Vortrag vor der Comissão de Ciência e Tecnologia da Camara dos Deputados, 25. Mai 1977, Brasilia.

64 Bericht der Weston Geophysical Inc., Massachusetts, USA, publiziert in „Angra é sujeita a terremoto – geólogos condenam localização da usina“, in: Folha de São Paulo v. 29. September 1978, S. 1. Siehe auch „Angra pode ter sismos – há duas falhas geológicas na região onde se constroem as primeiras usinas nucleares“, in: Folha de São Paulo v. 29. September 1978, S. 6, „CNEN admite quatro terremotos na área nuclear“, in: Folha de São Paulo, v. 2. Oktober 1978, S. 13.

65 „Hohe Angestellte der KWU bestätigten, daß der ganze Berg hinter der Baustelle ins Rutschen gekommen ist. Die Lage ist so schwierig, daß es keine technische Lösung für dieses Problem gibt. Der ganze brasilianische Meilerpark ist in Gefahr“. In: „Erosão provoca novos estudos para ANGRA III“, O Estado de São Paulo v. 19. September 1978, S. 6.

66 Siehe: „Atomvertrag, Milliardenpleite in Brasilien“, Der Spiegel, v. 17. September 1978.

67 „Insegurança ameaça o programa nuclear“, in: O Estado de São Paulo v. 11. März 1978, S. 19. Siehe auch Visão „Agora à procura de culpados“, 3. April 1978, S. 26.

68 Siehe: „Nos relatórios suspeita de sabotagem“, O Estado de São Paulo, v. 11. März 1978; siehe auch: „Goldemberg se alarma com tanto acidente“, O GLOBO v. 14. März 1978, S. 39 und „A falta de segurança e infraestrutura na obra“, in: O Estado de São Paulo v. 11. März 1978, S. 21.

69 Siehe „O menor problema é de higiene“, in: O Estado de São Paulo, v. 3. Oktober 1978. Siehe auch Bericht des Arztes Pedro Vieira de Carvalho, Untersuchungskommission „Atomvertrag“ des brasilianischen Senats, Brasilia.

70 Siehe: „Atomvertrag, Milliardenpleite in Brasilien“, Der Spiegel, v. 17. September 1978.

71 Siehe: „Fundações, nova ameaça nas obras de Angra“, in: O Estado de São Paulo, v. 23. März 1978, S. 6.

72 Siehe: Silva, Laércio, in „Subsolo de Angra ainda preocupa – falhas geológicas, recalques e matacões são alguns dos problemas que preocupam os técnicos“, in: Folha de São Paulo v. 25. Mai 1978, S. 48.

73 Siehe „Maré também causa problema em Angra", in: O Estado de São Paulo v. 14. April 1978, und „Ressaca ameaçou Angra I pouco antes de visita de deputados", Jornal do Brasil v. 14. April 1978.

74 Siehe „Nuclear „denting" plagues the utilities", in: Business Week v. 4. Juli 1977, S. 20.

75 Siehe: Licínio Seabra in: „Furnas: segurança é o mais importante em Angra," O GLOBO v. 26. September 1978, S. 24, und „Furnas - teor da denúncia não é novo", Gazeta Mercantil v. 20. September 1978, S. 8, sowie „Problemas e explicações sobre ANGRA", Gazeta Mercantil v. 20. September 1978 und „Angra I – Corrosão nas tubulações poderá elevar custo para 1 biblhão de dólares", Gazeta Mercantil v. 27. September 1978, S. 9.

76 Hervásio de Carvalho in: Gazeta Mercantil v. 29. September 1978, S. 4.

77 Sprecher der KWU, zitiert in: „Terceira usina nuclear pode não ser em Angra", O Estado de São Paulo v. 19. September 1978, und „Terceiro bloco de Angra pode ir para outro local", in: O Estado de São Paulo v. 17. September 1978, S. 18.

78 Zitiert aus „Acordo nuclear – os segredos o jogo", Veja v. 1. Juni 1977, S. 25.

79 Vortrag von Hans Joachim Hamel auf dem I. Kongreß der Metallurgen, São Paulo, November 1978, siehe auch Relatório Reservado, „Mar vai corroer equipamentos de Angra II e III", November 1978.

80 Siehe „Atomvertrag, Milliardenpleite in Brasilien", Der Spiegel v. 17. September 1978, siehe auch: Rey, Romeo, in „Brasiliens Fehlstart ins Atomzeitalter", Frankfurter Rundschau, September 1978.

81 Angaben aus Unterlagen der Untersuchungskommission „Atomvertrag" des brasilianischen Senats, siehe auch „Contrato foi generoso", Jornal do Brasil v. 1. November 1978, S. 19.

82 Wiedersprüche der brasilianischen Regierung, siehe gemeinsame Erklärungen der Minister Simonsen, Ueki und Calmon de Sá, „Governo contesta denúncias sohre o Acordo Nuclear", Folha de São Paulo v. 11. Oktober 1978, sowie „As explicações de Licínio sobre Angra", in: Gazeta Mercantil v. 26. September 1978, S. 1.

83 Mitteilung von Furnas an „Untersuchungskommission „Atomvertrag" des brasilianischen Senats, Oktober 1979, in Jornal do Brasil v. 19. Oktober 1979.

84 Siehe Studie „Mentalitätsprobleme" der Firma SIEMENS (Archiv des Autors).

85 Siehe „Governo contesta denúncias sobre o Acordo Nuclear", Folha de São Paulo v. 11. Oktober 1978.

86 Ueki in: „Ueki diz que Brasil poderá exportar urânio em 1979", Folha de São Paulo v. 24. September 1978, S. 54.

87 Siehe Bericht des Arztes Pedro Vieira de Carvalho, aus Unterlagen der Untersuchungskommission „Atomvertrag" des brasilianischen Senats.

88 Siehe auch „A falta de segurança e infra-estrutura na obra", in: O Estado de São Paulo v. 12. März 1978, S. 21.

89 Siehe Aussage des Baustellenleiters Fernando Candeias vor der Untersuchungskommission „Atomvertrag" des brasilianischen Senats. Siehe auch „Odebrecht fez consórcio irregular com Hochtief", Jornal do Brasil v. 25. Oktober 1978.

90 Siehe „Primeiro alarma foi dado há 7 anos", in: O Estado de São Paulo v. 14. März 1978, S. 33.

91 Siehe: Gaul, Ewald, „Atomenergie, oder ein Weg aus der Krise“, a.a.O., S. 28.

92 Über Probleme der Beseitigung von Abwärme siehe Syndicat CFDT de l'Energie Atomique, „L'Electronucléaire en France“, a.a.O., S. 315 ff.

93 Backhaus, zitiert in: Veja, „Acordo nuclear – os segredos do jogo“, 1. Juni 1977, S. 25 ff.

94 Siehe: Rosa, Luiz Pinguelli, „Reatores nucleares: efeitos no ambiente e segurança“, O Estado de São Paulo v. 26. März 1978. Siehe auch Revelle, R & Schäfer M.R., „Oceanic research needed for the safe disposal of radioactive wastes at sea“, Second United Nations International Conference on the Peaceful Uses of Atomic Energy, Genf, 1958, und „Radioactivity management“ in: Nuclear New, Juli 1977, S. 66 ff.

95 Erwähnte Vorgänge wurden aus Unterlagen der IEA zusammengestellt. Die Veröffentlichung der Dokumente der IEA erfolgte unter dem Titel „Report on the International Electrical Association a continuing cartel“ U.S. House of Representatives June 1980.

96 Aus: Brief der Brown Boveri & Comp. Ltd. Baden an J. R. Hughes, 21. Januar 1976, ref. „Expenses for meetings attended by our representatives on behalf of IEA committees and national groups etc.“

97 Über Kartelle der Elektroindustrie und IEA siehe: „ „Report of the Federal Trade Commission on international electrical equipment cartels“, Washington, Government Printing Office, 1948; The Monopolies and Restricitive Practices Commission Reports; Her Majesty's Stationary Office, „Report on the Supply and Exports of electrical and allied Machinery and Plant“, London, 1957. Epstein, Barbara / Mirow, Kurt Rudolf, „Impact on developing countries of restricitive business practices of multinational companies in the electrical equipment industry. A case study of Brazil“ UNCTAD, Genf, 1977. Newfarmer, Richard „The international market power of transnational corporations – a case study of the electrical industry“, UNCTAD, Genf, 1978. Siehe auch Mirow, Kurt Rudolf, „Nach dem Gesetz der Wölfe – das Weltelektrokartell“, in: Technologie und Politik, Rororo Aktuell Nr. 5 und Mirow, Kurt Rudolf, „Die Diktatur der Kartelle“, a.a.O..

98 Siehe „Report of the Federal Trade Commission on international electrical equipment cartels“, a.a.O., S. 33.

99 Siehe auch „a continuing cartel“ International Electrical Association, U.S. House of Representatives, sowie „The Monopolies and Restrictive Practices Commission Reports“, Report on the Supply and Exports of electrical and allied Machinery and Plant“, London, 1957, S. 13 ff.

100 Siehe: U.S. Senate, „*Electric power industries, supply of electrical equipment and competitive conditions*“, Report, Washington, 1928.

101 Zitiert aus: Perlo, „*El Imperio de las Altas Finanças*“, Ed. Matina, Buenos Aires, 1962.

102 Zitiert in: Rios, Helival, „Tecnologia é ainda o grande entrave“, Folha de São Paulo v. 8. Mai 1977, S. 27.

103 Siehe Monticelli, Alcir, „Energia e tecnologia nacional“, in: „*Energia, tecnologia e desenvolvimento – a questão nuclear*“, a.a.O., S. 132 ff.

104 Siehe auch Déclaration de Berne „Dossier: Electrocolonialisme – la Suisse y contribue en Amérique Latine“, Bern, 1978.

105 Zitiert in: Levinson, Jerome & de Onis, Juan „The Alliance that losts its Way, a critical report of the Alliance for Progress“, S. 145.

106 Zitiert in: Tendler, Judith „Electric Power in Brazil. Entrepreneurship in the Public Sector“, Harvard University Press, Cambridge, Mass. 1968, S. 86.

107 Dokumente aus „United States of America, Plaintiff (Anti-Trust Division), U.S. Department of Justice versus: Mitsubishi Electric Corporation, Mitsubishi Heavy Industrie Ltd., Westinghouse Electric Corp. Defendants. In the United States District Court for the Northern District of California, Civil Action Nr. C 70-852-SAW, Filed, 22. April 1970.

108 Aus Unterlagen des Prozesses Nr. 19 des brasilianischen Kartellgerichtes CADE (Conselho Administrativo de Defesa Econômica), Rio de Janeiro.

109 Aus Dokumenten der IEA, First Meeting of the Council held at Hotel Royal - Salvoy, Ouchy, Lausanne, Switzerland, 19. Oktober 1978, Mi nutes of the Meeting.

110 Angaben aus Costa, Terezinha, „Acordo Itaipú Corpus vai ser assinado até o fim deste mês“, Jornal do Brasil v. 7. Oktober 1979.

111 Zitiert aus: Letter to all members of IEA, 15. April 1977, ref., „*Scheme for the Payment and Distribution of Compensation, Agenda Item 7, Council Meeting 9th May, 1977*“ signed by J.R. Hughes, Secretary General.

112 Siehe: „*Balancing and Settlement Scheme – Report of Order and initial accounting procedures*“, revised June 1977.

113 Bielinski in Rundschreiben IEA 15. April 1977. – Siehe Dokumente im Anhang.

114 Spezialfond, siehe Brief J.R. Hughes an Dr. S. Matsuda, Executive Managing Director, Mitsubishi Electric Corporation, Tokyo, with copy to Mr. T. Sakurai, London, 23. March 1977.

115 Über Überpreise für Tucuruí und Itaparica siehe „Francês baixa em 25 % preços de equipamentos para Usina de Tucuruí“, Jornal do Brasil v. 19. Oktober 1977, und „Redução de preço para Itaparica será superior a US$ 50 milhões“, Jornal do Brasil v. 18. Oktober 1977.

116 Zitiert aus: The Monopolies and Restrictive Practices Commission Reports, „*Report on the Supply and Exports of electrical and allied machinery and plant,*“ London 1958, S. 261.

117 Siehe auch: Untersuchungskommission „Atomvertrag“ des brasilianischen Senats, Aussage von Carlos Ramos Villares vom 9. Oktober 1979, sowie „Villares, na CPI critica a KWU“, Gazeta Mercantil, und „CPI nuclear: Villares denuncia pressão da KWU“, O GLOBO v. 10. Oktober 1979.

118 Siehe: Batista, Nogueira, Paulo, – „A política nuclear do Brasil“, Comissão de Minas e Energia do Senado Federal, Brasilia, 9. Oktober 1975.

119 Siehe: Batista Nogueira, Paulo, „A tecnologia dos reatores a serem construídos no Brasil“, pronunciamento prestado perante a Comissão de Ciencia e Tecnologia da Câmara dos Deputados, Brasilia, 25. Mai 1977.

120 Siehe im Bundeskartellamt Berlin registrierte Mitgliedslisten der IEA, siehe auch Dokumentation „The International Electrical Association: a continuing cartel“.

121 In Newfarmer, Richard, „The International Market Power of Transnational Corporations: A Case Study of the Electrical Industry“, UNCTAD, Manufactures Division, Section on Restrictive Business Practices.

122 Protokoll der 139. ordentlichen Vorstandssitzung der ABINEE, 17. März 1971.

123 Über IEA siehe auch Mirow, Kurt Rudolf, „Die Diktatur der Kartelle", Epstein, Barbara / Mirow, Kurt Rudolf, „Impact on developing countries of restrictive business practices of transnational corporations in the electrical equipment industry: A case study of Brazil", UNCTAD, 1977, sowie Newfarmer, Richard, „The International Market Power of Transnational Corporations: A Case Study of the Electrical Industry", UNCTAD, a.a.O.

124 Angaben aus Rosa, Luiz Pinguelli, „Panorama e perspectivas da Energia Nuclear", in: Energia, Tecnologia e Desenvolvimento – a questão nuclear", a.a.O., S. 51.

125 Resolution des deutschen Atomforums in Gaul, Ewald, „*Atomenergie oder ein Weg aus der Krise*", a.a.O., S. 47.

126 Kraftwerk Union, Annual Report for 1975, a.a.O., S. 53.

127 Metallurgenkongreß, São Paulo, November 1978, Vortrag von Claudio Pareto „Tecnologia de Materiais".

128 Kraftwerk Union, Annual Report for 1975, a.a.O., S. 27.

129 OECD, „*Energy Prospects to 1985*", Paris, 1974, S. 156.

130 Albert Buchalet in „Um campo aberto no setor nuclear", Gazeta Mercantil v. 28. September 1978, S. 1.

131 Aussage von Antonio Ermírio de Moraes im brasilianischen Parlament, Oktober 1979.

132 Anonym dem Autor zugesandte Dokumente, später bestätigt in Mandim, Ana Maria, „Angra III não é urgente – Acordo Nuclear pode ser a Transamazônica do Governo Geisel", Folha de São Paulo v. 30. Juli 1978, S. 56.

133 Aussage eines demissionierten Mitgliedes des Vorstandes der NUCLEP, in „Nuclep sofre críticas", Folha de São Paulo v. 26. September 1979, S. 6.

134 „Brasil fornecerá urânio e tecnologia ao Iraque", in: O GLOBO v. 28. September 1979, S. 23. Professor Erwin Becker bestätigte der Untersuchungskommission „Atomvertrag" des brasilianischen Senats „CPI do Acordo Nuclear", „Brasilien habe die Verpflichtung übernommen, das Trenndüsenverfahren für Urananreicherung weltweit zu verkaufen."

135 Alberto Tamer in: O Estado de São Paulo, Artikelserie über NUCLEP, 4/11/18. Februar 1979.

136 George P. Heilmeier, Direktor der Defense Advanced Research Project Agency, National Space Electronics Conference, Leitartikel der Zeitschrift Electronics v. 10. Juli 1975, S. 50. Siehe auch „Komplexe einimpfen", Der Spiegel Nr. 20/21 v. 17. Mai 1976, S. 64.

137 Zitiert in: Veja, „Acordo Nuclear, os segredo do Jogo", 1. Juni 1977, S. 25.

138 Siehe „Atomvertrag, Milliardenpleite in Brasilien", Der Spiegel v. 17. September 1978.

139 Angaben aus „Programa de recursos humanos para o setor Nuclear", NUCLEBRAS, Press: Release, Juli 1976.

140 „Só 800 treinados em 10 mil", in: O Estado de São Paulo" v. 2. April 1978.

141 „E um programa irresponsável, diz Cerqueira Leite", in: O Estado de São Paulo v. 2. April 1978.

142 Aussage von Joaquim Francisco de Carvalho, demissioniertes Vorstandsmitglied der NUCLEN vor der Untersuchungskommission „Atomver-

trag" des brasilianischen Senats, 25. Oktober 1979. Siehe auch „Acordo ameaça Poder Nacional, diz ex-diretor da Nuclen", Jornal do Brasil v. 26. Oktober 1979, S. 1./17. „65.000 Mark kostet die Ausbildung eines Ingenieurs pro Jahr. KWU ist für die Auswahl unserer Leute verantwortlich, es werden jeweils die unerfahrensten nach Deutschland geschickt".

143 Siehe: „Acordo nuclear – os segredos do jogo", Veja v. 1. Juni 1977, S. 25.

144 Herzog Gerold, in „Build up of engineering capability in Brazil for construction of nuclear power plants", I Congresso Brasileiro de Energia, Rio de Janeiro, Dezember 1978, Tagungsbericht, S. 750 ff.

145 Enos vital Brasil in: Woche der Technologie, Hotel Glória, Rio de Janeiro, Oktober 1978, auch zitiert in „Acordo nuclear não transfere", Gazeta Mercantil v. 20. Oktober 1978, S. 6.

146 Satz in „O Acordo Brasil-Alemanha", Em Tempo, Oktober 1978.

147 Schemberg, Mário, in „Programa nuclear – importamos máquinas e não tecnologia", Simpósio da Sociedade Brasileira de Física, Clube de Engenharia, Rio de Janeiro, 25. Oktober 1977.

148 Goldemberg in: Diário de Comércio e Indústria, 29. September 1978.

149 „E um programa irresponsável, diz Cerqueira Leite", in: O Estado de São Paulo v. 2. April 1978.

150 Carlos Ramos Villares vor der Untersuchungskommission „Atomvertrag" der brasilianischen Senats, 9. Oktober 1979.

151 „Alemão antecipou vinda para atender ao Acordo", Jornal do Brasil v. 28. September 1979, S. 25.

152 Protokoll ABINEE Nr. 401/78/A „Reunião conjunta do subgrupo de máquinas síncronas e de corrente contínua e do grupo setorial de motores de indução", 13. Dezember 1978.

153 „Transnational Corporations and Expansion of Trade in Manufactures and Semi Manufactures (The role of transnational corporations in the marketing and distribution of export and imports of developing countries)", UNCTAD Secretariat, Genf, 1978.

154 Genauer Wortlaut der im Berliner Bundeskartellamt registrierten Kartellverträge siehe „Report on the International Electrical Association, a continuing cartel" U.S. House of Representatives, June 1980, 1252 Seiten.

155 Siehe Brown, Malcolm/Sorina, Maurice, „British cable makers in 20 nations cartel to share out export deals at agreed minimum prices", The Times (London) v. 7. April 1975, S. 1.

156 Brasilianische Kampfklauseln, Auszug aus „Sugestões do Departamento de Vendas à Diretoria para Regulamentação da Venda de transformadores de acima de 7,5 MVA e 69 KV", Regulamento Nr. 2, August 1967. Weitere Kartelldokumente liegen dem brasilianischen Kartellgericht CADE (Conselho Administrativo de Defesa Economica) vor.

157 Siehe Prozeßakten des Verfahrens Nr. 9 des brasilianischen Kartellamtes CADE.

158 Siehe Newfarmer, Richard, „Multinational Conglomerates and the Economics of Dependent Development", Madison 1977, S. 237.

159 Der zwischen SIEMENS und AEG-TELEFUNKEN geschlossene Kartellvertrag wurde vom Bundeskartellamt genehmigt und registriert. Der Vertrag kann öffentlich im Kartellregister Berlin eingesehen werden.

160 Siehe auch Epstein, Barbara / Mirow, Kurt Rudolf, „Impact on develop-

ing countries of restrictive business practices of multinational companies in the electrical equipment industry. A case study of Brazil", UNCTAD, Genf, 1978.

161 Lieferkapazitäten. Bardella, zitiert aus „Bardella repele críticas de que indústria não cumpre prazos", Jornal do Brasil v. 20. Dezember 1976.

162 Siehe „Instrumentação nacional briga por um mercado", in Química e Derivados" März 1979, S. 10 ff.

163 Interview des Autors mit Fernando Moreira, 2. Februar 1977, sowie Moreiras Privatdossier und Dokumentensammlung, die in gesammelter Form vom brasilianischen Geheimdienst SNI übergeben wurden.

164 Dokumente und Unterlagen des Prozesses Nr. 32 des brasilianischen Kartellamtes CADE.

165 Siehe Geschäftsberichte der Bank Bozano Simonsen, 1977/1978. Siehe auch „Simonsen e a Westinghouse", in: Folha de São Paulo v. 15. Oktober 1978, S. 50.

166 Siehe Aussage von Joaquim Carvalho de Andrade, Präsident der UNIFRIO, Prozeß Nr. 32 des brasilianischen Kartellamtes CADE.

167 Über Zusammenbruch der brasilianischen Unterhaltungselektronikindustrie siehe Mirow, Kurt Rudolf, „Condenados ao Subdesenvolvimento", S. 18 ff. Jahr für Jahr dumpt AEG in Brasilien weiter. Über AEG – Verluste in Brasilien siehe: „Telefunken ainda tranquila", Gazeta Mercantil, 26. Oktober 1979.

168 Kartellprotokoll, Unterlagen des Verfahrens Nr. 19 des brasilianischen Kartellamtes CADE (Conselho Administrativo de Defesa Economica).

169 The Japan Economic Journal, „Only Wisdom and Intelligence Can Solve Today's Problems, War is Impossible Now", Tokio, 21. Oktober 1975.

170 Siehe auch: Time Magazin „Trade Showdown: Japan v. Europe", 3. Januar 1977 und Time Magazin, „Too much success for the odd man out", 28. März 1977.

171 Siehe: „Und alle wollen sie ein Backschisch", in: Der Spiegel v. 3. Mai 1976, S. 39. Siehe auch Dederichs, Mario, „Bestechung – Bonn gegen Bakschisch", Der Stern v. 2. August 1979, Nr. 32/1979. Über handelsübliche Bestechungsgelder siehe: Rundschreiben Nr. 11/2/28/5 der Bundesstelle für Außenhandelsinformation, Köln.

172 Vogel und Offergeld, zitiert aus „Und alle wollen sie ein Backschisch", a.a.O.

173 Siehe Militärgerichtsverfahren gegen Leibbrenner, Rio de Janeiro, September 1977, sowie persönliches Interview mit dem Autor. Der Autor bat SIEMENS im September 1977, zu den Vorwürfen Stellung zu nehmen, Siemens jedoch schwieg. Eine Notiz über den Vorfall wurde dem deutschen Generalkonsulat in Rio de Janeiro zugeleitet.

174 Zitiert aus „Indien – Hat Siemens mit Millionen Beträgen bestochen?" in: Der Spiegel v. 16. Oktober 1978, S. 185 ff.

175 Mario Henrique Simonsen im brasilianischen Fernsehen in Antwort auf Vorwürfe von Manipulationen der Einkäufe von Ausrüstungen für die U-Bahn São Paulo.

176 Siehe: „Segurança nacional investiga o IEA", und „Loop importado poderia ter sido construído aqui", in: Folha de São Paulo v. 18. und 21. Juli 1978.

177 Nogueira Batista, Paulo, in: „A política nuclear do Brasil", Escola Superior de Guerra, September 1977.

178 Lovell Parker Derek, in „Nuclebrás já escolhe quais empresas que vão executar seus projetos de engenharia", Jornal do Brasil v. 11. September 1978, S. 13.

179 Letter of Intent, siehe auch Aussage von Claudio Bardella, Untersuchungskommission „Atomvertrag" des brasilianischen Senats, September 1979. Siehe ferner: „Revisão do Acordo Nuclear preocupa indústria", O GLOBO v. 26. Dezember 1978, S. 19.

180 Krise der brasilianischen Fernmeldeindustrie, siehe Mirow, Kurt Rudolf, „Condenados ao subdesenvolvimento", a.a.O., S. 78 ff, sowie: Schlußfolgerungen des II. Kongresses der brasilianischen Elektroindustrie, São Paulo, 1978. Bevorzugte Bezahlung ausländischer Konzerne, siehe Protokoll Telebrás- Abinee, unterzeichnet am 22. April 1976 von José Antônio de Alencastro e Silva, Präsident der Telebrás, und Manoel da Costa Santos der ABINEE.

181 Januzzi, zitiert aus „Revisão do Acordo Nuclear preocupa indústria", O GLOBO v. 26. Dezember 1978, S. 19.

182 Über Hochtief siehe Aussage von Cláudio Leme, dem ehemaligen Baustellenleiter der FURNAS in ANGRA, vor der Untersuchungskommission „Atomvertrag" des brasilianischen Senats. Siehe auch „Há espaço para outra empreiteira em Angra", in: Folha de São Paulo v. 29. November 1978, S. 7.
Vertragsgemäß steht der KWU ein Entgeld von 15 % über alle Unterlieferungen von Angra zu. Siehe Vertrag Nr. 3.534, zwischen Furnas und der Kraftwerkunion geschlossen.

183 Licínio Seabra, zitiert aus „As explicações de Licínio", Gazeta Mercantil v. 26. September 1978, S. 7.

184 Über megalomane Projekte siehe Veja: „As grandes ambições, tropeços e obstáculos tornam extensa a lista de projetos problemáticos. Por quê?", 19. Oktober 1977, S. 118 ff.

185 Elektroaale, zitiert aus: Veja, a.a.O.

186 Über Ferrovia do Aço, siehe: Brossard, Paulo, *„A Ferrovia do Aço – Sonho de mil dias"*, Senado Federal, Brasilia, 1977.

187 Ermírio de Moraes, zitiert in: Veja: „Vortrag im Instituto de Engenharia de São Paulo", a.a.O.

188 Calmon de Sá in „Calmon contesta Villares e defende crédito externo para compra de equipamentos", in: Jornal do Brasil v. 5. Oktober 1977, S. 19.

189 Über Demag und Krupp siehe „Demag hesitaria se soubesse de restrição no FINAME", Jornal do Brasil v. 6. August 1977, S. 19.

190 Jacques de Broissia, zitiert in „Quando a comissão é corrupção", Gazeta Mercantil v. 18. Oktober 1978, S. 1.

191 „O interesse nacional e a dicotomia de procedimentos", Leitartikel, Mundo Elétrico v. April 1978.

192 Shigeaki Ueki in „Expansão da capacidade geradora e modificação nos hábitos de consumo", Revista Brasileira de Energia Elétrica Nr. 31, Juli/September 1975, S. 18.

193 Verschuldung der Eletrobrás, in „A dívida da Eletrobrás", Gazeta Mervantil v. 6. Oktober 1978, S. 1.

194 Siehe auch „Comprometidos 48 bilhões – banqueiro alemão revela os recursos para o acordo nuclear", in Folha de São Paulo v. 21. September 1978, S. 8.

195 Kollektivinterview von Paulo Nogueira Batista, in „As potencialidades de energia até o ano 2.000", Diário Comércio e Indústria, 20. September 1978, S. 8.
196 Siehe „Planalto decidirá restrição às estatais", und „Eletrobrás quer evitar deficit", Jornal do Brasil v. 15. November 1978, S. 19.
197 „Ermírio critica custo do programa nuclear", Folha de São Paulo v. 11. August 1978, S. 33. Siehe auch „Ermírio de Moraes critica ação do governo", in Gazeta Mercantil v. 14. August 1978. Zum Aluminium-Kartell siehe: Mirow, Kurt Rudolf, „Die Diktatur der Kartelle", a.a.O.
198 Antonio Ermíro de Moraes, zitiert aus: VEJA, „As grandes ambições, tropeços, e obstáculos tornam extensa a lista de projetos problemáticos. Por quê?", 19. Oktober 1977, S. 118 ff.
199 Wolf Dieter Melzer in „Os riscos de se investir no Brasil", Gazeta Mercantil v. 15. September 1978, S. 1.
200 Festansprache von Einar Kok, Abschluß des II. Kongresses der Elektroindustire, São Paulo, 30. November 1978.
201 Ugarte in „Empresários apóiam críticas à ABINEE", Gazeta Mercantil v. 8/9. Dezember 1978.
202 Ibid.
203 Zitiert aus: Relatório Reservado „Pressão multinacional para liquidar a Tupy", 30. Oktober 1978.
204 Mandel, zitiert aus „RWE-Vorstand Heinrich Mandel über Kosten und Risiken der Kernenergie", Der Spiegel v. 11. Dezember 1978, S. 98 ff.
205 Annual report for 1975 of the Kraftwerk Union Aktiengesellschaft, a.a.O., S. 27.
206 Siehe: Lass, Hans Detlef, „Warum Brasilien und Südafrika, warum nicht Australien – ein unbeachtetes Kapitel deutscher Nuklearpolitik 1975", in: Technologie und Politik Nr. 4, S. 83. Siehe auch Baker, Steven, „Export atomarer Energie – auch ein Handel mit Waffen", in: Technologie und Politik, Nr. 4, a.a.O., S. 85.
207 „A doença nuclear do Brasil", in: Jornal do Brasil, Especial, 17. Dezember 1978.
208 Über Zensur siehe „História e Método da Censura", Jornal do Brasil v. 9. Juni 1978, sowie „Os documentos da Censura", Jornal do Brasil v. 18. Juni 1978, Caderno Especial. Siehe ferner Mirow, Kurt Rudolf, „Condenados ao Subdesenvolvimento", a.a.O., S. 167 ff.
209 Barbalho, in „Brasil também pode não cumprir os compromissos", Folha de São Paulo v. 27. September 1978, S. 8. Siehe auch: „Brazils Megawattmegalomania", in The Economist v. 7. Oktober 1978.
210 Siehe: „KWU e NUCLEN procuram outro lugar para instalar ANGRA III", in Jornal do Brasil v. 3. September 1978, S. 29. Siehe auch „Usina de Angra III muda de lugar", Folha de São Paulo v. 3. September 1978, sowie „Atomvertrag – Milliardenpleite in Brasilien", Der Spiegel v. 17. September 1978.
211 Siehe: „Saturnino rotula Acordo Nuclear de megalomania", in Jornal do Brasil v. 2. November 1978.
212 Hans Holger Haunschild in „Acordo Nuclear já é fato consumado para a Alemanha", in O Estado de São Paulo v. 26. Oktober 1978 und „Alemanha não tem queixas do Brasil", in Jornal do Brasil v. 26. Oktober 1978.
213 Knizia, in: *„Probleme der Kernenergie – Chancen, Risiken und Perspek-*

tiven in einer sich wandelnden Energiewirtschaft", Verlag Neue Gesellschaft GmbH, Veranstaltung der Friedrich-Ebert-Stiftung in der Stadthalle zu Bonn-Bad Godesberg, 3/4. Oktober 1977.

214 Siehe Eletrobrás, „Plano de atendimento dos requisitos de energia Elétrica até 1995", Rio de Janeiro, Oktober 1979.

215 Angaben aus Junqueira, José Luiz de Almeida, „Um milhão de turbinas para o Brasil", XI. Kongreß der Sociedade Brasileira de Fisica, São Paulo, Juli 1977.

216 Über Pumpspeicherwerke siehe „Nas reversíveis da serra do Mar mais 40 milhões de KW", Gazeta Mercantil v. 24. Oktober 1978, S. 7.

217 Über Minikraftwerke siehe Junqueira, a.a.O.

218 Siehe: Telles, Affonso da Silva, „Participação do carvão na produção de energia elétrica", in „Energia, Tecnologia e Desenvolvimento – a questão nuclear", a.a.O., S. 21. Siehe ebenfalls „Perspectivas a longo prazo da energia elétrica no Brasil", von Magalhães, Frederico Gomes, in „*Energia*"- Sonderheft des XI. Kongresses der Sociedade Brasileira de Física. Siehe auch Coló, Antonio/ Holtz, Antonio Carlos Tatit und Albuquerque, João Carlos, „Principais fontes para geração de energia elétrica no Brasil", I Congresso Brasileiro de Energia", Tagungsbericht, Dezember 1978, S. 817-830.

219 Shigeaki Ueki in „Ueki diz que energia atômica è complemento", O GLOBO v. 14. Dezember 1978, S. 24.

220 Siehe: Komanoff, Charles, „An Analyses of nuclear and coal capital costs", presented as testimony before the State of New Jersey Board of Public Utilities, 17. Juli 1978.

221 Über Fernübertragung in Brasilien siehe: „Prospects for HVDC applications in Brazil", Cigrie Study Committee HVDC Links, 1977, Meeting, Winnipeg, Canada, sowie Magalhães Gomes, Frederico, „A Energia Hidrelétrica no Brasil", Symposium „Energia Elétria" Sociedade Brasileira de Física, Clube de Engenharia, Rio de Janeiro, Oktober 1977.

222 Siehe: Cigrie Study Committee, a.a.O.

223 Nogueira Batista Paulo, „A política Nuclear do Brasil", Escola Superior de Guerra, September 1977.

224 Pietro Erber, Vortrag im Instituto dos Economistas do Rio de Janeiro, 29. November 1978, siehe auch „Programa nuclear – técnicos da Eletrobrás poem em dúvida os números da Nuclebrás", in Gazeta Mercantil v. 30. November 1978, S. 7.

225 Bhering, Mario, in: „Receita Brasil – opcões viáveis a curto prazo", in: Veja v. 25. Oktober 1978, S. 143.

226 Oscar Pimentel, Vortrag während des I. Kongresses Mackenzie, São Paulo, 3. Oktober 1978. Siehe auch „Porto Primavera adiada mais uma vez", in: Gazeta Mercantil v. 4. Oktober 1978, S. 7.

227 Shigeaki Ueki in „Ueki diz que energia atômica é complemento", O GLOBO v. 14. Dezember 1978, S. 24.

228 Klage und Verteidigung, Texte veröffentlicht in „Geisel diz ao STF (Supremo Tribunal Federal) que a Censura continua como se o país estivesse sob sítio", Jornal do Brasil v. 23. November 1977, S. 14.

229 Über Zensur siehe: wöchentliche Aufstellung der verbotenen Artikel der Zeitung MOVIMENTO und TRIBUNA DA IMPRENSA, Archiv des Autors.

230 Siehe auch „Exame para Censor tem COOPER", Jornal do Brasil v. 3. August 1977.

231 Zensuranweisungen veröffentlicht in „História e Método da Censura", Jornal do Brasil v. 9. Juni 1978, S. 8 und „Os documentos da Censura", Jornal do Brasil v. 18. Juni 1978, Caderno Especial.

232 Über AKI (Arbeitskreis Information) siehe auch Mirow, Kurt Rudolf, „Die Diktatur der Kartelle", a.a.O., S. 43 ff, sowie „Brasilien, Himmel oder Hölle dieser Erde", Der Spiegel, 1/2, 3. Januar 1977. Dr. Wolfgang Schmidt, Vorstandsmitglied der Bayer AG, koordinierte turnusgemäß die Tätigkeit des AKI 1975/1976. Informationen über AKI stammen aus einem Interview des Autors mit Dr. Hans Joachim Kuhn, einer der Organisatoren des AKI. Mirow berichtet einer Untersuchungskommission des brasilianischen Parlaments „CPI Multinacionais" über AKI. Dr. Kuhns Tätigkeit und Zusammensetzung des AKI wurden verschiedentlich von „Relatório Reservado" veröffentlicht.

233 Über Vladimir Herzog siehe Fon, Antonio Carlos, „Tortura – A história da repressão politica no Brasil", a.a.O., S. 63 ff und S. 54 ff. (Kapitel: „Tortura e Corrupção")

234 Beschlagnahmungsbefehl Nr. 1433, Verfahren Nr. MJ 63 540/76, unterzeichnet im September 1976, veröffentlicht am 28. Februar 1977, aus: Dokumente des Militärgerichtsverfahrens gegen den Autor, Segunda Auditoria da Aeronautica, Rio de Janeiro, 1978. Auf dem Beschlagnahmungsbefehl steht lesbar: September 1976, dieses Datum wurde durchgestrichen und durch 24. Februar 1977 ersetzt.

235 Siehe Prozeß Nr. 19, CADE (Conselho Administrativo de Defesa Econômica) gegen Mitglieder der IEA, sowie der IBEMEP (Instituto Brasileiro de Estudos sobre o Desenvolvimento da Exportação de Material Elétrico Pesado), AEG – Telefunken, ASEA, Brown Boveri, SIEMENS et alter, beeidigte Aussage von Oswaldo Miguel Frederico Ballarin, Präsident des Verwaltungsrates der Firma Indústria Elétrica Brown Boveri S.A. vom 19. März 1976. („que conheco o senhor Robert Plassing em decorrência de ser este cidadão titular de uma firma de relações públicas; que a empresa do Senhor Plassing trabalhou para a Brown Boveri dentro de seu ramo de atividade").

236 Bombenwurfdrohungen wurden am 27. April 1976 sowie am 8. Dezember 1976 in den Generalkonsulaten der Bundesrepublik Deutschland, der Schweiz sowie der Vereinigten Staaten registriert. Kopien der Briefe wurden unter anderem Herrn Karl Beusch, Syndikus des Hauses SIEMENS zugesandt.

237 Siehe: „NUCLEBRÀS forçou técnicos a admitir segurança", in: O Estado de São Paulo v. 14. März 1978, siehe auch „NUCLEBRAS pode processar quem denunciou pressão", in Folha de São Paulo v. 30. März 1978.

238 Siehe: „The Brazilian Gamble", Business Week v. 7. Dezember 1977, S. 72 ff.

239 Maurício Alvarenga in „A Petrobrás se utiliza de regras não escritas em sua política de compras", Jornal do Brasil v. 8. November 1978. Siehe auch Goes, Walder de, „O Brasil do General Geisel", Kapitel: „a prática da decisão secreta", S. 120 ff.

240 Aus „Demag hesitaria se soubesse de restrição no FINAME", Jornal do Brasil v. 6. August 1977, S. 19.

241 Geheimprotokoll ABINEE-TELEBRAS vom 22. April 1976, Archiv des Autors.

242 Der konservative Senator Daniel Krieger (ARENA) erwähnte als erster den Fall des Hauptmannes Sergio Miranda Ribeiro in seinem Buch „Desde as Missões ... saudades, lutas, esperanças". Krieger verwandte sich nutzlos bei Costa e Silva, dem damaligen Präsidenten Brasiliens für Miranda Ribeiro. „Bestrafung ist häufig der Preis, den Menschen für Gesetzestreue und Achtung der Menschenwürde zu zahlen haben". (A punição, ás vezes, é o prêmio conferido aos que observam a lei e respeitam a dignidade da pessoa humana). Der Fall Miranda Ribeiro konnte später voll aufgedeckt werden. Burnier wurde jedoch, wie in Brasilien seinerzeit üblich, nicht zur Verantwortung gezogen.

243 Über Terror siehe Fon, Antonio Carlos, „Tortura – A História da repressão política no Brasil", Global Editores, 1979. Fon trat für den gesamten Inhalt seines Buches den Wahrheitsbeweis vor einem Militärgericht in São Paulo an. Über die Methoden der Repression und ihre Finanziers gibt es inzwischen umfangreiche Unterlagen. Siehe auch Alves, Marcio, „Brasilien – Rechtsdiktatur zwischen Armut und Revolution", Reinbek, 1975, sowie U.S., Senate, „United States Policies and Programs in Brazil", Hearings before the Subcommittee on Western Hemisphere Affairs of the Committee on Foreign Relations, U.S. Government Printing Office, Washington, 1971.

244 Siehe: Fiechter, Georges Andrés, „O Regime Modernizador no Brasil, 1964/1972" S. 216.

245 Siehe: v. Conta, Manfred, „Zäher Widerstand gegen den Präsidenten", Süddeutsche Zeitung (München) v. 6. Juni 1974.

246 Siehe: Fon, Antonio Carlos, „Tortura – A História da repressão política no Brasil", a.a.O., S. 39 ff.

247 Ibid., S. 55 ff.

248 Ibid., S. 56.

249 Ibid., S. 56. Siehe auch „Le Monde diplomatique", Januar/März 1980, „L'affaire Ballarin".

250 Siehe Polizeibericht, 7º Delegacia do Rio de Janeiro, sowie „Dois homens armados invadem casa de Kurt Mirow e dão busca geral", O GLOBO, und „Dois bandidos assaltam casa do industrial Kurt Mirow em Santa Teresa", Jornal do Brasil v. 30. August 1979.

251 Die anonymen Telefonanrufe wurden von Vitor Combo, Journalist der Zeitung O GLOBO und weiteren zufällig anwesenden Reportern anderer Zeitungen mitgehört und auf Tonband aufgenommen. Siehe auch „Desconhecidos ameaçam por telefone família de Mirow", O GLOBO v. 31. August 1979, S. 13.

252 Siehe „Grupo nazista ameaça matar intelectuais em S. Paulo", Jornal do Brasil v. 19. Oktober 1979, sowie entsprechende Polizeiuntersuchungen.

253 Nogueira Batista Paulo, in „O caminho da democracia é a energia nuclear", Gazeta Mercantil v. 18. Oktober 1979, S. 8.

254 Über American Management Association siehe auch Moniz, Bandeira, „*Carteis* e Desnacionalização", a.a.O., S. 203.

255 Über Trilateral Commission siehe Assmann, Hugo/ dos Santos, Theotonio/ Chomsky, Noam, „*A Trilateral, nova fase do Capitalismo Mundial*", Editora Vozes, Petropolis, 1979, Originaltitel „*Carter y la Lógica del Imperialismo*", Educa Centroamericana, 1978.

256 Über Synopse siehe zahlreiche Publikationen von Nery, Sebastião, September - Dezember 1978.

257 Siehe: „Técnico dos EUA elogia programa nuclear do Brasil", Jornal do Brasil v. 11. Juni 1978.

258 Über Brasiliens Großprojekte siehe Veja, „As grandes ambições, tropeços e obstáculos tornam extensa a lista de projetos problemáticos. Por Quê?" 19. Oktober 1977, S. 118 ff.

259 José Arzuza Ugarte in „Empresário apóia críticas à ABINEE", Gazeta Mercantil v. 8. Dezember 1978.

260 Rede von Helmut Vervuert, 11. September 1978, Deutsch-Brasilianische Handelskammer, São Paulo.

261 Eine ausführliche Darstellung des Problems der brasilianischen Auslandsverschuldung befindet sich in Mirow, Kurt Rudolf, „Condenados ao Subdesenvolvimento", a.a.O., S. 133 ff.

262 Siehe auch Mirow, Kurt Rudolf, „Die Diktatur der Kartelle", a.a.O.

263 Siehe: Haeusgen, Helmut, „Finanzierung hat modernen Zuschnitt – das Kernkraftwerk-Projekt als Musterfall", in Beilage zu „Handelsblatt", 9. Dezember 1975.

264 Siehe auch Faerber, Renate, „Faule Steine liegen Atomgeschäft im Weg", Kölner Stadtanzeiger v. 11. Oktober 1979, Gasche, Urs, „64 Milliarden Fiasko", Tagesanzeiger Zürich v. 29.5.1980, sowie Erler, Brigitte, „Das Atomgeschäft mit Brasilien ist tot", Sozialdemokratischer Pressedienst Wirtschaft v. 8. Mai 1980, S. 3.

265 Über Verdunstungsprobleme siehe „Petrobrás perdeu em 78 3 milhões de barris", Jornal do Brasil v. 7. August 1978.

266 Mario Garnero vor der Comissão Nacional de Energia, Brasilia, 8. August 1979.

267 Cesar Cals in „Cals: País só importará 30 % de Petroleo em 85", O GLOBO v. 23. Oktober 1979, S. 28.

268 Siehe: „Indústria de bens de capital com ociosidade vai dispensar 40 mil", in Jornal do Brasil v. 23. Juli 1979. Siehe auch monatliche Berichte der ABDIB (Associação Brasileira para o Desenvolvimento da Indústria de Base) über Auslastung der brasilianischen Investitionsgüterindustrie, Jahre 1978/1979.

269 Ferola in „Redução de crédito provoca queda de produção de feijão", O GLOBO v. 14. August 1977.

270 Siehe: Grupo de Informação Agrícola da Fundação Getúlio Vargas, „Prognóstico Precursor 1978-1979", publiziert in Gazeta Mercantil v. 8. August 1978.

271 Siehe: Häfele, Wolf, „Energiesysteme unter Berücksichtigung mittel- und langfristiger Perspektiven", in: *„Probleme der Kernenergie"*, a.a.O., S. 91 ff. Siehe auch Penczynski, Peter, „Welche Energiestrategie können wir wählen", Siemens Aktiengesellschaft, 1978.

272 Zitiert aus U.S. Congreß, „Nuclear power costs", a.a.O., S. 52 ff.

273 Häfele, a.a.O.

274 Über Rettungsboottheorie siehe: Wade, Green, „On Life-Boat Ethics", in „Triage – who shall be fed and who shall starve?" in „Middle and Long-Term Energy Policies and Alternatives" – Appendix to Hearings before the Subcommittee on Energy and Power of the Committee on Interstate and Foreign Commerce, House of Representatives, U.S. Congreß, second Session on Energy Choices Facing the Nation and their Long-Range Implication: Enlarging Economic Doctrine", U.S. Government Printing Office, Washington, 1976, S. 202 ff.

275 Perry in ,,*Nuclear power costs*", a.a.O., S. 42.

276 Siehe auch Miller, Saunders, ,,*The economics of nuclear and coal power*", Praeger, New York, 1976, S. 723.

277 Siehe:,,Barron's on Books", Barron, 30. Mai 1977.

278 Alvin Weinberg, in Wagner, Friedrich, ,,*Die Wissenschaft und die gefährdete Welt*", a.a.O., S. 493.

279 Weinberg, in Gaul, Ewald: ,,*Atomenergie oder ein Weg aus der Krise*", a.a.O., S. 55.

280 Siehe: ,,*Nuclear Power Costs*", a.a.O., Empfehlungen.

281 ,,Pfiffige Bundesregierung", siehe: Manstein, Bodo, ,,Atomares Dilemma", Frankfurt 1978, S. 102 und Boessenecker, H., in: Die Zeit, Nr. 29, 1976.

282 Siehe auch Tamer, Alberto, in ,,Para o impasse, qualquer saída resulta em prejuízo", in O Estado de São Paulo v. 17. Dezember 1978, S. 72.

283 Wolf Grabendorff und Manfred Nitsch in ,,Thesen zur deutschen Politik gegenüber Brasilien, Arbeitspapier vor der Arbeitstagung, ,,Neue Formen der Zusammenarbeit mit Lateinamerika", veranstaltet von der Deutschen Stiftung für Internationale Entwicklung und vom Institut für Iberoamerika-Kunde, West-Berlin, 22. bis 24. Juni 1977, unveröffentlichtes Manuskript, zitiert in Waack, William, ,,Probleme des internationalen Technologie-Transfers am Beispiel des Deutsch-Brasilianischen Atomgeschäfts", a.a.O., S. 77.

Bibliographie

Albrecht, Ulrich *et al.* – *Arbeitsplätze durch Rüstung? Warnungen vor falschen Hoffnungen*, Rowohlt Taschenbuch Verlag, Reinbek bei Hamburg, 1978.

Amis de la Terre, L'Escroquerie Nucléaire, Editions Stock, Paris, 1975.

Bane, Charles A. – *The electrical equipment conspiracies (the treble damage actions)*, Federal Legal Publications Inc., New York, 1973.

Branco, Catullo – *Energia elétrica e capital estrangeiro no Brasil*, Editora Alfa-Omega, São Paulo, 1975.

Brossard, Paulo – *A Ferrovia do Aço – sonho dos mil dias*, Senado Federal, Brasilia, 1977.

Brubacker, Sterlin – *Trends in the world aluminium industry*, John Hopkins Press, Baltimore, 1976.

Bryerton, Gene – *Nuclear dilemma*, Friends of the Earth, Ballantine Books, New York, 1970.

Comblin, Joseph – *A ideologia da segurança nacional – o poder militar na América Latina*, Editora Civilização Brasileira, Rio de Janeiro, 1978.

Commoner, Barry – *Energieeinsatz und Wirtschaftskrise*, Rowohlt Verlag, Reinbek bei Hamburg, 1977. (*The poverty of power*, Alfred A. Knopf, New York, 1976.)

Cube, Alexander von – *Auf einem Tiger reiten – Für und wider die Atomenergie*, Europäische Verlagsanstalt, Köln, 1977.

Epstein, Barbara – *Politics of trade in power plant*, Trade Policy Research Center, London, 1971.

Figueira Barbosa, Antônio Luiz – *Propriedade e quase-propriedade no comércio da tecnologia*, Rio de Janeiro, 1978.

Fröbel, Folker; *Heinrichs*, Jürgen; *Kreye*, Otto – *Die neue internationale Arbeitsteilung – Strukturelle Arbeitslosigkeit in den Industrieländern und die Industrialisierung der Entwicklungsländer*, Rowohlt Taschenbuch Verlag, Reinbek bei Hamburg, 1977.

Fuller, John G. – *We almost lost Detroit*, Ballantine Books, New York, 1976.

Gaul, Ewald – *Atomenergie oder ein Weg aus der Krise? – Von der lebensbedrohenden Leichtfertigkeit der Energieplaner – Wissenschaftliche Warnungen gegen die friedliche Nutzung der Kernenergie*. Rowohlt Taschenbuch Verlag, Reinbek bei Hamburg, 1974.

Gofmann, John W. – *Poisoned power – the case against nuclear power plants*, Rodale Press Inc. Emmaus. Pa. 18049, 1971.

Goldemberg, José – *Energia nuclear no Brasil*, Editora Hucitec, São Paulo, 1978.

Green, David – *The containment of Latin-America*, Cicago Quadrangle Books, Chicago, 1972.

Guilherme, Olympio – *O Brasil e a era atômica*, Editorial Vitória, Rio de Janeiro, 1957.
Jacobi, Ingo von – *Direktinvestitionen und Export*, Veröffentlichung des HWWA, Institut für Wirtschaftsforschung, Hamburg, 1972.
Jungk, Robert – *Der Atom-Staat – Vom Fortschritt in die Unmenschlichkeit*, Kindler Verlag, München, 1977.
Kiemann, J. – *A explosão*, Editora Nova Fronteira, Rio de Janeiro 1978.
Manstein, Bodo – *Atomares Dilemma*, Fischer Taschenbuch Verlag, Frankfurt, 1977.
Miller, Saunders – *The economics of nuclear and coal power*, Praeger, New York, 1976.
Mirow, Dieter – *Eine Kostenrechnung in Betrieben des öffentlichen Nahverkehrs*, Technische Universität, Berlin 1973.
Mirow, Kurt Rudolf – *A ditadura dos cartéis – anatomia de um subdesenvolvimento*, Editora Civilizacão Brasileira, Rio de Janeiro, 1977 (liberado para circulação em 1978).
Mirow, Kurt Rudolf – *Condenados ao subdesenvolvimento*, Editora Civilização Brasileira, Rio de Janeiro, 1978.
Mirow, Kurt Rudolf – *Die Diktatur der Kartelle*, Rowohlt Taschenbuch Verlag, Reinbek bei Hamburg, 1978.
Mirow, Kurt Rudolf – *Cartéis e a exploração do mercado brasileire (manuscrito)*.
Mirow, Kurt Rudolf – *The cartel conspiracy* Houghton Mifflin Comp., New York, 1981.
Moniz, Bandeira – *Presença dos Estados Unidos no Brasil*, Editora Civilização Brasileira, Rio de Janeiro, 1973.
Moniz, Bandeira – *Cartéis e desnacionalização – a experiência brasileira: 1964-1974*, 3. edição, Editora Civilização Brasileira, Rio de Janeiro, 1979.
Newfarmer, Richard – *Multinational conglomerates and the economics of dependent development – a case study of the international electrical oligopoly and Brazil's electrical industry*, University of Wisconsin, Madison, 1977. (JAI Press, Greenwich-Connectient – 1980).
Newfarmer, Richard – *The international market power of transnational corporations – a case study of the electrical industry*, UNCTAD, Genf, 1978.
Sultan, Ralph G.M. – *Pricing in the electrical oligopoly*, Division of Research, Graduate School of Business Administration, Harvard University, Boston, 1974.
Távora, Juarez – *Átomos para o Brasil*, Livraria José Olympio Editora, Rio de Janeiro, 1958.
Tenler, Judith – *Electric power in Brazil, entrepreneurship in the Public Sector*, Harvard University Press, Cambridge, Massachusetts, 1968.
Vieira, Dorival Teixeira; *Camargo*, Lenita Corréa – *Multinacionais no Brasil, diagnóstico e prognóstico*, Saraiva, São Paulo, 1976.
Viner, Jacob – *Dumping: a problem in international trade*, Augustus M. Kelley Publishers, New York, 1966.
Waack, William – *Probleme des internationalen Technologie-Transfers am Beispiel des Deutsch-Brasilianischen Atomgeschäfts*, Johannes Gutenberg Universität, Mainz, 1978.
Wüstenhagen, Hans Helmut – *Bürger gegen Kernkraftwerke – Whyl, der Anfang?*, Rowohl Taschenbuch Verlag, Reinbek bei Hamburg, 1975.
Technologie und Politik – Aktuell Magazin Nr. 4, Rowohlt Taschenbuch

Verlag, Reinbek bei Hamburg, 1976, mit Beiträgen von
Lass, Hans Detlef – „Warum Brasilien und Südafrika, warum nicht Australien? Ein unbeachtetes Kapitel deutscher Nuklearpolitik 1975".
Rey, Romeo – „Brasiliens Physiker gegen Abkommen mit Bonn".
Aktuell Magazin Nr. 5.
Mirow, Kurt Rudolf – „Nach dem Gesetz der Wölfe – Das Welt Elektrokartell".
Aktuell Magazin Nr. 7.
Metz, Lutz – „Die Atomindustrie in Westeuropa".
„Das ist ja wie im Krieg – Augenzeugenberichte aus Brokdorf."

Vorträge, Artikel und Interviews.

Amarante, J.A.A. – „O Acordo Nuclear Brasil-Alemanha. Um reexame após 21 meses", Ministério da Aeronáutica, Departamento de Pesquisa e Desenvolvimento, São José dos Campos, 27. März 1977.
Araripe, Luiz de Alencar – „Panorama nuclear mundial e o Brasil", conferência pronunciada na Biblioteca do Exército, Brasilia, 1967.
Batista, Paulo Nogueira – „A politica nuclear do Brasil", conferência pronunciada na Comissão de Minas e Energia do Senado Federal, Brasilia, 9. Oktober 1975.
Batista, Paulo Nogueira – „A tecnologia dos reatores a serem construidos no Brasil", conferência pronunciada na Comissão de Ciência e Tecnologia da Câmara dos Deputados, Brasilia, 29. Mai 1977.
Batista, Paulo Nogueira – „A politica nuclear do Brasil", conferência pronunciada na Escola Superior de Guerra, Rio de Janeiro, September 1977. (Existem duas versões diferentes dessa conferência.)
Batista, Paulo Nogueira – „Usina de reprocessamento é irreversivel para a NUCLEBRAS", entrevista, *in Jornal do Brasil*, 21. Mai 1978.
Behring, Mário – „Opções viáveis a curto prazo", *Veja*, 25. Oktober 1978.
Business Week, „Why atomic power dims today", 17. November 1975.
Business Week, „Why the nuclear power race worries the U.S.", 23. August 1973.
Business Week, „Nuclear dilema: the atom's fizzle in an energy-short world", Special Report, 25. Dezember 1978.
Gall, Norman – Atomos para o Brasil", *Multinacionais, os limites da soberania*, Fundação Getúlio Vargas, Rio de Janeiro, 1977.
Gall, Normann – „O impasse nuclear", *Jornal do Brasil* – especial – 3. Dezember 1978.
Geo, „Kreuzfahrt durch Inseln der Angst", November 1978.
Keller, Cornelius; *Hupper*, Karl Ludwig – „Wiederaufarbeitung von Kernbrennstoffen", *Bild der Wissenschaft*, Juni 1977.
Mandel, Heinrich – entrevista, em „RWE Vorstand Heinrich Mandel über Kosten und Risiken der Kernenergie", *Der Spiegel*, 11. Dezember 1978.
Michaels, Heinz – „Querschüsse aus den USA, Wie die amerikanische Konkurrenz den deutschen Reaktorexport zu behindern versucht", *Die Zeit*, 20. Juni 1979.
Meyer Larsen, Werner – „Aufbruch zur Sonnenenergie", Report in *Der Spiegel*, 20. November 1978.

Morais, Antônio Ermirio de – entrevista, *Jornal da Tarde*, São Paulo, 21. Dezember 1978.
National Council of Churches, „The plutonium economy: a statement of concern", New York, September 1975.
Rey, Romeo – „Brasiliens Fehlstart in das Atomzeitalter", *Frankfurter Rundschau*, 14. September 1978.
Ross, Leonard – „How atoms for peace became bombs for sale", *The New York Times Magazine*, 5. Dezember 1976.
Richter, Gerolf – „Die Berechnung der Zuverlässigkeit großer komplexer Systeme nach der Methode der relevanten Pfade", Institut für Kerntechnik, Berlin 1975.
Schlesinger, James – entrevista: „A crise de energia é maior do que se pensa", *Jornal do Brasil* – especial –, 8. Januar 1978.
Schlesinger, James – entrevista: „The coming boom in solar energy", Special Report, *Business Week*, 9. Oktober 1978.
Spiegel, Report „Bombengeschäft oder Geschäft mit der Bombe – Report über das weltweite Geschäft mit deutschen Atomkraftwerken", *Der Spiegel*, Nr. 12, 1976.
Tamer, Alberto – „Para o impasse, qualquer saida resulta em prejuizo", *in O Estado de São Paulo*, 10/13/17. Dezember 1978.
Távora, Virgflio – discurso pronunciado no Senado Federal, Brasilia, 28. Juni 1975.

Berichte

Abdib (Associação Brasileira para o Desenvolvimento da Indústria de Base), *Relatórios Anuais 1971-1977*, São Paulo.
Abinee (Associação Brasileira da Indústria Eletroeletrônica), *Anuários da Indústria Eletroeletrônica do Brasil, 1968-1975*, São Paulo.
Abinee (Associação Brasileira da Indústria Eletroeletrônica), *1.º Congresso Brasileiro da Indústria Eletroeletrônica*, São Paulo, 1. November 1975.
Abinee (Associação Brasileira da Indústria Eletroeletrônica), *2.º Congresso Brasileiro da Indústria Eletroeletrônica*, São Paulo, 28/30. November 1978.
Annual Report for 1975 of the Kraftwerk Union Aktiengesellschaft.
Arbeitsgruppe Wiederaufarbeitung (WAA) an der Universität Bremen: *„Atommüll oder Der Abschied von einem teuren Traum"*, Rowohlt Taschenbuchverlag, Reinbek bei Hamburg, 1977.
Bundesminister für Forschung und Technologie *„Rahmenprogramm Energieforschung 1974-1977"*, Bonn, 1974.
Federal Ministry for Research and Technology *„Fourth Nuclear Program 1973-1976 of the Federal Republic of Germany"*, Bonn, 1974.
California Energy Ressources Conservation and Development *„Status of nuclear fuel reprocessing, spent fuel storage and high level-waste disposal"*, overview and summary, Nuclear Fuel Cycle Committee, 1978.
Cigrie Study Committee 14 – HCDC Links, *„Prospects for HVDC Applications in Brazil"*, Winnipeg, Canadá, 1977.
Eltrobrás, Centrais Elétricas Brasileiras S.A., Jahresberichte, 1969-1978.
Plano de atendimento dos requisitos de energia elétrica até 1990 – Bericht.
Plano de atendimento dos requisitos de energia elétrica até 1995 – Bericht.

Grupo de Estudos da Politica de Energia Nuclear (EUA) – *Energia Nuclear – problemas e opcões* (relatório MITRE), Editora Cultrix, São Paulo, 1978. (Originaltitel: *Nuclear power: issues and choices*, Ford Foundation, 1971).

Komanoff, Charles; *Boxer*, Nancy – *Nuclear plant performance / update data through December 31, 1976*, Komanoff Energy Associates, New York, 1977.

Komanoff, Charles – *An analysis of nuclear and coal capital costs*. Presented as testimony before the State of New Jersey Board of Public Utilities, New York, 17. Juli 1978.

Massachusetts Institute of Technology (MIT): *Energia – estratégias globais 1985-2000*, Atlântida Editora, São Paulo, 1978.

Massachusetts Institute of Technology. Center for Policy Alternatives: *Trends in light water reactor capital costs in the United States: causes and consequences*, Cambridge, 18. Dezember 1974.

Ministério das Relações Exteriores – Secretaria Geral Adjunta para Organismos Internacionais: *Politica nuclear do Brasil*, textos e declarações, 9. August 1967.

Nacla: Labor and imperialism in Mexico's electrical industry, New York, 1977.

Newfarmer, Richard – *The takeovers in Brazil: the uneven distribution of benefits in the market for firms*, University of Notre Dame, 1978.

Newfarmer, Richard – *Testing dependency theory. A historical case study of Brazil's electrical industry*, University of Notre Dame, 1978.

Nuclear Study Committee, testimony of Gofmann, John, Division of Medical Physics, University of California: *Some important unexamined questions concerning the Barnwell Nuclear Fuel Reprocessing Plant*, Colúmbia, South Carolina, 7. Januar 1972.

OECD (Organization for Economic Co-Operation and Development): *Energy prospects to 1985*, vols. I e II, Paris, 1974.

Uranium resources, production and demand, Paris, 1977.

Stockholm International Peace Research Institute (SIPRI): *Rüstung und Abrüstung im Atomzeitalter*. Rowohlt Taschenbuch Verlag. Reinbek bei Hamburg (Originaltitel: *Armaments and disarmaments in the nuclear age*.)

Syndicat CFDT de l'Energie atomique: *L'Electronucléaire en France*, Editions du Seuil, Paris, 1975.

The Monopolies and Restrictive Practices Commission Reports, Her Majesty's Stationary Office, *Report on the supply and export of electrical and allied machinery and plant*, London, 1957.

Epstein, Barbara; *Mirow*, Kurt Rudolf – *Impact on developing countries of restrictive business practices of multinational companies in the electrical equipment industry. A cade study of Brazil, UNCTAD*, United Nations Conference on Trade and Development, Genf, 1978.

Revelle, R.; *Schaefer*, M.R. – *Oceanic research needed for the safe disposal of radioactive wastes at sea*, United Nations International Conference on the Peaceful Uses of Atomic Energy, Genf, 1958.

Presidência da República: *Livro branco sobre o Acordo Nuclear Brasil-Alemanha*, Brasilia, 1977.

Presidents Office of Science and Technology Policy, *An analysis of the back end of the nuclear fuel cycle with emphasis on high-level waste management*, study made by the Jet Propulsion Laboratory of the California Institute of Technology, 1977.

U.S. Senate – *Electric power industries. Supply of electrical equipment and competitive conditions*, Washington, Government Printing Office, GPO, 1928.
Report of the Federal Trade Commission on International Electrical Equipment Cartels, Washington, Government Printing Office, GPO, 1948.
U.S. Senate, *United States policies and programs in Brazil*, Hearings before the Subcommittee on Western Hemisphere Affairs of the Committee on Foreign Relations, Washington, GPO, 1971.
U.S. House of Representatives, *Foreign policy implications of the Energy Crisis*, Hearings before the Subcommittee on Foreign Economic Policy of the Committee on Foreign Affairs, Washington, GPO, 1972.
U.S. Congress, *Future structure of the uranium enrichment industry*, Hearings before the Joint Committee on Atomic Energy, Washington, GPO, 1974.
U.S. Congress, *International proliferation of nuclear technology*, Hearings before the Committee on Interior and Insular Affairs, Washingthon, GPO, 1975.
U.S. House of Representatives, *Middle-and Long-Term energy policies and Alternatives*, Hearings before the Subcommittee on Energy and Power of the Committee on Interstate and Foreign Commerce, Washington, GPO 1976, Part I-VI.
U.S. Congress, *A review and update of the cost-benefit analysis for the liquid metal fast breeder reactor* (LMFBR), a study prepared for the use of the Joint Economic Committee, Washington, GPO, 1976.
U.S. House of Representatives, *International cooperation in energy research and development*, Hearings before the Subcommittee on Energy Research, Development and Demonstration of the Committee on Science and Technology, Washington, GPO, 1976.
U.S. House of Representatives, *Solar energy legislation through the 94 th Congress*, Subcommittee on Energy Research, Development and Demonstration of the Committee on Science and Technology, Washington, GPO, 1977.
U.S. Senate, *Multinational corporations and United States foreign policy. Political contributions to foreign Governments*, Hearings before the Subcommittee on Multinational Corporations of the Committee on Foreign Relation, Washington, GPO, 1976.
U.S. House of Representatives, *Low level radioactive waste disposal*, Hearings before the Subcommittee of the Committee on Government Operations, GPO, 1976.
Committee for Economic Development, *Nuclear energy and national security*, a statement on national policy by the research and policy committee of the Committee for Economic Development, New York, 1976.
U.S. ERDA (Energy Research and Development Administration), *A national plan for energy research, development & demonstration: creating energy choices for the future*, vol. 1. *The lan*, vol. II. *Program implementation*, Washington, 1976.
U.S. House of Representatives, *Compilation of energy-related legislation*, vol. I. *Oil, Gas, and Electric Power*, prepared by the Staff Committee on Interstate and Foreign Commerce, Washington 1977.
U.S. Congress, *The economics of solar energy*, Hearings before the Joint Economic Committee, Washington, GPO, 1977.
U.S. Senate, *Incentives for developing new energy sources*, Hearings before

the Subcommittee on Energy and Foundations of the Committee on Finance, Washington, GPO, 1977.

U.S. Congress, *Energy conservation*, Hearings before the Subcommittee on Energy of the Joint Economic Committee, Februar-April 1978, Washington, GPO, 1977.

U.S. House of Representatives, *Energy program*, overview of the energy problem, prepared for the Committee on Ways and Means House of Representatives, by the Joint Committee on Taxation, Mai 1977, Washington, GPO, 1977.

U.S. Senate, *Mandatory energy conservation amendments to President Carter's energy program*, Hearings before the Subcommittee on Energy Conservation and Regulation of the Committee on Energy and Natural Resources, Juli-August 1977, GPO, 1978.

U.S. House of Representatives, *National energy act*, Report of the Ad Hoc Committee on Energy, Washington, GPO, 1977.

U.S. Senate, U.S. House of Representatives, *Nuclear proliferation factbook*, prepared by the Subcommittee on International Economic Policy and Trade of the Committee on International Relations, U.S. House of Representatives and the Subcommittee on Energy, Nuclear Proliferation and Federal Services of the Committee on Governmental Affair, U.S. Senate by Environment and Natural Resources Policy Division, Congressional Research Service, Library of Congress, Washington, GPO, 1977.

U.S. House of Representatives, *High level nuclear waste*, Hearings before the Subcommittee of the Committee on Government Operations, Washington, GPO, 1977.

U.S. Government ERDA, Energy Research & Development Administration, *Solar energy in America's future – a preliminary assessment*, Washington, 1977.

U.S. House of Representatives, *West valley and the nuclear waste dilemma*, 12th report by the Committee on Government Operations, Washington, GPO, 1977.

U.S. Senate, *International uranium cartel*, Hearings before the Subcommittee on Oversight and Investigations of the Committee on Interstate and Foreign Commerce, House of Representatives, Washington, GPO, 1977.

U.S. Congress, *Nuclear power costs*, committee on Government Operations, Washington, GPO, 1978.

Kongresse und Podiumsgespräche

III Seminário de Dirigentes de Empresas de Energia Elétrica, Brasilia, 6 a 8 de agosto de 1975, conferências e debates publicados na *Revista Brasileira de Energia Elétrica*, Nr. 31.

Ueki, Shigeaki – „Expansão da capacidade geradora e modificação nos hábitos de consumo".

Oliveira, Araken de – „O programa energético brasileiro e o fim da era do petróleo barato".

Velloso, João Paulo dos Reis – „Reflexos da crise mundial de energia na economia de paises em desenvolvimento".

Batista, Paulo Nogueira – „Perspectivas abertas ao Brasil com a aquisição de tecnologia nuclear".

Dornelles, Francisco Neves – „Legislação tributária como instrumento da politica econômica".
Bhering, Mário Penna – „Formação de recursos para o programa do energia elétrica".

International Atomic Energy Agency, Conference on Nuclear Power and its Fuel Cycle, Salzburg 2.-13. Mai 1977.
Haefele, Wolf – „General prospects and national programs".
Angelini, A.M.; *Castelli*, G.F. – „Integrated planning of the fuel cycle".
Goens, Julien R. – „Isotope separation".
Allardice, R.H. – „Fuel reprocessing".
Witte, H.O. – „Radioactivity management".
Mustelier J.P. – „Plutonium fuels".
Keepin, Robert – „Safeguards".
Szeless, Andreas – „LWR and HWR fuel technology".
Vinck, W. – „Nuclear safety – thermal reactors and fuel cycle".
Erp, J.B. van – „Safety of fast-reeders and their fuel cycle".
Vendryes, George – „Advanced nuclear systems".
Khan, Munir – „Nuclear power and the developing countries".
Adkins, Bruce; *Bullio*, Pietro – „Nuclear power and public opinion".

Siehe auch Pugwash Konferenz – Wingspread-Racine; Wisconsin U.S.A. 1977 publiziert in O ciclo do combustivel nuclear, Rio de Janeiro 1978.
Rathjens, George W.; *Carnesale*, Albert – „O ciclo de combustivel nuclear e a proliferação nuclear";
Greenwood, Ted – „Por que reprocessar?"
Hatcher, S.R.; *Morgan*, W.W. – „Considerações técnicas e econômicas do reprocessamento de combustivel";
Sharefkin, Mark – „A parte econômica dos centros multinacionais de reprocessamento";
Scheinman, Lawrence – „Salvaguarda das instalações de reprocessamento: O impacto da multinacionalização";
Beets, C. – „O impacto dos acordos internacionais de salvaguarda sobre a operação do ciclo de combustivel nuclear";
Farmer, F.R. – „Considerações de segurança em usinas de reprocessamento de combustivel nuclear";
Dyne, P.J.; *Lyon*, R.B.; *McLean*, D.F. – „Centros regionais de processamento de combustivel. Considerações técnicas e operacionais";
Lewis, Benne W. – „Armazenamento de residuos radiativos em pequenas esferas de vidro resfriadas";
Willrich, Mason – „Segurança fisica nas operações multinacionais do ciclo do combustivel nuclear".
Smitth, Constance B.; *Chayes*, Abram – „Entendimentos institucionais para uma usina multinacional de reprocessamento";
Allday, C. – „Algumas experiências na formação e operação de organizações multinacionais de enriquecimento de urânio e reprocessamento de combustivel";
Fischer, D.A.V. – „O papel da IAEA nos centros multinacionais de ciclo de combustivel";
Lowrance, William – „Futuros nucleares à venda. Questões suscitadas pelo Acordo Nuclear Brasil-Alemanha";
Skolnikoff, Eugene – „Relevância da experiência da INTELSAT para a estrutura organizacional de instalações multinacionais de combustivel nuclear".

Epstein, William – „Acordos internacionais para instalações de ciclo de combustivel nuclear: a parte politica do problema".

Sociedade Brasileira de Fisica – XI reunião anual, São Paulo, julho de 1977, conferências publicadas no Boletim Especial *Energia*, Nr. 4, ano 8, 1977.

Goldemberg, José – „O Acordo Nuclear".

Magalhães, Frederico Gomes – „Perspectivas a longo prazo da energia elétrica no Brasil".

Monticelli, José Alcir – „Energia elétrica e dependência".

Junqueira, José Luiz de Almeida – „Um mihão de turbinas para o Brasil".

Goldemberg, José – „O álcool – é a solução?"

Stumpf, E.U. – „Aspectos técnicos de motores a álcool".

Gomes da Silva, José – „O proálcool e as responsabilidades do setor agricola".

Moreira, José Roberto – „Energia, antes de tudo problema de investimento".

Meyer, João Alberto – „Fontes alternativas de energia e a SBPC".

Macedo, Isaias de C. – „Utilização da energia solar no Brasil: perspectivas".

Zwanziger, Marcus G. – „Hidrogênio e energia hidroelétrica".

Mônaco, Lourival Carmo – „Uso da biomassa na produção de energia".

Souza, Albino de – „A possivel contribuição da energia eólica no Nordeste brasileiro".

„Probleme der Kernenergie – Chancen, Risiken und Perspektiven in einer sich wandelnden Energiewirtschaft", internationaler Fachkongreß der Friedrich-Ebert-Stiftung, Bonn-Godesberg, 3-4. Oktober 1977 Vorträge veröffentlicht in *Probleme der Kernenergie*, Verlag Neue Gesellschaft, Bonn, 1977.

Matthöfer, Hans – „Energien der Zukunft – welche Rolle spielt die Kernenergie".

Vetter, Heinz O. – „Gewerkschaften und Energiepolitik 1977".

Brunner, Guido – „Energiepolitische Leitlinien der EG unter besonderer Berücksichtigung der Kernenergie".

Kartkopf, Günter – „Das Instrumentarium der Bundesregierung zum Schutze der Bevölkerung und Umwelt beim Bau von Kernkraftwerken".

Nye, Joseph S. – „Nutzung der Kernenergie ohne Proliferation".

Etemad, Akbar – „Der Iran und die alternativen Energiequellen; Perspektiven und Probleme".

Landsberg, Hans H. – „Die Wettbewerbsposition der Kernenergie".

Haefele, Wolf – „Energiesysteme unter Berücksichtigung mittel – und langfristiger Perspektiven".

Belknap, Norton – „Die Energiesituation in der Welt".

Rose, David – „Energie für eine gerechte und zukunftsichere Welt".

Knizia, Klaus – „Kraftwerkstechnologie – Wandel der Aufgaben und Probleme".

Teller, Edward – „Gibt es gegenwärtig in der Energieversorgung der Industriestaaten echte Alternativen zur Kernenergie?".

Podiumsdiskussion. Volker Hauff, Hans Frewer, Klaus Knizia, Hans H. Landsberg, Hans Georg Lange, Werner Peters, David Rose, Wilhelm Sahl, Walter Schuller, Edward Teller, Christoph Zoepel.

II Ciclo de Estudos sobre Problemas Brasileiros, Assembléia Legislativa do Estado do Rio Grande do Sul, novembro de 1977.

Mirow, Kurt Rudolf – „Dependências da economia brasileira".

Gomes, Severo – „A emprese nacional".
Barelli, Walter – „A pirâmide social brasileira e a distribuição de renda".
Marcondes Ferraz, Octávio – „A politica energética nacional".
Energiekongreß Clube de Engenharia do Rio de Janeiro, 24 e 25 Oktober 1977, *Energia, tecnologia e desenvolvimento*, Editora Vozes, Petrópolis, 1978.

Teil I: Elektrizitätswirtschaft

1. *Castro*, Antônio Barros de „O crescimento da economia brasileira e a demanda de energia elétrica";
2. *Silva Telles*, Affonso da – „Participação do carvão na produção de energia elétrica";
3. *Rosa*, Luiz Pinguelli – „Panorama e perspectivas da energia nuclear";
4. *Sigaud Filho*, Cassio – „Panorama e perspectivas das fontes alternativas de energia";
5. *Magalhães*, Frederico Gomes – „A energia hidrelétrica no Brasil".

Teil II: Energie, Technologie und Entwicklung

1. Mesa-redonda sobre „A indústria nacional e o programa energético brasileiro": *Goldemberg*, José; *Puppo*, Silvio de Abreu; *Mirow*, Kurt Rudof; *Gomes*, Severo.
2. Mesa-redonda sobre „Energia e tecnologia nacional": *Coimbra*, Alberto L.; *Monticelli*, Alcir; *Singer*, Paul.

Teil III: Geschichtlicher Hintergrund

Almeida, Rômulo de – „PETROBRAS, ELETROBRAS e NUCLEBRAS: um paralelo histório".
I brasilianischer Energiekongreß, Rio de Janeiro, Dezember 1978, Anais Clube de Engenharia do Rio de Janeiro, vols. I, II, III.

Sonnenenergie

A-1 *Bastos Netto*, D.; *Zetti*, B.J.E. – „Destilador solar: um novo projeto", IPM, Rio de Janeiro.
A-2 *Catania*, P.J.; *Lobo*, P.C. – „Solar distillation in Brazil", Lab. de Energia Solar, UFPb.
A-3 *Hall*, F.F. – „Weightless solar energy collection", Stanford, EUA.
A-4 *Ogura*, M.K.; *Daud*, M.A. – „Estimativa das quantidades de radiação solar global e difusa em médias mensais, para o Estado de SP", IPT, SP.
A-5 *Seki*, N.; *Fukusako*, S.; *Cheng*, K.C.; *Kawabe*, H. – „Heat transfer characteristics of Double Tube Thermosyphon", Univ. Sapporo, Japão
A-6 *Bastos*, L.E. – „Projeto de um vaporizador criogênico", COPPE/UFRJ
A-7 *Garg*, H.P. – „System data on flat-plate collectors and its optimization".
A-8 *Hage Junior*, E.; *Pinto*, A.R.O. – „Caracteristicas do GRP para aplicações em coletores de energia solar", USP/SC; UNICAMP.

A-9 *Mattos*, E.V.; *Oliveira*, M.V. – „Desenvolvimento e construção de um medidor da radiação solar hemisférica – piranômetro JPN", IPM, Rio de Janeiro.

A-10 *Gorasia*, J.N.; *Saini*, J.S.; *Gupta*, C.P. – „Design, Construction and short term performance of a solar pond", Roorkee, India.

A-11 *Pinto*, A.R.O.; *Borges*, J.M. – „Aquecedor de ar por energia solar construido em plástico reforçado", UNICAMP; CPC.

A-12 *Macedo*, I.C.; *Pereira*, J.T.V.; *Milanez*, L.F. – „Aplicação de um método indireto de solarimetria para a energia incidente na região amazônica", UNICAMP.

A-13 *Agnelli*, J.A.M.; *Pinto*, A.R.O. – „Resinas termofixas reforçadas com fibras de vidro curtas empregadas como materiais estruturais", USP/SC; UNICAMP.

A-14 *Kaila*, S.K.; *Ganguly*, R.; *Puri*, J.S. – „Performance of a solar space heating system", Roorkee, India.

A-15 *Hoda*, M.M. – „On solar cookers", Technology Development, India.

A-16 *Gray*, L.R. – „A difusão mais rápida do aproveitamento da energia solar no Brasil", TERMOSOLAR, RJ.

Kohleverflüssigung

A-17 *Kumpinsky*, E.; *Schmal*, M.; *Vargas*, A.S. – „Modelo para combustão de carvão", CIENTEC; COPPE/UFRJ.

A-18 *Diaz*, J.S.V.; *Peel*, R.B.; *Luengo*, C.A. – „Liquifaction of high ash brazilian coals", UNICAMP.

A-19 *Peel*, R.B.; *Luengo*, C.A. – „Fluidized bed combustion of high ash brazilian coals", UNICAMP.

A-20 *Brocchi*, E.A.; *Vidal*, J.A.N.; *Marinho*, M.G. – „Análise da flotação da camada barro branco por faixas granulométricas", PUC/RJ.

A-21 *Thober*, C.W.A.; *Cunha*, J.C.C.C. – „Combustão mineral brasileiro", CIENTEC.

Alkoholprogramm

A-22 *Ventura*, L.M. – „Desenvolvimento de combustiveis alternativos para motores diesel", Mercedes-Benz, Brasil.

A-23 *Rodrigues*, L.A.G.; *Sinclair*, A.M. – „Gaseificação do álcool etilico", COMGAS: CEPED.

A-24 *Dias*, J.M.C.S. – „Miniusinas para álcool de cana-de-açúcar", IPT, SP.

A-25 *Assumpção*, R.M.V.; *Jordão* M.C.S. – „Perspectivas para produção de metanol e amônia anidra a partir de madeira", IPT, SP.

Wasserstoff

A-26 *Hall*, F.F. – „Hydrogen-electric power drives", Stanford, EUA.

A-27 *Morais*, J.; *Tostes*, A.; *Rodrigues*, C.A.; *Heynemann*, P.U.; *Moreira*, M.R. – „Projeto de desenvolvimento de queimadores para hidrogênio", CEG, RJ.

A-28 *Savage*, G.M. – „Energy recovery from urban solid waste", Recovery Systems, California, EUA.

A-29 *Zetti*, B.J.E.; *Bastos, Netto*, D.; *Ramos*, A.M.; *Muniz*, A.C. – „Digestores populares de metano", IPM, RJ.

A-30 *Moura*, J.C.; *D'Avila*, S.G. – Desenvolvimento de um eletrolisador unipolar", UNICAMP.

Petroleum

A-31 *Karim*, G.A.; *Bardon*, M. – „The behaviour of oil sand fragments in hot oxidizing streams", Calgary, Canada.

A-32 *Ferreira*, S.M.M. – „Campo de temperaturas em reservatórios de petróleo submetidos ao processo de combustão *in situ*", PETROBRAS, Brasil.

A-33 *Manohar*, H.; *Mani*, K.V. – „Airborne particulate-pollution in Rio de Janeiro", COPPE/UFRJ; NORTHROP, EUA.

A-34 *Santos*, J.M.E.; *HUKAI*, R.Y. – „Previsão da produção de rejeitos radiativos, no Brasil, na execução do programa nuclear", Inst. de Energia Atômica, SP.

Windkraft

B-1 *Hirata*, M.H.; *Mansour*, W.M. – „A vertical-axis bicycle rotor turbine: Part 1 – Rotor design", COPPE/UFRJ.

B-2 *Hirata*, M.H.; *Mansour*, W.M. – „A vertical-axis bicycle rotor turbine: Part 2 – Aerodynamic aspects", COPPE/UFRJ.

B-3 *Feng*, K.L. – „Um método prático de anteprojeto de catavento", ITA, Brasil.

B-4 *Nogueira*, S.L. – „Um método de cálculo de velocidade induzida em cataventos com aplicação do projeto aerodinâmico", IPD – PLA, Brasil.

Wasser- und Windturbinen

B-5 *Amarante*, O.A.C.; *Koike*, B.M.; *Faria*, L.J. – „Turbina eólica 30 KW do IAE – rèsumo do projeto aerodinâmico", IAE, Brasil.

B-6 *Krasinski*, J.S. – „Wind tunnel test on a wind operated suction-pump-turbine system to generate electricity", Calgary, Canada.

B-7 *Ismail*, K.A.R.; *Macedo*, I.C.; *Cardoso*, H.P.; *Neiva*, A.C.B. „Rotor de Savonius: teoria e otimização", UNICAMP.

B-8 *Kentfield*, J.A.C. – „A hybrid cyclogiro-darrieus-rotor wind, turbine", Calgary, Canada.

B-9 *Hall*, F.F. – „Free-wheeling hydraulic power mills", Stanford, EUA.

Kernkraft

B-32 *Kuenstle*, K.; *Maerkl*, H. – „Strategic planning for nuclear energy in Germany", Kraftwerk, Alemanha.

B-33 *Fabbricio*, R.A.C.; *Herzog*, G.B.M.; *Koenig*, N. – „The nuclear power plants being built in Brazil through the Brazilian-German Agreement", NUCLEBRAS.

B-34 *Braun*, W.; *Fischer*, U.; *Martin*, A.; *Putschoegl*, G. – „Safety concept of nuclear power plants with PWR of KWU concept", Kraftwerk, Alemanha.

B-35 *Deppe*, L.O.; *Fabricio*, R.A.C.; *Herzog*, G.B.M. – „Build up of

Engineering capability in Brazil for construction of nuclear power plants", NUCLEBRAS.

B-36 *Ribeiro*, S.V.G.; *Barroso*, A.C.O.; *Visoni*, E.; *Negrão*, J.A.T. – „Critérios de projeto de equipamentos nucleares", CNEN.

B-37 *Almeida*, C.U.C.; *Santos*, C.M.P.; – „Cálculo de parâmetros neutrônicos em reatores do tipo PWR", CNEN.

B-38 *Silva*, D.E.; *Lima*, J.M.; *Austregésilo Filho*, H. – Análise de acidentes de perda de refrigerante em centrais nucleares do tinp PWR", CNEN.

B-39 *Lederman*, L. – „O licenciamento de centrais nucleares no Brasil", CNEN.

B-40 *Nicolli*, D.; *Leão*, I.L.B. – „A meteorologia como instrumento para análise de segurança de centrais nucleares", CNEN.

Energieplanung

C-1 *Colo*, A.; *Holtz*, A.C.T.; *Albuquerque*, J.C.R. – „Principais fontes para geração de energia elétrica no Brasil", ELETROBRAS, RJ.

C-2 Coló, A.; *Carvalho*, M.A.P.; *Pimentel*, R.F. – „Metodologia de planejamento da expansão do parque gerador do sistema elétrico-brasileiro", ELETROBRAS, RJ.

C-3 *Nunes*, M.A.V. – „Novas fontes de energia: uma opção para crise energética", ELETROBRAS, RJ.

C-4 *Ruiz*, A.I.; *Balthazar*, J.C. – „Formação de especialistas em energia: uma proposta", UFB.

Energiepolitik

C-5 *Silvestrin*, C.R.; *Pereira*, V.; *Fukumura*, P.A. – „O eletrocampo", São Paulo.

C-6 *Rappel*, E. – „Subsídios para formulação de plano de ação para fontes e formas alternativas de energia", Salvador, Bahia.

C-7 *Moura*, C.R.S., – „Panorama energético mundial e as alternativas brasileiras", ELETRONORTE.

C-8 *Penteado Filho*, R.T.; *Pereira*, V. – „A localização industrial na CESP", CESP.

C-9 *Guedes*, M.C.T.; *Cillo*, R.H. – „Uma nova politica para energia elétrica", CESP.

C-10 *Raulino*, G. – „Centros de energia para pequenas communidades", UFB.

C-11 *Gochnarg*, I. – „Projetos de energia do instituto de pesquisas tecnológicas do Estado de São Paulo", IPT.

C-12 *Mendes*, T.F.; *Nunes Teixeira*, S.L. – „O centro de informações sobre carvão fundação de ciência e tecnologia", CIENTEC.

C-13 *Barros*, F.C.P.; *Kakubo*, M.; *Branco*, W.H.; *Nakaya*, N.M. – „A engenharia civil no processo de licenciamento de uma central nuclear", CNEN.

C-20 *Wilson*, J.F. – „Desenvolvimento do potencial hidrelétrico brasileiro – perspectivas e opções do planejamento", CIE, Brasil.

C-21 *Hughes*, W.L. – „Some economic consideration in the rush toward alternate energy sources", Universidade de Oklahoma.

Dokumente zum Elektro-Atomkartell

Ein ausführlicher Report mit Dokumentation über die IEA-INTERNATIONAL ELECTRICAL ASSOCIATION wurde 1980 vom U.S. House of Representatives, Subcommittee on Oversight and Investigations of the Committee on Interstate and Foreign Commerce in Washington veröffentlicht. (Exemplare können beim Autor dieses Buches angefordert werden). Die in der nachfolgenden Liste aufgeführten Dokumente wurden für dieses Buch ausgewertet.

INDEX TO I.E.A. DOCUMENTS

Document Number	*Title of Document*	*Number of Pages*
Appendix I:	THE I.E.A. CONTRACTS	
I. 1	Tendering and Contracting Agreement (Fourth Issue)	10
I. 2	Export Notification Agreement -- Agreement X	7
I. 3	Conciliation Rules of I.E.A.	9
I. 4	TCA Annex A	5*
I. 5	Agreement X Annex A	4
I. 6	TCA Annex B	5*
I. 7	Agreement X Annex B	4
I. 8	A/B Price Memorandum, with Price and Heat Consumption Manual	19
I. 9	TCA Annex E	3
I.10	Agreement X Annex E	5*
I.11	Agreement A(E)-70, with Price Appendix	30
I.12	Agreement P(E)	5
I.13	TCA Annex F	3

* Contains pages 3(a) and 3(b), so pagination is to 4.

Document Number	*Title of Document*	*Number of Pages*
I.14	Agreement X Annex F	5**
I.15	TCA Annex G	3
I.16	Agreement X Annex G.3	4
I.17	Agreement X Annex G (partial)	1
I.18	TCA Annex H	3
I.19	Agreement X Annex H	5**
I.20	Agreement P(H)C (partial; including Price Appendix)	23
I.21	Transformer Pricing List (TRPL 1 DW, TRPL 2, AW, etc.)	73
I.22	H Procedure	3
I.23	Agreement P(H), with Price Appendix	23
I.24	TCA Annex K	2
I.25	Agreement X Annex K.1	4
I.26	Memorandum: Rectifier Budgeting Prices	37
I.27	'K' Procedure	3
I.28	Agreement A(P)	22
I.29	Agreement X Annex P	5
I.30	TCA Annex W	10
I.31	Agreement X Annex W	5
Appendix II:	CORRESPONDENCE, MEMORANDA, AND MINUTES	
II. 1	I.E.A. Members (undated)	1
II. 2	Membership of Sections as at lst April, 1977	1
II. 3	Membership of Sections as at lst April, 1977	1
II. 4	I.E.A. Japanese Members (undated)	1
II. 5	Rose letter on New Member, November 7, 1977	
II. 6	Signatures Autorisées for „Current Account“, May 29, 1978	3
II. 7	Ladies' Excursion, I.E.A. San Sebastian, 1978	3
II. 8	Statistical Reports, Non-Member Orders	1
II. 9	Names of Companies	1

** Contains pages 2(a) and 2(b), so pagination is to 4.

Document Number	Title of Document	Number of Pages
II.10	Memorandum of Association of International Electrical Association Limited, June 8, 1945	14
II.11	Documents and Decisions Applicable Generally within the Association, June 1977	3
II.12	Articles of Association of International Electrical Association, July 1974, Article 5 amended January 1977	9
II.13	Rules for New Sections and Membership, Issued 1945, Rule 7 revised May 1977	2
II.14	Aeschimann letter to Hughes, July 2, 1976, with 1973 and 1974 Tax Forms	21
II.15	Aeschimann letter to Hughes, September 17, 1976, with copy of Department of Finance letter to I.E.A.	2
II.16	Aeschimann letter to Hughes, September 27, 1976, with French translation of I.E.A. Articles of Association	12
II.17	Hughes letter to Aeschimann, October 21 1976, Draft in English	3
II.18	General Conditions for the Supply of Heavy Electrical and Mechanical Equipment for Export Recommended by International Electrical Association	8
II.19	COMECON: Manufacturers of Steam Turbines and Generators	8
II.20	Hughes letter to Aeschimann, October 21, 1976, Draft in French	4
II.21	„Projet“ (Description, in French, of I.E.A. activities)	2
II.22	Department of Finance letter to I.E.A., December 14, 1976	2
II.23	Minutes of the First Meeting of the Council, in Switzerland, October 19, 1973	9
II.24	Wilkins letter to Accredited Representatives of Member Companies, July 2, 1976, with Notice of Thirty-first Ordinary General Meeting and Members of the Council in 1975	4

Document Number	Title of Document	Number of Pages
II.25	Hughes letter to Members of the Council, September 9, 1976, on Meeting of the Standing Committee	5
II.26	Hughes letter to Members of the Council, September 14, 1976, with a Memorandum for discussion at the Council Meeting – 18th October, 1976	4
II.27	Hughes letter to Members of the Council, February 18, 1977, with Agenda for Eleventh Meeting of Council – 1976 Accounts and 1977 Budget	11
II.28	Hughes letter to All Accredited Representatives, April 12, 1977, with Notice of the Fourth Annual Meeting, Reports for the year 1976, and Minutes of the Third Ordinary General Meeting	11
II.29	Hughes letter to All Members, June 9, 1977, with Minutes of the Fourth Annual General Meeting 1977	3
II.30	Rose letter to All Accredited Representatives, February 27, 1978, with Notices and Programmes for the Annual General Meeting and Convention 1978, Biarritz, France	8
II.31	Hughes letter to All Members, June 27, 1975, on Administration Charges, with copies of letters sent to JPA Members and copies of individual letters relating to Sections where JPA members co-operate	19
II.32	Formulae for Administration Charges – From lst Sept 1974	2
II.33	Formulae for Administration Charges – lst July 1975	2
II.34	Hughes letter to All Members, March 23, 1977, on Association's Finances -- Articles of Association, with proposed revision of Article 5, Members' Dues	3
II.35	Hughes letter to All Members, March 23, 1977, on Association's Finances, with 1977 Budget	3
II.36	Hughes letter to Matsuda, March 23, 1977, with 1977 Budget	3

Document Number	Title of Document	Number of Pages
II.37	Notice to All Male Staff, June 21, 1977, on Members' Dues	4
II.38	Rose letter to All Members, undated, on Association's Finances, with 1978 Budget	3
II.39	Rose letter to Nagai (for JPA), March 14, 1978, with 1978 Budget	3
II.40	I.E.A. – Accounts 1977, with Members' Business 1974, 1975, 1976, and Members' Dues 1977	3
II.41	Total „Notational Value" of the Business of All Members in Each Sections [sic] during 1975, 1976 and 1977	1
II.42	Members' Business, 1975, 1976, 1977, and Members' Dues 1978, with handwritten comparison of 1977 Dues	4
II.43	Handwritten tabulation of each Member's business by Section, total for 1975, 1976, and 1977, and separately for each year	16
II.44	Brown letter to All Members of Section G, May 3, 1963, on Section G Working Party Recommendations, with Reference Prices for Circuit Breakers, 220-245 KV	4
II.45	Agreement P(H)C, Orders reported from 19th May 1965 up to 31st December 1967	4
II.46	Notes for Guidance for Completing Advices of Orders, August 14, 1975, with handwritten list of categories	2
II.47	Memorandum on Advices of Orders, January 31, 1977	1
II.48	Handwritten draft of letter or memorandum on Compensation Statement	1
II.49	Hughes letter to Members of the Council, April 15, 1977, on Scheme for the Payment and Distribution of Compensation, Agenda Item 7 -- Council Meeting 9th May	4
II.50	Balancing and Settlement Scheme, Revised June 1977	5
II.51	Page from Minutes of Meeting of Section G, June 3, 1975, on Statistics	1
II.52	Notification of Enquiry Card for Section G	2

Document Number	Title of Document	Number of Pages
II.53	Quarterly Report – Agreement X(G.3) for Quarters Ended 31st March 1963, 30th June 1963, 30th September 1963, 31st December 1963, and 31st March 1964	5
II.54	Statistics from Agreement X(G.3) Circuit Breakers, for the years 1962 and 1963	1
II.55	Statistics from Agreement X(H), Transformers, for the years 1965, 1966, 1967	1
II.56	Advice of Order – Special Arrangement	1
II.57	Quarterly Report – Agreement Y(A + B), for the Quarter Ended – 30th September 1975	1
II.58	Annual Return of the International Electrical Association Limited as of the 3rd day of June 1963, with financial statements for 1962	12
II.59	Annual Return of the International Electrical Association Limited as of the 13th day of July1964, with financial statements for 1963	10
II.60	Annual Return of the International Electrical Association Limited as of the 17th day of May 1965, with financial statements for 1964	13
II.61	Annual Return of the International Electrical Association Limited as of the 30th day of May 1966, with financial statements for 1965	15
II.62	Annual Return of the International Electrical Association Limited as of the 8th day of May 1967, with financial statements for 1966	11
II.63	Annual Return of the International Electrical Association Limited as of the 3rd day of June 1968, with financial statements for 1967	12
II.64	Annual Return of the International Electrical Association Limited as of the 27th day of May 1969, with financial statements for 1968	9

Document Number	*Title of Document*	*Number of Pages*
II.65	Annual Return of the International Electrical Association Limited as of the 18th day of May 1970, with financial statements for 1969	7
II.66	Annual Return of the International Electrical Association Limited as of the 31st day of May 1971, with financial statements for 1970	7
II.67	Annual Return of the International Electrical Association Limited as of the 22nd day of May 1972, with financial statements for 1971	7
II.68	Annual Return of the International Electrical Association Limited as of the 21st day of May 1973, with financial statements	9
II.69	International Electrical Association Limited, Income and Expenditure Account for the Year Ended 31st December, 1972	2
II.70	Annual Return of the International Electrical Association Limited as of the 20th day of May 1974, with financial statements for 1973	7
II.71	Annual Return of the International Electrical Association Limited as of the 19th day of May 1975, with financial statements for 1974	5
II.72	Price Waterhouse & Co., Auditors' Report of International Electrical Association Limited, May 28, 1976, for the year ended 31st December 1975	4
II.73	FIDES Auditing, Report to the General Meeting of International Electrical Association, Lausanne, March 4, 1977, with financial statements for the year ended 31st December 1976	4
Appendix III:	INDIVIDUAL MEMBERS' FINANCIAL FILES	
III. 1	Brown, Boveri & Cie.	
III. 2	Bonar Long & Co.	
III. 3	John Brown Engineering	
III. 4	Fiat TTG	

Document Number	Title of Document	Number of Pages
III. 5	G.I.E.	
III. 6	Turbotechnica	
III. 7	Hitachi Ltd.	
III. 8	Mitsubishi Electric Corporation	
III. 9	Tokyo Shibaura Electric Co. Ltd.	
III.10	Fuji Electric Co. Ltd.	
III.11	Meidensha Electric Mfg. Company Ltd.	
III.12	Transformatoren Union	
III.13	Siemens	

1. Kopie eines Telex des Autors an General Electric und IEA International Electrical Association, in dem die Publikation des sich in Händen des Autors befindenden IEA-Archivs angekündigt wird. Die Firmen Siemens AG, Brown Boveri & Cie. AG (Schweiz) und Asea AB (Schweden) unter anderen, erhielten gleichlautende Fernschreiben.
2. Kopie der Gründungsurkunde der IEA – International Electrical Association
3. Der Verwaltungsrat (1976-1977) der IEA – International Eletrical Association
4. Liste der im Jahre 1978 gültigen Absprachen der IEA – International Electrical Association
5. Vergleich von Auszügen der im Jahre 1930 und 1962 gültigen Vertragstexte des weltweiten Elektrokartells
6. Liste der im Jahre 1977 gültigen Absprachen der IEA International Electrical Association
7. Liste der IEA Mitglieder des Jahres 1977
8. Berechtigte Unterschriften für Nummernkonto 272.614.0 der Societé de Banque Suisse
9. Interner Bericht der IEA-International Electrical Association über Entwicklungen des Jahres 1973
10. Notes for Guidance for completing advices of Order, IEA-Dokument des Jahres 1975
11. Die bürokratische Organisation der IEA, Dokument des Jahres 1976
12. Arbeitsweise der Sektion G (Hochspannungsschalter), IEA-Dokument des Jahres 1963
13. Rundschreiben an Verwaltungsratsmitglieder der IEA über Verteilung von Kompensationsgeldern, 15. April 1977
14. Interview ZDF – Klaus Barthelt, Vorsitzer des Vorstandes der KWU, Kraftwerk Union AG, 9. Dezember 1979
15. Interview ZDF – Egbert v. Tirpitz (Bundeskartellamt), 7. Dezember 1979
16. Stellungsnahme des Schweizer Nationalrates zum Problem internationaler Exportkartelle
17. Einführungsschreiben und „Executive Summary" U.S. House of Representatives-Report: International Electrical Association: a continuing cartel, June 1980.

GA
CC+
2123307HSTO BR
11.08 257104531089+
DER

000,0
T
GA
00+
2123307HSTO BR
11.09 257104531089+
RCA JUN 06 1007

GENETRICO FALD

2123307HSTO BR MOM

TELEX FOR MR. VINCENT JOHNSON, GENERAL ELECTRIC, HEADQUARTERS.

DEAR MR. JOHNSON, FOR YOUR INFORMATION PLEASE FIND A TRANSCRIPT OF A TELEX SENT TO MR. FREDERIK DEREK ROSE, SECRETARY OF IEA, INTERNATIONAL ELECTRICAL ASSOCIATION.

MR. FREDERIK DEREK ROSE, SECRETARY OF IEA, INTERNATIONAL ELECTRICAL ASSOCIATION, RUE DES ANCIENS MOULINS 2 A, LAUSANNE, TELEX IEPO 25851A, SWITZERLAND.

DEAR MR. ROSE.

SUBSTANTIAL LOTS OF IEA DOCUMENTS HAVE BEEN HANDED OVER TO ME ON SEVERAL OCCASIONS BY DIFFERENT PERSONS DURING THE LAST PAST YEARS. THE DOCUMENTS IN MY POSSESSION COVER THUS THE ADMINISTRATION OF MR. EKENE BROWN AND MR. RONALD CUST, WHILE STILL IN LONDON, AS WELL AS THAT OF MR. NAMES ROBINSON HUGHES AND YOURSELF, AND ARE ACCOMPANIED BY EXTENSIVE TAPED TESTIMONY AND EXPLANATIONS.

IN ORDER TO SATISFY OBVIOUS SCIENTIFICAL INTEREST ON THE IMPACT OF IEA ON DEVELOPMENT OF WORLDWIDE HEAVY ELECTRICAL EQUIPMENT INDUSTRY WE ARE NOW PREPARING PUBLICATION (ENGLISH LANGUAGE) OF THE MOST IMPORTANT DATA AND DOCUMENTS ON IEA. THE REPORT TO BE PUBLISHED WILL SO INCLUDE THE FULL TEXT OF AGREEMENT X AND ITS DIFFERENT ANNEXES AND AMENDMENTS, COVERING ALL IEA SECTIONS (CA.325 PAGES) INCLUDING NUCLEAR EQUIPMENT, MINUTES OF MEETINGS OF THE DIFFERENT COMMITTEES, NAMES OF PERSONS ATTENDING MEETINGS, REPORTED ORDER LISTS AGREEMNETS X AND Y, LETTERS, MEMORANDA, FINANCIAL MOVEMENTS AND STATISTICS COVERING AGREEMENTS OF THE DIFFERENT SECTIONS DURING THE LAST 2 0 YEARS.

THE PUBLICATION OF THE DOCUMENTS WILL BE ACCOMPANIED BY COMPREHENSIVE REPORTS ON IEA WITH SPECIAL EMPHASIS ON HISTORY, AIMS, STRATEGIES EMPLOYED AND IMPACTS ON THIRD WORLD CONTRIES.

IN ORDER TO ASSURE THE MOST COMPLETE IMPARTIALITY, A GROUP OF INDEPENDENT UNIVERSITY PROFESSORS HAS BEEN ENCHARGED TO PREPARE THE REPORT ON IEA.

IF IEA WISHES TO ADD MORE INFORMATION, DOCUMENTS OR EVEN A STATEMENT TO BE PUBLISHED IN THE REPORT, PWWASE LET ME KNOW IT AS SOON AS POSSIBLE. IF IEA ON THE OTHER SIDE OBJECTS TO THE PUBLICATION OF SOME DOCUMENTS , EVENTUALLY CONSIDERED PRIVATE AND CONFIDENTIAL , PLEASE FEEL FREE TO INFORM ME ACCORDINGLY IN DUE TIME.

WITH BEST REGARDS, KURT RUDOLF ULRICH MIROW, RIO DE JANEIRO, BRAZIL.

COPIES TO ALL MEMBERS OF IEA COUNCIL.

+

GENETRICO FALD

2123307HSTO BR

396331

20 JUN 1945

Memorandum of Association

OF

International Electrical Association

LIMITED

1. The name of the Association is "INTERNATIONAL ELECTRICAL ASSOCIATION LIMITED."

2. The Registered Office of the Association will be situate in England.

3. The objects for which the Association is established are :—

(A) To provide for and be a central medium for the acquisition of, and to collect and circulate among its Members, information on all subjects and matters, and particularly such as relate to the electrical manufacturing and contracting industry, and manufacturing and contracting industries associated therewith, as may be calculated to interest or benefit or be to the advantage of the Association or its Members or any one or more of them or to further or promote their interests.

(B) To take over all or any of the property of the unincorporated Association known as International Electrical Association, and to fulfil, confirm and adopt all or any of the engagements of that unincorporated Association.

(C) To provide a central office and a secretarial staff for the use of Members of the Association and for the purpose of carrying out the objects of the Association.

(D) To cause the Association to be registered or recognised in any country or place and to establish branches or agencies in any part or parts of the world and from

H.405

time to time to determine the constitution rights obligations and duties of such branches or agencies and when thought fit to dissolve or modify the same.

(E) To borrow or raise any money that may be required by the Association upon such terms as may be deemed advisable and in particular by the issue of bonds debentures bills of exchange promissory notes or other obligations or securities of the Association or by mortgage or charge of all or any part of the property of the Association.

(F) To invest the moneys of the Association not immediately required in any one or more modes of investment which the Association may think fit and in such manner as may from time to time be determined.

(G) To use the funds of the Association in the employment of persons and the provision and use of buildings equipment and other assets of any kind which may be considered to be of advantage to the Association and from time to time to dispose of the same.

(H) To do all such other lawful things as may seem to be incidental or conducive to the attainment of the above objects or any of them or to further directly or indirectly the interests of the Association or its Members.

4. Every Member of the Association undertakes to contribute to the assets of the Association, in the event of the Association being wound up during the time that he is a Member, or within one year afterwards, for the payment of the debts and liabilities of the Association contracted before the time at which he ceases to be a Member, and of the costs, charges and expenses of winding-up the Association, and for the adjustment of rights of the contributories among themselves, such amount as may be required, not exceeding One Pound.

5. If upon the winding-up or dissolution of the Association there remains, after the satisfaction of all debts and liabilities, any property whatsoever, the same shall be distributed among the Members of the Association who are Members at the date of the commencement of the winding-up; and such distribution among the Members shall be in proportion to the numbers of votes on a poll which the Members have at such date.

WE, the several persons whose names and addresses are subscribed, are desirous of being formed into a Company in pursuance of this Memorandum of Association.

NAMES, ADDRESSES AND DESCRIPTIONS OF SUBSCRIBERS.

The English Electric Company Limited Queens House Kingsway London WC 2.

George H. Nelson [illegible]

Chairman and Managing Director

The General Electric Company Limited Magnet House Kingsway London WC.

Harry Hirst [illegible]

Chairman and Managing Director

Ferranti Limited Hollinwood Lancashire

V. Z. de Ferranti

Chairman and Managing Director

A Reyrolle & Company Limited Hebburn-on-Tyne Co Durham

[illegible]

Chairman

Metropolitan-Vickers Electrical Export Co Limited

Number One Kingsway London WC.

George E. [illegible]

Chairman

The British Thomson-Houston Company Limited

Crown House Aldwych London WC 2

[illegible]

Chairman

Dated this Fifth day of June 1945
Witness to the above Signatures —

[signature]

Victoria House
Southampton Row, London WC1
Chartered Electrical Engineer

C A Parsons & Company Limited
Heaton Works
Newcastle-on-Tyne

[signature]
Chairman

Dated this 8th day of June 1945
Witness to the Signature of Mr. G. Bedford of
C A Parsons & Company Limited —

[signature]
Heaton Works, Newcastle on Tyne
Company Secretary

~~Dated this day of , 1944.~~

~~Witness to the above Signatures~~

INTERNATIONAL ELECTRICAL ASSOCIATION
PULLY - LAUSANNE

COUNCIL 1976 - 1977

Dr. R. Kohlruss (Chairman)
Mr. R.L. Chalvon (Vice-Chairman)

Mr. E. Bielinski	Mr. H.W. Garbers
Mr. E.L. Blanc	Dr. K. Kaske
Mr. Ph. Boulin	Mr. P. Mortara
Mr. A. Carrese	Dr. E.H. Mühlemann
Mr. G.T. Coughtrie	Mr. H. Philipsen
Mr. B. Englund	Mr. H. de Verdier
Mr. S.Z. de Ferranti	Mr. A.T. Wright

REPORT OF THE COUNCIL

The Council have pleasure in submitting their Report for the year ended 31st December, 1976.

The financial position of the Association as at 31st December, 1976 is shown on the Balance Sheet, and the Income and Expenditure Account shows the results of the year's operations.

Under the Regulations of the Association, one third in number of the present Members of the Council retire from the Council at the forthcoming Annual General Meeting. However, Messrs. de Ferranti and Wright will not be offering themselves for re-election.

By Order of the Council

J.R.Hughes

Documents and Decisions applicable generally within the Association

General Documents

1.	(a)	Articles of Association	–	issued July 1973 revised January 1977
	(b)	Regulations for the qualification, election, period of office and retirement of Members of Council	–	revised May 1970
	(c)	Rules for New Sections and Membership	–	issued 1945 revised May 1977
2.	(a)	Agreement for the Settlement of Disputes	–	issued May 1973
	(b)	Collateral Agreement to the above	–	issued November 1973
3.		Balancing and Settlement Scheme	–	issued June 1958 revised June 1977

June, 1977

COMPARISON OF I.E.A. DEFINITIONS, 1930 AND 1962

INCA, 1930	I.E.A. Agreement X, 1962
„Plant" means any machinery or other apparatus hereinafter stated to be the Subject-Matter of this Agreement;	„plant" means any machinery or apparatus stated in the said Annex to be subject matter of the Agreement
An "Enqiry" is a request, either verbally [sic] or in writing, to tender for plant;	"enquiry" means any invitation, whether oral or written, issued by a purchaser to a Member to submit a tender for plant;
"Notification" means the submission to the Secretary of a Notification Form duly completed regarding the Plant required by a Purchaser;	"notification" means submission to the Secretary of a notification card or other document in such form as may be prescribed from time to time by the Secretary, and "notify" shall be construed accordingly;
A "Tender" means any offer to supply Plant whether such offer be made formally under a set specification or informally in any other way:	"tender" means any offer, whether submitted in any prescribed form or not, to supply plant;
An "Order" shall be regarded as having been placed with a Member on the date of receipt by the Member from the duly authorized officer of a Purchaser of: (A) Notice in writings of acceptance of his tender, or (B) Instructions in writing to put the work in hand, or (C) Instructions in consequence of which the work is put in hand, whichever is the earliest.	"order" means a written notice of acceptance of a tender, written instructions to put work on plant in hand, or instructions in consequence of which work on plant is put in hand;

Quelle: 1930 in FTC Report, 1948; 1962 in I:2.

I.E.A. CONTRACTS: RESTRICTIVE PROVISIONS IN INTERNATIONAL AGREEMENTS

All Agreements Pertaining to Section:	ICA	Notification	Liabilities, Guarantees	Pricing Provisions	Quota & Allocation	Compensation	Pooling	Pre-Tender Collaboration Procedures	Number of Known Members
A – Steam Turbines	Yes	Yes	Yes	Yes[c]	Yes[w]				17
B – Steam Generators	Yes	Yes	Yes	Yes[c]		Yes[w]			15
E – Water Turbine Driven Generators	Yes	Yes	Yes	Yes[d]	Yes[d]	Yes[f]	Formerly[e]	Yes	15
F – Synchronous Condensers	Yes	Yes	Yes						5
G – Switchgear	Yes	Yes	Yes	Yes[g]				Yes[h]	10
H – Transformers	Yes	Yes	Yes	Yes[d]	Yes[v]	Yes[m]	Yes[i]	Yes[k]	22
K – Rectifiers	Yes	Yes	Yes	Yes[n]	Yes			Yes[o]	11
P – Rolling Mill Equipment	Yes[b]	Yes	Yes	Yes[r]	Yes	Yes[q]	Yes[p]	Yes[s]	9
T – Gas Turbines	Yes[b]	Yes[b]	Yes			Yes			8
W – Water Turbines	Yes	Yes	Yes	Yes[t]	Yes[u]	Yes[u]		Yes[t]	20

Auszug aus: „International Electrical Association: a continuing cartel“
US House of Representatives, Subcommittee on Oversight and Investigations of the Committee on Interstate and Foreign Commerce, Washington, Government Printing Office, 1980. (1252 Seiten)

a Bound by Commercial Rules given in Part 5 of the TCA.

b Contracts unavailable but other documents corroborate this provision (for example, the Brown Boveri compensation file).

c A/B Price Memorandum is a common minimum price agreement (subject to certain specified exceptions) with reference prices attached.

d Agreement A(E)-70 establishes common minimum price and quota and allocation procedures. Subsequent information on PAA(E)-74 indicates that allocation procedures were revised to include the Japanese after 1974.

e Pooling arrangements were contained in Agreement P(E) which lasted during much of the 1960's. These were replaced with the adoption of common minimum prices in Agreement A(E)-70.

f Companies agree to pay two percent of the value of a successful tender to the Secretary for equal distribution among unsuccessful parties. In the days before Japanese participation in the cartel, this provision was suspended if the Japanese were known to be competing. [Agreement A(E)-70, para. 50] Later replaced with PAA (E)-74 which also contains compensation payments.

g No price lists or other evidence appears in the contracts, but II.44 is a reference price curve and suggests that it was being used as a "basis for discussion at each special arrangement meeting" [II.44: para. 4 ii].

h While there is no procedural arrangement contained in the agreements, II.44: para. 1 alludes to a "G Procedure" which, if it is analogous to the "H" and "K" Procedures, contains meeting ground rules.

i Contained in Agreement P(H)C, the pool is a penalty fee for selling below reference prices contained in the agreement.

k Given in detail in the "H Procedure".

l All agreements contain reference prices.

m Agreement P(H) contained a seven percent "payment" required of every successful tenderer to the I.E.A. for distribution to all unsuccessful members. Although Agreement P(H) contains a pooling provision, evidence from the Fiji file suggests that some compensation is being paid on transformers as Toshiba was required to pay on Transformer Order H9008 [III.10:45, 48, 80].

n „Memorandum: Rectifier Budgeting Prices" establishes common minimum prices, subject to specified exception.

o Contained in the „K Procedure".

q Compensation payments equal to one percent of the value of the order to be divided equally among all unsuccessful tenderers [Agreement A(P), para. 15].

r Sets up a system whereby notifying members establish a „guidance price" agreed upon among themselves.

s The Secretary of the I.E.A. is established as the communication link between the tendering parties.

t A price appendix containing reference or common minimum prices and a „W Procedure" probably similar to that of the „H" and „K" Procedures are alluded to in J.R. Hughes letter of 21 June 1977 [II.36:4].

u These provisions are revealed in the compensation files of Fuji which shows settlement on compensation accounts among Japanese [III.10:41-43] and the existence of an allocation arrangement similar to PAA(E)-74 [e.g., III.10:48]. These provisions operated with Japanese participation from 1970 [II. 23:6 para. 9].

v There appears to have been an allocation agreement active in the early 1970's since it was reported in interviews and shows up as Agreement A(H) in the Brown Boveri financial file [III. 1:15].

w This is based on the fact that payments arise from the A/B Agreement negotiated with the Japanese during 1973 and appear in the financial files of Brown Boveri [III.1].

Mitglieder der IEA 1936/38 und 1977

Name	I.E.A. Code	1936/38	1977
Bundesrepublik Deutschland			
AEG	1		X
Siemens	8		X
J.M. Voith-Heidenheim & St. Poelten	41	X	
J.M. Voith - Heidenheim	41		X
Machinenfabrik Augsburg-Nürnburg (MAN)	18	X	
Kraftwerk Union	9		X
Transformatoren Union	7		X
Demag	27	X	
Gutehoffnungschütte Oberhausen	28	X	
Schweiz			
Brown Boveri & Co.	3	X	X
Machinenfabrik Oerlikon	15	X	(into 3)*
Escher Wyss Engineering	19	X	X
Bell Machinenfabrik	35		X
Ateliers de Secheron	34		X
Sprecher & Schuh	33		X
Ateliers des Chamielle S.A.	42	X	
England			
General Electric Co. Ltd.	5	X	X
English Electric Co.	4	X	(into 5)*
British Thomson-Houston	2	X	(into 5)*
Metropolitan-Vickers	7	X	(into 5)*
Hackbridge Electric Construction Co.	21	X	(into 5)*
Hewittic Electric Co.	24	X	(into 5)*
C.A. Parsons Co.	11	X	X
Bruce Peebles & Co. Ltd.	22	X	
Parsons-Peebles	22		X
A. Reyrolle & Co.	13	X	X
Ferranti	10	X	X
Ferguson Parlin	12	X	
British Electric Transformer Co.	20	X	
Compton Parkinson	29	X	

Name	I.E.A. Code	1936/38	1977
England			
British Electric Engineering	30	X	
Johnson & Phillips	49	X	
Foster Engineering Co. Ltd.	50	X	
Electric Furnace Co. Ltd.	51	X	
Boving-Karlstad	40	X	X
Walmsleys (Bury) Limited	53	X	
Vickers-Armstrong Limited		X	
Worthington Simpson Limited	55	X	
Bryce Limited	56	X	
The Mirrlees Watson Co. Ltd.	57	X	
Hick, Hargreaves & Co. Ltd.	58	X	
Hawker Siddeley	28		X
Bonar Long	89		X
Steatite & Porcelain Products	33	X	
John Brown Engineering	94		X
Schweden			
ASEA	14	X	X
Karlstads Mekaneska Werkstads	39		X
Nohab	64		X
Stal-Laval Turbin	23		X
Frankreich			
Société Général d'Applications Electro-Thermique	52	X	
Société Général de Constructions Électriques et Mécaniques (Alsthom)	16		X
Alsthom-Savoisienne	17		X
Compagnie Générale d'Électricité (Delle-Alsthom)	24		X
Creusot-Loire	44		X
Jeumont-Schneider	70		X
Merlin Gerin	26		X
Etablissements Neyrpic	43		X
SOGET (Société Rateau)	25		X

Name	I.E.A. Code	1936/38	1977
Italien			
AMN Impianti Termici et Nucleari	53		X
ANSLADO Societa Generale Elettromeccanca	47		X
Fiat Termomeccanica e Turbogas	95		X
Riva Calzoni	45		X
Franco Tosi	46		X
Turbotechnica	98		X
G.I.E.	97		X
Ital Trafo	88		X
Industrie Elettriche di Legnano	32		X
Magrini Galileo	82		X
Ercole Marelli	67		X
Österreich			
Elin-Union AG für Elektrische Industrie	31		X
J.M. Voith (St. Poelten)	49	(See 41)	X
Holland			
Smit Transformatoren	83		X
Smit Slikkerveer	n.a.		X
Norwegen			
National Industrie	81		X
Kvaerner Brug	48		X
Finnland			
Oy Tampella	65		X
Kanada			
Canadian Porcelain	31	X	
U.S.A.			
International General Electric	6	X	

Name	I.E.A. Code	1936/38	1977
U.S.A.			
Westinghouse Electric International	9	X	
Ingersoll Rand Co.	25	X	
Ohio Brass Co.	32	X	
Unbekannt			
Erste Bruner Machinen Fabrik	17	X	
Japan			
Hitachi Limited	A		X
Mitsubishi Electric Corporation	B		X
Toshiba Shibaura Electric Co. Ltd.	C		X
Mitsubishi Heavy Industries Ltd.	D		X
Fuji Electric Co., Ltd.	E		X
Meidensha Electric Mfg. Company Ltd.	F		X

Quellen: FTC Report 1948:47; Kartellverträge

Pa(. 1

pour le compte
272.614:0
"Current Account"

SOCIÉTÉ DE
BANQUE SUISSE

Signatures autorisées

de

ta (raison sociale): INTERNATIONAL ELECTRICAL ASSOCIATION

nre d'affaires: Trade Association

micile: Chemin des Anciens Moulins 2/.

resse exacte: 1009 Pully

Noms et prénoms des personnes autorisées à signer, avec indication des qualités (associé, administrateur, directeur, fondé de pouvoirs, mandataire ommercial, etc.) et du mode de signature *(individuelle ou collective)*. Si leur droit de signer ne résulte pas déjà de l'inscription dans le registre du commerce droit leur est expressément conféré par le présent acte.

Toutes limitations éventuelles dans les compétences des personnes autorisées à signer doivent être expressément mentionnées, faute de quoi compétences résultant de la présente liste seront valables sans restriction.

Les *mandataires commerciaux* sont *expressément* autorisés à souscrire des engagements de change et à emprunter. *) *)Biffer si tel n'est pas le cas.

Les signatures figurant sur la présente liste sont valables aussi longtemps qu'elles n'ont pas été révoquées expressément par avis direct à la ie, indépendamment d'inscriptions autres ou manquantes dans le registre du commerce.

Bien qu'elle n'y soit pas tenue, la banque est en droit de demander la production de la preuve de la validité des signatures apposées ci-dessous.

Noms, prénoms et qualités	Mode de signature *(individuelle ou collective à deux)*	Signatures
MALVON-DEMERSAY, R.L.		
en qualité de Membre du Conseil	collective à deux	
ZIELINSKI E.		
en qualité de Membre du Conseil	collective à deux	
BIMBOCHI A.R.		
en qualité de Membre du Conseil	collective à deux	
BOULIN Ph.		
en qualité de Membre du Conseil	collective à deux	
VARESE A.		
en qualité de Membre du Conseil	collective à deux	
MOGHIRIE G.T.		
en qualité de Membre du Conseil	collective à deux	

uthenticité de la validité des signatures apposées ci-dessus, ainsi que l'existence des compétences qu'elles impliquent, sont garanties par

soussigné

Signature de la Maison:

le: 29 mai 1978

FOR AND ON BEHALF OF
INTERNATIONAL ELECTRICAL ASSOCIATION

SECRETARY GENERAL

Prière de dater et de signer valablement (individuellement ou collectivement, selon le mode de signature) par les associés ou, dans le cas de Sociétés Anonymes, par le Président et/ou les Délégués du Conseil d'Administration.

27310 F 371 20600

SOCIÉTÉ DE BANQUE SUISSE

Signatures autorisées

de

pour le compte 272.614.0 "Current Account"

(Raison sociale): INTERNATIONAL ELECTRICAL ASSOCIATION

...e d'affaires: Trade Association

...icile: Chemin des Anciens Moulins 2A

...esse exacte: 1009 Pully

Noms et prénoms des personnes autorisées à signer, avec indication des qualités (associé, administrateur, directeur, fondé de pouvoirs, mandataire ...mercial, etc.) et du mode de signature *(individuelle ou collective)*. Si leur droit de signer ne résulte pas déjà de l'inscription dans le registre du commerce ...ce droit leur est expressément conféré par le présent acte.

Toutes limitations éventuelles dans les compétences des personnes autorisées à signer doivent être expressément mentionnées, faute de quoi ... compétences résultant de la présente liste seront valables sans restriction.

Les *mandataires commerciaux* sont *expressément* autorisés à souscrire des engagements de change et à emprunter. *) *)Biffer si tel n'est pas le cas.

Les signatures figurant sur la présente liste sont valables aussi longtemps qu'elles n'ont pas été révoquées expressément par avis direct à la ...que, indépendamment d'inscriptions autres ou manquantes dans le registre du commerce.

Bien qu'elle n'y soit pas tenue, la banque est en droit de demander la production de la preuve de la validité des signatures apposées ci-dessous.

Noms, prénoms et qualités	Mode de signature *(individuelle ou collective à deux)*	Signatures
...EVOISSELLE J.L.	collective à	[signature]
...gne en qualité de Membre du Conseil	deux	
JARBERS H.W.		[signature]
...igne en qualité de Membre du Conseil	collective à deux	
HIGGS M.J.H.		[signature]
...igne en qualité de Membre du Conseil	collective à deux	
KASKE K.		[signature]
si... en qualité de Membre du Conseil	collective à deux	
KOHLRUSS R.		[signature]
signe en qualité de Membre du Conseil	collective à deux	
LUGO U.		[signature]
signe en qualité de Membre du Conseil	collective à deux	

L'authenticité de la validité des signatures apposées ci-dessus, ainsi que l'existence des compétences qu'elles impliquent, sont garanties par

l...... soussigné......:

Date: 29 mai 1978

Signature de la Maison:

FOR AND ON BEHALF OF
INTERNATIONAL ELECTRICAL ASSOCIATION
[signature]
SECRETARY GENERAL

Prière de dater et de signer valablement (individuellement ou collectivement, selon le mode de signature) par les associés ou, dans le cas de Sociétés Anonymes, par le Président et/ou des Délégués du Conseil d'Administration.

1. Formation of Association

The Secretary General reported that the Association had been duly constituted and that in accordance with the Articles the composition of the Council is as follows:

Dr. R. Kohlruss (Chairman)
Mr. P. Boulin (Vice Chairman)
Mr. A. Arreghini
Mr. G. Bertola
Mr. B. Englund
Mr. S.Z. de Ferranti
Mr. G.C. Glasser
Mr. E.T. Judge
Mr. A. Fermo Marelli
Mr. P. Merlin
Dr. E.H. Mühlemann
Mr. L. Pehrsson
Mr. H. Philipsen
Mr. M. Schmid
Dr. A. Schuller

2. Apologies for Absence

The Secretary General reported that apologies for absence had been received from Mr. Arreghini, Mr. de Ferranti and Mr. Judge.

3. Administrative Review

The Secretary General recalled that he had informed the Council in the previous May that there was then the prospect of receiving Work Permits for 8 persons although there was the possibility that these would be issued in two instalments of four each. A total of 8 Permits would have been sufficient due to the decrease in the work load that had been apparent over the last year or two, which had been partly caused by a reduction in the scope of the activities of some Sections. In the end only two Permits were issued in July by the Cantonal Authorities, and these, together with the two already issued by the Federal Authorities, meant a total of only four. To make matters worse, at that time in July, he had no idea as to whether or not more Permits would be issued. The two Permits issued by the Cantonal Authorities were dated and had to be taken up within five weeks. This meant that it would be impossible to wait a further six months to see whether any further Permits would be issued. In this difficult situation he had discussed the matter fully with the Chairman and since the Council had already decided that the Association should move they decided that they should go ahead with the move. He had to report that there had been strong objections from very few Members and one Member firm has asked for a meeting of the Council. No Member of the Council had requested a Meeting, and indeed it would have been impossible to have arranged a Meeting of the Council in the short time available before the two Cantonal Permits lapsed.

The Secretary General stated that the actions of certain Member firms at the time the decision to move was taken caused considerable uncertainty with the staff of the Secretariat, who had already been under considerable stress for more than a year whilst awaiting the outcome of the application for Permits. Indeed the position had been reached where even if a total of eight Permits had been made available, there would not have been sufficient staff prepared to accept an offer of employment in Switzerland. Of the four permits available, one was for himself and the other three were offered to members of the staff, who had indicated their willingness to accept. Two of these subsequently turned down the offers even though all the conditions requested by them as regards salary, length of contract, etc. had been met in full, and he felt that it must be recorded that in his opinion it was the uncertainty caused by certain Member firms – particularly in regard to one of the staff – that made them refuse to transfer. Accordingly he had then to turn to other Members of the staff who had by then been declared redundant and persuade them to accept the invitations of employment in Switzerland.

The Secretary General stated that inevitably in these circumstances the terms and conditions offered to the three staff who had now agreed to – transfer (a contract of employment for himself having not been arranged as yet) were better than those agreed by the special Sub-Committee at the beginning of the year, in particular to meet the feeling of insecurity created, all had been given 5 year contracts. However, he wished to point out that the circumstances had changed considerably from those envisaged by the Sub-Committee, and in particular the three members of the staff would all have to assume far greater responsibilities than they had previously in London, and he hoped that the Council would agree to his action.

The Secretary General reported that apart from the three staff members for whom Work Permits had been obtained, i.e. Mr. A.C. Pearson (who had been appointed to the position of Assistant Secretary), Mr. H.D. Bamford and Mr. L.H. Pollin, a further member of the staff, Mr. E.W. Roach, was working in the Lausanne office, although still employed by I.E.A. Ltd. An application for a Work Permit for Mr. Roach was being submitted and it was hoped that it might be possible to obtain this when the second half of this year's allocation would be released next January. Two further members of the London office, namely Mr. K.C. Avins and Mr. C.H. Wasdell would remain on the pay-roll of I.E.A. Ltd but would commute to Lausanne each week for a time. This was rather expensive but necessary.

The Secretary General reported that two secretaries, two telex/telephone operators, one male clerk and one female clerk had been engaged locally all of whom could speak English.

The Secretary General reported that it had not been possible to make any arrangements to obtain offices until such time as the Cantonal Permits had been issued. Immediately after the issue of the Permits intensive efforts were made to find suitable accomodation, and finally negotiations were commenced to rent offices in the centre of Lausanne immediately opposite the main station. However, these offices did have certain disadvantages in that some major structural alternations would be necessary, and accordingly steps were taken to find alternative temporary accomodation in case the structural alternations to the offices first chosen should delay the move. In the quest for this temporary accomodation, a new building had been examined at Pully, a suburb to the East of Lausanne, where it was found that it would be possible to rent a whole floor which could provide an office superior in most respects to that offered by the offices in the centre of Lausanne.

The Secretary General reported that the records and furniture had been moved over from London during the week-end commencing 12th October and that the office had been working reasonably well since the previous day (i.e. 18th October). He was confident that in a month or two the Secretariat would be as efficient as it had been before the move, for although the staff numbers had been drastically reduced, working hours had been increased and methods rationalised. In the long term, it was possible that one or two Swiss engineers might be required.

The Secretary General reminded the Meeting that in his report issued in August 1972 he estimated the capital cost for the move as being about £ 115,000 with a maximum of £ 130,000 and these estimates had been based on the assumption that 12 persons would move to Switzerland. With only 4 persons moving, it did mean that more had to be paid to the larger number of staff being made redundant, but nevertheless he still thought that the capital cost, when finally known, would be in the region of £ 125,000/£ 130,000. With regard to the running costs, the Secretary General reminded the Council that in his report he had estimated an increase of 10 to 15pct. However in view of the substantially lower numbers of staff now to be employed in Switzerland, he believed that the running costs should be significantly less. In considering these costs in relation to estimates put forward in August 1972, it should be borne in mind that, in that period, the Pound had devaluated 20 pct in relation to the Swiss Franc.

The Chairman informed the Meeting that he had visited the new office on the previous day and had found that, generally, it was working well.

In reply to a question from Dr. Mühlemann, the Secretary General said that it was intended that in future the Engineers on the staff should be capable of dealing with all the Association's sections and that there would no longer be the three separate departments as there had been in London.

The Secretary General stated that as soon as possible he would prepare a statement giving the capital cost of the move and also an idea as to the expected running costs of the new Association.

The Council noted these reports and, in regard to the capital cost of transfer, agreed to leave until the next Meeting the question of how this should be met.

The Secretary General pointed out that because of the reduced number of engineers now available, it was essential that as many meetings as possible should be held in Lausanne. The Council unanimously AGREED that their recommendation to all member firms was that unless there were exceptional circumstances, all Job Meetings at least should be held in Lausanne. The Secretary General pointed out that it had become traditional for the Association to pay for the lunches of all delegates attending Job Meetings when those meetings were hold in London. With the increased number of meetings now due to be held in Lausanne – coupled with the necessity to keep costs down – he suggested to the Council that in future delegates should be responsible for paying for their own lunches when attending any Job meetings irrespective of where the meeting was held. The Council unanimously AGREED that the Secretary General should no longer pay for the cost of delegates' lunches when those lunches were attending Job Meetings, but that each delegate should be responsible individually.

4. Secretary General

In view of the fact that the appointment of Mr. J.R. Hughes as Secretary General of the Association with rights of management, representation and signature, as included in the Articles of Association, operated only until the first Meeting of the Council, it was RESOLVED to confirm this appointment with continuing effect.

In reply to a question the Secretary General informed the meeting that he was now 61 years of age and that the normal retirement age was 65.

5. Association's Lawyers

It was noted that during the period of formation the Association had been represented on legal matters by:

Messrs. Lenz, Schluep, Briner & de Coulon
25, Grand Rue
1211 GENEVE 11
Switzerland

and it was RESOLVED that this firm should be retained as the Association's lawyers.

The Secretary General informed the meeting that these lawyers had been selected as they were the Swiss correspondents of the British lawyers and that whilst he had been fully aware of the fact that Swiss members companies would have willingly assisted him in such preparations for establishing a new Association he had deliberately refrained from asking for their assistance in order to continue the policy of strict impartiality which had always been maintained by the Secretariat.

6. Accounting Advisers and Auditors

It was noted that on the advice of these lawyers the firm of:

FIDES – Union Fiduciaire
Passage Perdonnet 1
Case Postale 104
1000 Lausanne 4
Switzerland

had been appointed as consultants and advisers to the Association and also as the Association's auditors.

A Member of the Council enquired whether it was acceptable under Swiss Law for the same firm to act as both accountants and auditors, and furthermore was such an arrangement acceptable to the Council. The Secretary General replied that he had been advised that such an arrangement was perfectly acceptable in Switzerland.

It was therefore RESOLVED that the appointment be confirmed, recognizing that if it should seem desirable, a change could be considered later.

7. Banking Arrangements

It was RESOLVED that the Association's banker should be the Société de Banque Suisse and that the following accounts will be maintained with them:

a) Current Account No. 1 for general Association purposes.
b) Current Account No. 2 reserved for income other than Member's dues. Treuhänder-Acount.
c) Current Account No. 3 reserved solely for the purpose of salary payments.
d) A special Numbered Current Account.
e) A Deposit Account.

It was furthermore RESOLVED that the methods of operating these accounts should be as follows:

The Bank shall be instructed that all payments into the Special Numbered Account (d above) shall be transferred automatically and immediately to Current Account No. 1.

Payments out of Current Accounts Nos. 1 and 2 (a and b above) shall require the signature of two members of Council or alternatively of one member of Council and Mr. J.R. Hughes or – in the absence of Mr. Hughes – of Mr. A.C. Pearson, except that the Council hereby authorizes payment out of either of these accounts:

i) To the Deposit Account (e above) on the signature of either Mr. J.R. Hughes or in his absence Mr. A.C. Pearson.

ii) In the case of amounts not exceeding SFrs. 5'000.- per transaction, on the signatures of Mr. J.R. Hughes and of Mr. A.C. Pearson.

Payments from the Deposit Account (e above) shall be made only into either Current Account No. 1 or Current Account No. 2 (a and b above) and such payments shall require the signature of two members of Council or of one Member of Council and of Mr. J.R. Hughes or – in the absence of Mr. Hughes – of Mr. A.C. Pearson.

The purpose of Current Account No. 3 (c above) being to facilitate the regular and punctual payment of salaries by FIDES on the Association's behalf, payments from this account shall require the signatures of Mr. J.R. Hughes and of any one of four signatories who will be nominated by FIDES. Exceptionally, in the event of Mr. Hughes being unobtainable, such payments may be made on the signature of any two of the four FIDES nominees.

To maintain a sufficient (but not excessive) balance in Current Account No. 3, the Bank shall be instructed by means of a standing order to make a monthly payment from Current Account No. 1 into Current Account No. 3 (a and c above). The amount of this payment shall be somewhat larger than the estimated total monthly requirement as scheduled by FIDES for salary purposes for subsequent months. The instruction to the Bank for such standing order shall require the signature of two Members of Council or of one Member of Council and of Mr. J.R. Hughes.

8. Financial position

The Secretary General reported that approximately SFRS. 1,500,000 were now in process of being paid into the Bank account in Lausanne. He untertook to produce as soon as possible estimates of the operating accounts for the Association over the next three years.

9. Co-operation with Japanese Manufacturers

The Secretary General reported that Mr. M. Misu and Dr. S. Matsuda, the present "Mr. Japan" and his successor, had arrived in Lausanne and had been entertained the previous evening. Both these gentlemen would be having lunch with the Members of Council immediately after the Meeting and that afternoon there was to be a joint Meeting.

Following a discussion on the matters to be discussed that afternoon, the Chairman's suggestion that the same procedure should be adopted as had been used on a previous occasion, was accepted.

The Secretary General informed the Meeting that the Japanese firms were notifying in Sections A/B (Steam, Turbines and Generators), Section W (Water Turbines), Section E (Water Turbines Draining Generators), Section H (Transformers) and Section K (Rectifiers). He stated that in Sections E & W Allocation Agreements had operated for three years and that the Japanese had been pleased. However, amongst the Europeans there was not such satisfaction. There had been discussions over the previous six months regarding a replacement for the Allocation Agreements. In the case of Section E, support had been nearly achieved for a further Allocation Agreement. In Section W, the Europeans wanted an automatic pool scheme, which the Japanese had accepted in principle. There was to be a Meeting in Lausanne in the next week of a committee from Section W.

The Secretary General further informed the meeting that in Section A/B the Europeans were very much divided but that an informal committee consisting of Japanese and Europeans had met.

The Secretary General thought that it was the wish of the Japanese to have regular metings with the Council although as yet they had not asked to attend an A.G.M.

10. Advisory Committee to the Council

The Council was reminded of the proposal made by Mr. G.C. Glasser at the last meeting to the effect that the Council should appoint a committee to advise it on matters to be included on the Council's agenda. Such committee had in the past been appointed on an ad hoc basis and the present proposal was to set up a standing committee.

The Secretary General reported that during the meeting of all Members which was held in Geneve on 18th and 19th September to discuss the extension of the Statistical Service, a proposal had been made to set up a committee to consider, among other things, the restructuring of the Association. The suggestions put forward varied with the speakers and the national group represented, but one group particularly favoured some form of two tier management with representatives of the lower committee being ex officio Members of Council.

The wish was expressed that the committee would consider proposals which would assist the Council in its work and not seek to manage the Association, furthermore the Council hoped that the committee would be able to submit its report to the Council in time for consideration at its next meeting in March.

11. Competition from American Manufacturers

Mr. Bertola advised the Council that he had not proceeded with the preparation of his report as he had found that the cost of employing a specialist organisation would not have been justified and he had gained the impression that many companies were in fact preparing similar reports.

It was AGREED to take no further action.

12. A.G.M. and Convention 1974

It was NOTED that the first Annual General Meeting of the Association would be held in the Penina Golf Hotel, Algarve, Portugal, from 5th to 10th May, 1974.

13. A.G.M. and Convention 1975

The Secretary General reported that Lugano had been found to be unsatisfactory and investigations were being made in Locarno and Montreux. The Council agreed that, if suitable accomodation could be found, either of these places could be very acceptable.

14. Other business

It was suggested that the T.C.A. Committee should be asked to reconsider the rules relating to the escalation of costs during manufacturing and also the increasing tendency for purchasers to require arbitration to be carried out in their own country.

15. Date and Place of next Meeting

It was AGREED that the second Meeting of the Council would be held in London on 18th March, 1974, immediately following lunch, the meeting to be held in the Savoy Hotel if possible.

There being no other business, the Chairman declared the Meeting closed.

****

NOTES FOR GUIDANCE FOR COMPLETING ADVICES OF ORDER

No. of Tendering Members. This should exclude Japanese Members and any Members who are not Members of the particular Section.

Successful Tenderer Category

1. Section Member including any participating party not in the Section.
2. Japanese Section Member for plant within the scope of his notification obligations, or where he participates in an arrangement.
3. Other than 1 or 2

If 1 or 2 state FOB order price in S. Fr. and indicate under which of the following categories the order was secured.

Order Category

Under Price Arrangement

A.1 Under –
- (a) Allocation arrangement made under PAA (including enquiries with only one tendering notifier, which would otherwise have been offered for allocation).
- (b) Other preference arrangement.

A.2 Under price arrangement other than 1 –
- (a) Minimum or level price (with or without compensation)
- (b) Difference pool.
- (c) Pool other than (a) or (b).

Not under Price Arrangement

B.1 Only one tendering notifier (except those under A.1 above).

B.2 More than one tendering notifier.
- (a) Decision not to attempt price arrangement.
- (b) Arrangement attempted but unsuccessful.
- (c) No action taken to initiate price arrangement.

C.1 Arrangement not concluded because of legal or similar reasons within the territory of installation.

For all orders within category B. 2 state reason why no arrangement was made:
(For specimen reasons see attached sheet).

14th August, 1975

OPERATING COSTS OF THE ASSOCIATION

Members of Council will already have noted that the report of the Standing Committee (circulated on 9th September) contains a recommendation that the Council should give consideration to the question of possible economies in the operation of the Association. This item has accordingly been included as Item 4 b) in the Agenda for the next meeting and this memorandum has been prepared to set down the principal relevant facts to assist the Council in their consideration.

1. The total operating cost of the Association in 1975 was approximately 1·5 M francs whilst the budgeted figure for 1976 was 1·55 M francs. The sums are in the neighbourhood of 0·05 % of the value of orders – in all Sections – falling within the scope.

2. Although it is still a little early to be sure, the results for the first half of 1976 indicate that the budgeted figure will be somewhat exceeded but it can be assumed that the operating cost for 1976 will be in the area of 1·6 M francs.

   The increase from 1975 to 1976 of perhaps 7 or 8 % can be accounted for by:–

   a) Inflation – which in Switzerland is relatively low.

   b) The fact that in the middle of 1975 we appointed one more engineer and thus his salary is charged for a half-year in 1975 but a whole year in 1976.

   c) The considerable increase in activity in several Sections aimed at achieveing more satisfactory co-operation with JPA. This means not only meetings which are substantially more expensive than the average but also greatly increased travelling costs.

   d) A sharp increase in telexing costs. To some extent, this has been the result on increased charges for telexing in Switzerland but it is mainly due to an increase in activity particularly with the Japanese.

3. However, it has to be realized that out of the total cost of operating the Association, more than two thirds is accounted for by staff costs.

   When we were in London, we had 13 engineers supported by 4 statistical/administrative clerks, 1 lawyer, 1 translator, 2 accountants and 7 girls (secretaries, telephonists, etc.). This gave a total of 28 in addition to the Secretary General.

   Our present staff consists of 5 engineers, 1 statistical clerk/accountant and 5 girls, i.e. a total of 11 in addition to the Secretary General.

A reduction of one girl has recently been made and nothing further is possible. The saving achieved is of the order of 25,000 francs in a whole year. So far as the engineers are concerned, any decrease would be impossible without a major deterioration in the Association's service and it is a fact that a number of Members believe that we are still understaffed.

Of the five engineers, four are British transferees and, because of the circumstances of the move, they have service contracts extending until October 1978. Apart from that, it is of course known that Members would not wish to reduce staff – even if it were possible – without proper provisions and any reduction could therefore not produce any economy in the short term.

4. A significant economy has already been made in the cost of the accounting side of the Association's work.

   It will be remembered that, when the Association was first established in Pully, and following the loss of both our London accountants, we arranged for our accounting activities to be handled by FIDES. The consequences were almost catastrophic and, furthermore, the operation was extremely expensive. In the middle of 1974, our own accountant was appointed (this appointment did not represent an addition – the statistical clerk already on our staff was promoted to handle both jobs) and our dependence on FIDES was greatly reduced. The result has been a dramatic improvement in our efficiency and a saving of at least 50,000 francs per annum.

   A detailed investigation is in progress at the present time to see whether, by renting a suitable accounting machine, we can take over the remaining work which FIDES still handles for us. At first sight this seems hopeful and in that event there will be a saving of a further 15,000 francs or so per annum. FIDES would then continue only in the capacity of auditors.

5. Reference has already been made to the mounting cost of telexing. It is in the main unavoidable and largely out of our own control. Telex charges have risen in Switzerland but, more important still, the amount of activity within the Sections has also increased – even if this activity results in relatively few arrangements. Furthermore, as mentioned already, efforts to improve co-operation with the Japanese in several Sections have inevitably meant an increase in communication costs. Nevertheless, of course, all possible efforts are being made to limit avoidable expenditure.

6. Other miscellaneous items:– printing and stationary, postage and telephones, office furniture and equipment, petty cash, staff travelling and so on are all carefully scrutinised to avoid any unnecessary expenditure. These efforts can and will be continued – and even intensified – but it is useless to pretend that the results can be others than "peanuts".

7. It remains true, as I have reported on several occasions, that the only

item of the Association's costs where a significant economy is theoretically possible is that of staff travelling and expenses at meetings. These two items together in 1975 cost about 130,000 francs. The figure will be substantially bigger for 1976, mainly because of the number of meetings concerned with Japanese co-operation; meetings which are very considerably more costly than the average.

A saving of perhaps 80,000 francs per annum could be achieved if it were a firm rule that all, or substantially all, "job meetings" must be held in the Association's own conference room at Pully. It is however already well known that such a policy would be totally opposed by many Members and it is furthermore known that, apart from questions of convenience, the effect would simply be to transfer some of the Association's costs on to the Members.

J.R. Hughes,
Secretary General.

14th September, 1976

J. SKENE BROWN,
BUSH HOUSE
(NORTH-WEST WING)
ALDWYCH,
LONDON, W.C.2.

TELEPHONE: TEMPLE BAR 0801
TELEX: 22787
INLAND TELEGRAMS: KENELSON LONDON TELEX
CABLES: KENELSON LONDON - WC2

Ric. 6/5/63

Ref.: MAT/MBB 3rd May, 1963.

Dear Sir,

SECTION G

WORKING PARTY RECOMMENDATIONS

The Working Party held its Fifth Session in Zurich on the 26th March, 1963, and made the following recommendations which are submitted to you for your approval. o.k.

1. Correspondence to non-tendering Members

The Working Party recommend that whenever an arrangement is concluded on an enquiry the Secretary should advise the non-tendering Members concerned that an arrangement had been made; and that any such Member who subsequently requests details of the arrangement should be supplied with a copy thereof, it being understood that if he subsequently decides to tender he should be bound by the arrangement concluded. For this purpose, the Working Party also recommend that, as a consequential clarification, the words "tendering Member" appearing in the third line of paragraph 3 of the G Procedure should be deleted and should be replaced by the words "Member concerned".

2. T.C.A. Rule A.5

The Working Party recommend that T.C.A. Rule A.5 should be modified to read as follows:-

A.5 (a) If any Member becomes concerned in an enquiry after an arrangement has been made but fourteen days or more before tenders are due from the parties to that arrangement, that Member shall endeavour to maintain the arrangement and be a party to it.

- 1 -

(b) If any Member becomes concerned in an enquiry after an arrangement has been made but later than the fourteenth day before tenders are due from the parties to that arrangement, that Member shall maintain the arrangement and be a party to it.

(c) If any Member, being concerned in an enquiry when an arrangement is or has been made, submits a tender before he has given the parties to that arrangement an opportunity to invite him to participate therein, that Member shall modify his tender so as to correspond with the arrangement and become a party to it, or he shall withdraw his tender, or refuse to accept the order.

The Working Party went on to suggest that whenever a specific closing date has been fixed by a purchaser in respect of a specific transaction this date should be recorded in any arrangement applicable to that transaction.

(The proposed change to the text of this Rule will be considered at the T.C.A. Meeting to be held at Sorrento on 20th May, 1963, when your agreement will be sought.)

3. Proposals for modifications affecting specific arrangements

Consideration was given to the suggestion of a Member that a time limit should be fixed after which no proposal to modify an ad hoc arrangement or general agreement in relation to a specific enquiry would be entertained.

The Working Party agreed that it was inadvisable to introduce a binding rule on this subject, but recommended that Members should not, other than in exceptional circumstances, propose any amendment to an arrangement during the last few days before tenders are due, and that any special procedure to be adopted in connection with a particular arrangement should be decided at the arrangement meeting.

4. Circuit breaker prices

Following the discussions on the average prices prepared by the Secretary from the prices submitted by Members for a range of typical circuit breakers, the Working Party made the following recommendations:-

(1) That - (a) the same basic price should apply to both small oil volume and air blast circuit breakers;

(b) the compressor equipment should be regarded as a separate item and should not be included in the basic price for the circuit breaker;

(c) it should be left to the manufacturers of air blast circuit breakers concerned with a particular enquiry to decide whether or not compressor equipment should be included in an arrangement.

(ii) That the attached reference price curves, which are based on prices 3% below the average of the prices received by the Secretary, should be used as a basis for discussion at each special arrangement meeting.

(iii) That the specification for the circuit breakers covered by the reference prices obtained from the curves should be in accordance with the details set out in the attachment to the Secretary's letter dated 18th December, 1962.

(iv) That Members should send to the Secretariat details of the prices at which they obtain orders falling within the scope of Agreement X(G.3), and that the Secretariat should prepare statistics on a territorial basis showing the relationship between the order price and the reference price obtained from the curve. The precise form of the statistics to be reconsidered when the extent of the information that will be available is known.

Will you please examine these recommendations and let me know as soon as possible whether you agree to their adoption, except recommendation 2.

Yours faithfully,
J. SKENE BROWN,
Secretary.

Sent to all Members of Section G.

QUARTERLY REPORT - AGREEMENT X(G.3)

REPORT FOR QUARTER ENDED 31st MARCH, 1963.

Total number of enquiries notified 24
Number of orders placed with Members 6
Number of orders reported placed with non-members ... Nil

Secretary's Reference Number	Number of Tendering Members	Number of Circuit Breakers Ordered	Name of Successful Tenderer
ORDERS PLACED WITH MEMBERS			
G.125	2	10 - 220 kV	SSW
G.132	6	8 - 330 kV	ASEA
G.174	7	2 - 420 kV	Brown Boveri
G.181	7	2 - 275 kV	Delle
G.206	1	1 - 275 kV	Sprecher & Schuh
G.210	1	8 - 145 kV	Sprecher & Schuh
	TOTAL	31	
ORDERS REPORTED PLACED WITH NON-MEMBERS			
		Nil	

Sent to all Members of Agreement X(G.3).

INTERNATIONAL ELECTRICAL ASSOCIATION
Chemin des Anciens-Moulins 2A FULLY/LAUSANNE

Telephone 021/29 55 61
Telex KEBO 25051
Cables KEBON LAUSANNE

Postal Address:
Case postale 155
CH - 1009 PULLY/VD Switzerland

15th April, 1977
JRH/ap

Dear Sir,

Scheme for the Payment and Distribution of Compensation

Agenda Item 7 -- Council Meeting 9th May

All Members of the Council will be aware, in general terms, of the scheme which is operated by the Association for the payment and distribution of compensation.

Once per year, the necessary calculations are carried out, and all Members are advised of the amounts by which they are in debit or in credit. Arrangements are made for the Members within each of the separate Member countries to settle between themselves, as far as possible - obviously in order to minimize the magnitude of the transfers which it is necessary to make to and from the Association. Inevitably however, there remain outstanding amounts which a number of Members must pay to the Association and, correspondingly, amounts which the Association must then pay to other Members.

The total sum of money involved in this re-distribution can be very substantial. This year, it approached SFr. 5 million but on occasions in the past it has been much more.

The Members who are due to receive payment each year are requested to advise the Association of the name and number of the bank account into which payment is to be made and it is not uncommon for these accounts to be special accounts different from those normally used by the Members concerned (in some cases they may even be in other countries).

Once the amounts to be distributed by the Association have been determined and the list of recipients together with the relevant bank accounts has been prepared, it is of course possible to instruct the Association's bank to effect payments in accordance with the list; but it is at this stage that certain problems arise:

a) It is obvious that the payment of such very substantial sums cannot be made by the Association's bank (where a special "Compensation Account" is maintained for this operation) on the authority of the Secretary General alone. His signature must be supported by the signature of a Council Member in the usual way.

b) The information concerning the amounts to be paid to each Member and also, of course, the details of the particular bank account that each Member has provided are confidential and cannot be made available to the Council Member - whoever he is - whose signature is required with that of the Secretary General.

Because of these two necessary precautions, the Council many years ago (when we were still in London) formally agreed a system for dealing with this distribution of compensation by the Association.

The agreed scheme was as follows:

a) The Association carries out the appropriate calculations and requests the instructions of the receiving Members in regard to the bank account to which payment is to be made. A complete list is then prepared, setting out the recipients, the amounts and the bank accounts to be credited.

b) This whole operation is audited by the Association's auditors who not only check the calculations but also check that the payments are being made correctly to the appropriate bank account as requested by each Member.

c) The complete list is then held by the Association's auditors.

d) A letter is written by the Association to the Association's bank, requesting the payment from the special "Compensation Account" of the total sum involved "in accordance with the attached list".

The letter is signed by the Secretary General and then sent to a Council Member for the second signature <u>but without</u> the "attached list".

The Council Member concerned signs the letter and sends it, not to the Secretary General, but direct to the Association's auditors.

e) The Association's auditors, on receipt of the letter from the Council Member, attach to it the list which is already in their possession and then send both on to the bank.

f) The bank then proceeds to make the payments listed and the whole operation is concluded.

This scheme has been in operation, as mentioned already, for very many years. When we were still in England, it was of course the normal practice, when requiring second signatures on cheques, letters to the bank and so on, to ask British Council Members to do this job. Successive British Members of Council carried out these duties and no problem arose. After our move to Switzerland, we of course changed our practice and, when requiring signatures, it became the custom normally to ask Swiss Council Members and so far this has operated equally happily.

However, this year, Mr. Bielinski has suggested that this procedure which we operate for the distribution of compensation is perhaps no longer entirely satisfactory. He has of course not wanted to raise any difficulty and he has signed the appropriate letter this year, enabling the distribution to be made in the normal way but he feels nevertheless that the question should be reconsidered.

It is Mr. Bielinski's opinion that, under conditions as they now are and which may well be considered to be rather different from those existing when the scheme was set up, it is not entirely satisfactory that a Council Member should be asked to sign a letter authorizing the payment of a very substantial sum of money, without his knowing exactly where that money is going.

Mr. Bielinski and I have discussed this problem in some detail and we have worked out an alternative which the Council might approve, which would get round the difficulty which he sees and which, at the same time, would still maintain the two important requirements that the Secretary General's signature must obviously be supported by a second signature but that the details of the transaction cannot be disclosed to any one Council Member.

The possible alternative procedure is that the Council might agree that payments out of the Compensation Account should be authorized against the signature of the Secretary General supported by an authorized signatory of FIDES, who are of course the Association's auditors.

This situation in fact already exists in regard to another of the Association's accounts; namely the "Salary Account". The sums of money involved in that case are very much smaller but the principle would be exactly the same.

An item has been included in the agenda for the Council Meeting in Taormina (it is item 7) when this problem will arise for discussion. I would hope that the matter can then be settled in principle but it is not yet necessary to finalize a precise Resolution concerning any changed instructions to the bank for cheque signatures. Some other changes will in any case be necessary at the following meeting in October, because of the change in Secretary General occurring at that time and the whole matter can then be dealt with in one operation.

Yours faithfully,

J.R. Hughes,
Secretary General.

Sent to all Members of the Council

Interview ZDF – Klaus Barthelt, Vorsitzer des Vorstandes der KWU – Kraftwerk Union AG, 9. Dezember 1979

Frage: Herr Dr. Barthelt, was sagen Sie denn zu den Vorwürfen des brasilianischen Senatsausschusses, es seien 1975 bereits und in der Folgezeit sogenannte Geheimverträge auf Vergütungsebene unterzeichnet worden, nämlich zwischen Matthöfer und .... für die brasilianische Seite, von denen der Kongreß nicht unterrichtet sei?

Ich kenne kein Geheimabkommen und weiß von keinem Geheimabkommen, und es könnte so sein, daß es sich bei dem Geheimabkommen, was dort behauptet wird, auf Regierungsebene sich ebenso verhält wie bei dem angeblichen Geheimabkommen zwischen uns und unserem brasilianischen Partner. Da gibt es auch keins. Wir haben das im übrigen alles offengelegt, und ich kann nur jeden bitten, daß er sich mit den Verhältnissen so vertraut macht, wie wir es sind, und dann wird er erkennen, es gibt kein Geheimabkommen.

Frage: Sagen Sie, Herr Dr. Barthelt, beunruhigt eigentlich KWU die Tatsache, daß es, innerhalb der NUCLEBRAS, also von brasilianischer Seite, so etwas wie eine Rücktrittswelle gegeben hat leitender Funktionäre, leitender Direktoren, die protestiert haben dagegen, daß es ihnen angeblich zu teuer sei und technisch zu kompliziert?

Auch ich glaube, das wird doch weithin übertrieben. Es ist natürlich ein bißchen langsamer gegangen oder es geht langsamer, als wir uns das wünschen, insbesondere wegen unseres zurückgehenden Inlandsmarktes würden wir uns also mehr an Beschäftigung in Brasilien wünschen. Und das bißchen Verzögerung, das da drinliegt, das ist natürlich für uns störend, aber ich glaube, man solle die Dinge nicht überbewerten.

Frage: Nach dem neuen Energieplan von Minister Cals ist eine fünfjährige Streckung des Atomgeschäftes vorgesehen. Weiterhin spricht die brasilianische Presse auch ausdrücklich von einer Mittelstornierung für das Energieprogramm insgesamt, aber insbesondere für die nukleartechnischen Vereinbarungen. Was hat das für Folgen für KWU?

Unangenehme, was ich schon sagte. Wir würden lieber gern durchfertigen und schneller machen, um also mehr Beschäftigungen nach Deutschland zu holen und sie jetzt im Grunde zu praktizieren in der Zeit, wo wir im Augenblick recht wenig gut beschäftigt sind. Aber insgesamt gesehen ist die Streckung unsympathisch, aber nicht problematisch im Sinne davon, daß das etwa das Ende von verschiedenem bedeutet. Dazu hat uns die brasilianische Seite uns selbst als KWU, aber auch dem Herrn Bundeskanzler oder dem Grafen Lambsdorff verkündet, die Dinge geschehen weiter und werden notfalls verlängert von 90 auf 95. Ich glaube, das ist unangenehm, aber erträglich.

Frage: Herr Dr. Barthelt, Befürchtungen, die in Brasilien geäußert werden, seit längerer Zeit, und neuerdings auch in der Bundesrepublik, was vor vier, fünf Jahren nicht zutraf, als man dieses Geschäft sehr optimistisch unterschrieb und auch teilweise finanzierte, daß Brasilien seine Schulden, seine Auslandsverschuldung, die rasant ansteigt mit hoher Zinstilgung, daß Brasiliens Auslandsschuldung eines Tages seine Kreditwürdigkeit auf den internationalen Devisenmärkten, die ja offenbar das brasilianische Energieprogramm weitgehend versorgen, finanzieren, bedroht wäre. Wie sieht das für KWU aus?

Für die beiden ersten Kernkraftwerke ist ja die Finanzierung gesichert, für die nächsten beiden muß man darüber diskutieren, und natürlich macht uns dieser Tatbestand Sorgen. Es ist ja weniger unsere Sache, als die Sache der Banken, die eines Tages mit ihren brasilianischen Partnern darüber verhandeln müssen. Aber ich habe neulich, als bei Herrn Rischbieter der brasilianische Finanzminister hier Besuch gemacht hat, gehört, daß man ein recht ehrgeiziges Exportprogramm seitens der Brasilianer vorhat, und ich wünsche den Brasilianern viel Glück dabei, damit eben das nicht passiert, das heißt, ein weiterer Anstieg der Verschuldung.

Frage: Also besorgniserregend ist es zumindest vorläufig nicht?

Es ist mindestens ein Gegenstand, der Sorgen macht. Besorgniserregend ist vielleicht eine winzige Nuance Unterschied, aber Sorgen macht der Tatbestand natürlich.

Frage: Herr Dr. Barthelt, kommen wir langsam zum Schluß. Ein Name, der Ihnen sicher bekannt sein wird, Kurt Rudolf Mirow aus Brasilien, ein deutschstämmiger brasilianischer Unternehmer, wirft dem Hause Siemens und KWU vor, sich an einem internationalen

Kartell mit Sitz in Lausanne in der Schweiz zu beteiligen und dort in regelmäßigen Abständen Kartellabsprachen zu treffen, die für den Nuklear-Export, vor allen Dingen für die Entwicklungsländer zuträfen. Was sagen Sie dazu?

Das ist Unsinn. Aber ich kann Ihnen nur raten, tun Sie dasselbe, was ich in bezug auf Herrn Mirow tue, nehmen Sie ihn nicht ernst.

Frage: Ein solches Kartell gibt es aber?

Nein.

Frage: Das Kartell existiert nicht?

Das existiert nicht. Es ist nichts daran wahr, für die KWU also kann ich Ihnen das verbindlich bestätigen, daß es eine solche Vereinbarung nirgendwo gibt. Ich kenne nicht nur keine auf Lausanne bezogene, auf Entwicklungsländer bezogene, ich weiß überhaupt nicht, was Herr Mirow damit meinen könnte. Aber das ist nichts Besonderes bei Herrn Mirow, das erlebe ich bei ihm häufiger.

Frage: Der Name International Electrical Association sagt Ihnen auch nichts?

Das gibt es für Kartelle, für Kernkraftwerksaufträge überhaupt nicht. Ich kann hier also wirklich dazu keine Auskunft geben, weil ich also nun echt überfragt bin.

Am 31. Juli 1980 schrieb Klaus Barthelt, Vorsitzender des Vorstandes der Kraftwerk Union Aktiengesellschaft dem Autor:

„Ich habe mit dem Fernsehinterviewer, dessen Name mir im Moment nicht gegenwärtig ist, nach dem Interview gesprochen und ihn darauf aufmerksam gemacht, daß er das ganze Interview senden muß und nicht etwa einen Teil davon. Der Grund für diese Forderung von mir bestand darin, daß ich dem Mißverständnis entgegenwirken wollte, als ob ich etwa die International Electrical Association gar nicht kenne, sondern daß ich ihm nur klar erklärt habe, daß diese Vereinigung mit dem Kernkraftwerksauftrag in Brasilien nicht das Geringste zu tun hat und daß ich jede andere Darstellung von ihm deutlich zurückweisen müßte".

gez. Klaus Barthelt.

Anmerkung: Der Autor gibt diesen Passus des Briefes von Klaus Barthelt wieder, da es über den Wirkungskreis der IEA kontroverse Informationen und Unterlagen gibt.

Interview ZDF – Egbert v. Tirpitz (Bundeskartellamt) 7. Dezember 1979

Frage: Sind die Unternehmen verpflichtet, bei Ihnen Kartellabsprachen anzumelden?

Unser Gesetz sieht etwas anders aus, es beginnt mit einer allgemeinen Verbotsvorschrift. Kartelle sind grundsätzlich verboten. Aber es gibt bestimmte Ausnahmetatbestände, zu denen eine Erlaubnis erteilt werden kann, aber die einfach durch Anmeldung wirksam werden können. Das bedeutet, der Gesetzgeber sagt dann, solche Kartelle sind zulässig, wenn sie angemeldet worden sind.

Frage: Würden Exportkartelle, also Kartellabsprachen, die auf Drittländer, meinetwegen Entwicklungsländer gerichtet sind, anmeldepflichtig bei Ihnen sein? Seit wann, bis wann und in welcher Form?

Seitdem die deutsche Gesetzgebung in Kraft ist, gibt es auch den § 6, der sagt, daß Ausfuhrkartelle, das ist das, was Sie gerade beschrieben haben, nicht notwendigerweise, daß solche Ausfuhrkartelle hier angemeldet werden müssen, um wirksam sein zu können. Später aber hat der Bundesgerichtshof einmal in einem Fall entschieden, daß das, worauf es entscheidend ankommt, nämlich die Vorschrift unseres § 98, Absatz 2, möglicherweise auf solche Kartelle überhaupt nicht anwendbar ist. Der 98/2 sagt nämlich, dieses Gesetz findet Anwendung auf alle Wettbewerbsbeschränkungen, die sich im Geltungsbereich dieses Gesetzes auswirken. Das heißt also im Inland. Und in dem Augenblick, wo eine solche Auswirkung nicht besteht, ist die ganze Wirksamkeit dieses Gesetzes auf diese Kartelle nicht mehr gegeben. Die Folge ist, daß viele Export-Kartell-Partner nun nicht mehr hier anmelden, was sie früher getan hatten, und dadurch die Informationen, die wir über diese Exportkartelle bekommen, inzwischen so etwas überholt sind.

Frage: Könnte man davon ausgehen, daß die Nichtanmeldung, sagen wir so, mal einer Philosophie zugrunde liegt, die man mit dem Stichwort Sicherung und Förderung der Ausfuhr beschreiben könnte?

In allen Ländern der industrialisierten Welt, soweit sie Kartellgesetze haben, gibt es vergleichbare Regelungen. Sie sagen de facto, was im Ausland passiert, ist für die nationale Situation ohne Bedeutung. Wenn es also zum Vorteil von Firmen aus dem Inland dienlich ist, irgendwo in der Welt den Wettbewerb zu beschränken, dann wären wir die Letzten, ihnen das zu verbieten. Und in den Gesetzen der anderen ist das so, und bei uns ist es infolgedessen auch so.

Frage: Auch wenn das den Ruin von einheimischen Industrien, wie z.B. in Brasilien, bedeutet?

Die Gesetzgebung hat dazu noch nicht Stellung genommen. Es ist inzwischen zwar angefangen worden, darüber nachzudenken, soweit ich weiß, es gibt internationale Konferenzen zu dem Thema, aber wir hier, wir deutschen Beamten, die dieses Gesetz anwenden müssen, wir haben die Vorschriften so, wie sie bei Verabschiedung des Gesetzes erlassen worden sind.

Frage: Fühlen Sie sich eigentlich wohl bei der Auslegung des Gesetzes, so persönlich als Mitarbeiter des Bundeskartellamtes? Könnte das Gesetz großzügiger gestaltet werden auch bei Auslandsaktivitäten deutscher Firmen?

Das ist eine sehr schwierige Frage. Ich würde dazu neigen, zu sagen, daß ich diese Entwicklung mit großem positiven Interesse verfolge, aber die Frage, wenn man sie allgemeiner, verallgemeinert sieht; ich liebe diese Arbeit in diesem Amt, und finde, daß so viel Gutes an diesem Gesetz ist, daß man an einzelnen Vorschriften, die einem vielleicht mal nicht ganz gefallen, man nur sehr vorsichtig Kritik üben soll.

Frage: Und Ihnen sind dann z.B. auch solche Papiere hier bekannt? Von dem Internationalen Elektrokartell?

Dieses ist offenbar eines der Papiere, mit denen dieses Kartell lebt und seine Wettbewerbsbeschränkungen verwirklicht. Ich habe keinen Anlaß, daran zu zweifeln, daß die Fotokopie die Kopie eines wirklichen Dokumentes ist. Aber was kann ich da tun?

Frage: Ihre Hände sind gebunden?

Mehr oder minder durch mein Gesetz. Ich bin als deutscher Beamter ohnehin nicht befugt, im Ausland wirksam zu werden. Stellen

Sie sich mal vor, wenn hier französische Polizisten anfangen, innerhalb Deutschlands zu ermitteln, so was geht nur in internationaler Zusammenarbeit. Das kann man nicht aus einem Land in das andere hinein ausführen. Die Rechtsprechung und die Erfahrung gerade in diesem Bereich ist die, daß alle Nationen sehr sorgfältig auf ihre Souveränität achten, daß also Wirtschaftskontrollen aus dem Ausland, nicht im Inland wirksam werden.

Frage: Herr von Tirpitz, sie sind nicht anmeldepflichtig, sind sie aber dem Kartellamt bekannt, diese Exportkartellabsprachen?

Doch, anmeldepflichtig waren sie, und ich habe gerade geschildert, daß jetzt, nachdem der Bundesgerichtshof die Entscheidung gefällt hat, möglicherweise sogar diese Anmeldepflicht nicht mehr besteht, aber hinzu kommt nocht etwas...

Frage: Was heißt möglicherweise?

Der Bundesgerichtshof hat entschieden, daß, wenn es an Auswirkungen im Inland fehlt, das Gesetz nicht anwendbar ist, also auch die Kartelle nicht mehr angemeldet werden müssen. Aber auch das, was in der Vergangenheit angemeldet worden ist, geht nicht in das vorhin erwähnte Register. Diese Exportkartelle werden nicht publik gemacht und damit hat der Gesetzgeber gewollt, daß also auch ein Beamter über diese Kartelle nichts veröffentlichen und sagen darf. Infolgedessen werden sie zum Beispiel in unseren Tätigkeitsberichten auch nicht erwähnt.

Frage: Das heißt, Sie dürfen darüber nicht sprechen?

Nein, ich darf darüber nicht sprechen.

79.587 Postulat Ziegler-Genf – Eletrizitätskartell vom 13. Dezember 1979

Der Bundesrat wird eingeladen, von der Kartellkommission eine Untersuchung über die industrielle, geschäftliche und finanzielle Tätigkeit des auf der ganzen Welt vertretenen Elektrizitätskartells International Electrical Association anzufordern.
Das Kartell hat seinen Sitz in Pully, Lausanne

Mitunterzeichner: Affolter, Baechtold, Bäumlin, Braunschweig, Deneys, Felber, Gerwig, Jaggi, Lang, Leuenberger, Loetscher, Morel, Morf, Müller-Bern, Nauer, Ott, Reiniger, Renschler, Robbiani, Rubi, Uchtenhagen

Begründung
1930 haben neun Unternehmen – unter ihnen Brown Boveri, Siemens, General Electrics, Westinghouse – ein Abkommen unterzeichnet, um die Konkurrenz auf dem Weltmarkt der elektrischen Ausrüstungen unter Kontrolle zu bringen. Dieses Abkommen, dem anfangs Jahrhundert eine Reihe von Vereinbarungen vorangegangen waren, sah vor, daß die Unternehmen sich ihre Offerten gegenseitig mitteilen sowie „an die Gesellschaften, die den Auftrag nicht erhalten, und an einen Sonderfonds, welcher der Brechung der Preise gegenüber Nichtmitgliedern dient, Ausgleichszahlungen leisten". Im Lauf der Jahre vergrößerte sich das Kartell beträchtlich. 1968 gehörten ihm über 80 Trusts an. Sektionen wurden geschaffen: Fernmeldetechnik, Elektrokabel, elektrische Haushaltsgeräte usw. Anstelle der Namen der Firmen und Erzeugnisse erscheinen in der Korrespondenz zwischen den IEA-Mitgliedern Codezeichen.

1960: Die Behörden der Vereinigten Staaten entdecken, daß es die IEA gibt. Die Antitrustgesetze dieses Landes sind streng. Die IEA wird angeklagt, verurteilt; sie kann ihre Tätigkeit in den Vereinigten Staaten nicht mehr ausüben. Der Präsident des amerikanischen Gerichts kommentiert: „Wir stehen vor einem der schockierendsten Beispiele kriminellen Verhaltens in einem Bereich, der zu den wichtigsten unserer Wirtschaft gehört."

In den übrigen Ländern setzt die IEA aber ihre Tätigkeit fort, vor allem in der Dritten Welt, wo sie die Regierungen manipuliert und den Staaten stark überrissene Preise aufzwingt. Nehmen wir zum

Beispiel Brasilien: Zur Bekämpfung der einheimischen Produktion unterschreiben sechs multinationale Gesellschaften (darunter Brown Boveri) im August 1967 einen Vertrag. Er gilt für das ganze brasilianische Staatsgebiet und sieht Kartell- und Dumpingpraktiken vor (3)

Dieser Vertrag entspricht dem Abkommen der IEA. Hier einige Bestimmungen:

Art. 12: „Es ist verboten, eine Offerte ohne vorherige Absprache mit dem Koordinator einzureichen."

Art. 23: „Der in der Sitzung beschlossene Endpreis schließt eine Taxe von 2 Prozent ein, die das Mitglied, das den Vertrag erhält, in einen Reservefonds für Kampfmaßnahmen einzuzahlen hat."

Art. 24: „Die Preise sind an der in Artikel 6 erwähnten Sitzung (an der alle Vertragspartner teilnehmen) zu genehmigen."

Art. 27: „Drängt sich eine Kampfmaßnahme auf, so sind die benötigten Mittel zuerst bei der Gesellschaft zu entnehmen, welche die größte Reserve angehäuft hat."

Art. 50: „Kündet eine Gesellschaft dieses Abkommen, wird sie von den andern systematisch bekämpft."

Ohne hier die Strategien der IEA erschöpfend darstellen zu wollen, möchten wir doch noch erwähnen, daß sie auch in Afrika sehr aktiv ist. Beispiel: Ein Land macht eine internationale Ausschreibung (für die Elektrifizierung bestimmter Netze, für den Bau eines Elektrizitätswerkes usw.). Nur zwei bis drei Gesellschaften des Kartells reichen eine Offerte ein: Für die gleiche Arbeit bieten sie die gleichen Lieferungen zu sehr unterschiedlichen Preisen an. Ein Angebot ist wesentlich tiefer als alle andern. Die Strategie ist klar, aber oft erfolgreich. Die Regierung des afrikanischen Landes entscheidet sich fast spontan für den so viel niedrigeren Preis, der so „günstig" erscheint ..., in Wirklichkeit aber ein Kartellpreis, also überhöht ist. So sichert sich die Firma, die das zu hohe Angebot gemacht hat, die Herrschaft über den Markt dieses Landes.

An diesen zwei Beispielen läßt sich die Strategie des Kartells klar erkennen.

1. Mit ihren Dumpingmethoden – sie sind zum Beispiel im brasilianischen Kartellvertrag ausdrücklich aufgeführt – versucht die IEA, die Märkte von Ländern der Dritten Welt zu kontrollieren und die einheimischen Industriefirmen systematisch auszuschalten. Das Kartell wird so zum alleinigen Geschäfts-

partner der Regierungen (sie sind die wichtigsten Kunden der multinationalen Elektrogesellschaften).

2. Vor der Ausführung fast aller großen Projekte von Elektroanlagen (Staudämme, Kraftwerke usw.) wird ein internationales Ausschreibungsverfahren durchgeführt. Die Regierung des betreffenden Landes erhofft sich davon einen freien Wettbewerb unter den internationalen Lieferfirmen und einen möglichst günstigen Preis für die Ausrüstungsgüter, die sie braucht. Das Kartell verfälscht aber den Wettbewerb, da praktisch alle Anbieter vom Kartell zu hoch angesetzte Preise verwenden.

   Die IEA, dieses Monstrum kalter Berechnung, verstärkt durch die Kartellierung des Elektro-Weltmarktes die Überschuldung der Länder der Dritten Welt, die sie sich gefügig macht, und damit auch das Elend, die Arbeitslosigkeit, die Verzweiflung und den Hunger der Bevölkerung. Sie erweist sich also als eine der brutalsten Erscheinungen der imperialistischen Aggression gegen die in Armut lebenden Völker.

Stellungnahme des Bundesrates

Im Jahre 1976 ist ein brasilianischer Unternehmer, Leiter einer kleineren Fabrik für die Herstellung von Elektromotoren, an die Schweizerische Kartellkommission gelangt. Er legte Unterlagen über das internationale Elektrokartell vor und machte geltend, daß er stets durch dieses Kartell im Wettbewerb beträchtlich behindert werde. Neben andern nationalen und übernationalen Kartellbehörden wandte er sich auch an die Schweizerische Kartellkommission, weil das Kartell seinen Sitz in der Schweiz habe und ein schweizerisches Unternehmen daran beteiligt sei.

Die Kartellkommission hat sich damals im Rahmen einer sogenannten Vorabklärung mit der Angelegenheit befaßt. Es handelt sich dabei um ein Verfahren, bei dem auf informelle Weise erste Abklärungen über den relevanten Sachverhalt und die rechtliche Tragweite möglich sind. Im Rahmen dieser Abklärung verlangte die Kartellkommission vom einschlägigen schweizerischen Unternehmen die nötigen Auskünfte und Unterlagen. Diesem Anliegen wurde ohne Zögern stattgegeben.

Beim fraglichen Kartell handelt es sich um die „International Electrical Association" (IEA) mit Sitz in Lausanne. Die Tatsache, daß auch wettbewerbsbeschränkende Absprachen getroffen werden, ist unbestritten. Mitglieder des Kartells sind europäische und japanische Hersteller von elektrischen Großgeräten wie Dampfturbinen, Turbogeneratoren, Transformatoren und Gleichrichtern. Die Absprachen schließen stets folgende Länder vom Geltungsbereich aus: Österreich, Finnland, Norwegen, Schweden, Schweiz, die Vereinigten Staaten von Amerika sowie die Länder der Europäischen Gemeinschaften. Aufgrund dieser Feststellungen hat die Schweizerische Kartellkommission in ihrem Jahresbericht 1976 folgendes festgehalten: „Es ergab sich (im Rahmen der Vorabklärung), daß die wettbewerbsbeschränkenden Absprachen im Rahmen der IEA u.a. die Schweiz und die Mitgliedstaaten der Europäischen Wirtschaftsgemeinschaft vom Geltungsbereich ausnehmen. Die Kartellkommission hatte unter diesen Umständen keine Rechtsgrundlage für eine weitere Untersuchung des Wettbewerbsverhaltens der IEA und ihrer Mitglieder. Der brasilianische Informant wurde in diesem Sinne benachrichtigt“ (Veröffentlichung der Kartellkommission 1977, S. 24).

Das Prinzip der Inlandsauswirkung ist ein Grundelement der Kartellrechtsdoktrin, auch wenn dies im schweizerischen Kartellgesetz nicht ausdrücklich gesagt wird. Das Gesetz ist jedoch grundsätzlich nur anwendbar, sofern sich die kartellistischen oder kartellähnlichen Bindungen und Verhaltensweisen in der Schweiz auswirken. Auf den Ort des Vertragsabschlusses oder der Willensbildung kommt es demnach nicht an. Dieser Grundsatz wird in der schweizerischen Kartellrechtsdoktrin, wie sich auch aus den Materialien zum Kartellgesetz ergibt, als selbstverständlich erachtet, was auch der Grund sein dürfte, daß er im Gesetz selbst nicht ausdrücklich erwähnt wird. Das schweizerische Bundesgericht hat den Grundsatz in einem zivilrechtlichen Entscheid bestätigt, indem es feststellte, daß das Kartellgesetz auch auf Wettbewerbsbeschränkungen anwendbar sei, die im Ausland verursacht werden, sich aber in der Schweiz auswirken (BGE 93 II 192). Umgekehrt ergibt sich die Nichtanwendbarkeit des Gesetzes, wenn Wettbewerbsbeschränkungen zwar in der Schweiz verursacht werden, sich aber im Inland nicht auswirken.

Der Postulant erwartet vom Bundesrat, daß er die Kartellkommission mit einer Untersuchung über die Tätigkeit der IEA beauftragt. Eine derartige verwaltungsrechtliche Erhebung im Sinne des Kartellgesetzes müßte sich auf die Überprüfung der Inlandauswirkungen des Kartells beschränken. Da solche Wirkungen nicht gegeben sind, erübrigt sich ein entsprechender Auftrag an die Kartellkommission. Das Einschreiten obliegt den Behörden derjenigen Staaten, die von den Kartellwirkungen betroffen werden.

Im übrigen ist darauf hinzuweisen, daß es nach Artikel 18 und 20 des Kartellgesetzes Sache des Eidg. Volkswirtschaftsdepartements und nicht des Bundesrates ist, die Kartellkommission mit allgemeinen Erhebungen und Sonderuntersuchungen zu beauftragen.

Erklärung des Bundesrates:
Der Bundesrat beantragt, das Postulat abzulehnen.

LETTER OF TRANSMITTAL

NINETY-SIXTH CONGRESS

BOB ECKHARDT, TEX., CHAIRMAN

JIM SANTINI, NEV.
ALBERT GORE, JR., TENN.
PHILIP R. SHARP, IND.
ANTHONY TOBY MOFFETT, CONN.
ANDREW MAGUIRE, N.J.
DOUG WALGREN, PA.
RONALD M. MOTTL, OHIO
MICKEY LELAND, TEX.
TIMOTHY E. WIRTH, COLO.
EDWARD J. MARKEY, MASS.
HARLEY O. STAGGERS, W. VA.
(EX OFFICIO)

NORMAN F. LENT, N.Y.
MATTHEW J. RINALDO, N.J.
MARC L. MARKS, PA.
TOM CORCORAN, ILL.
WILLIAM E. DANNEMEYER, CALIF.
JAMES T. BROYHILL, N.C.
(EX OFFICIO)

CONGRESS OF THE UNITED STATES
HOUSE OF REPRESENTATIVES
SUBCOMMITTEE ON OVERSIGHT AND INVESTIGATIONS
OF THE
COMMITTEE ON INTERSTATE AND FOREIGN COMMERCE
WASHINGTON, D.C. 20515

ROOM [illegible]
RAYBURN HOUSE OFFICE BUILDING
PHONE (202) 225-4441

MARK J. RAABE
CHIEF COUNSEL/STAFF DIRECTOR

June 6, 1980

Honorable Harley O. Staggers
Chairman
Committee on Interstate and
  Foreign Commerce
U.S. House of Representatives
Washington, D.C. 20515

Dear Mr. Chairman:

I am transmitting herewith a report, together with analysis and supporting documents, describing the history and more recent operations of the International Electrical Association, a Swiss based cartel composed of over 50 European and Japanese heavy electrical equipment manufacturers. To the extent that the cartel is successful, it conspires to deny overseas markets to U.S. manufacturers. While adversely affecting our balance of payments, there is strong evidence that the activities of the cartel have also negatively impacted U.S. electrical equipment producers, contributed to unemployment and paved the way for the increased penetration and the outright capture of segments of the U.S. market by cartel member firms.

As explained by the principle authors of the report, Barbara Epstein and Richard Newfarmer, large variations in domestic demand for heavy electrical equipment, such as hydroelectric turbines or large power transformers, make it imperative for manufacturers to export their products during slack periods. Absent the ability to export, the producer tends to lose efficiencies associated with economies of scale. Unit costs go up and sales tend to go down. Moreover, if forced to rely on a variable domestic market, the manufacturer is disinclined to invest the amount of capital needed to maintain technological leadership or even parity with foreign competitors. According to the Epstein and Newfarmer study, the developing nations represent the area of greatest demand for heavy electrical equipment. This is not coincidentally the area where the cartel concentrates its activities. Through contractual agreements to set prices, exchange information, allocate markets, rig bids, and compensate unsuccessful cartel bidders, the cartel appears to be fully capable of unfairly denying U.S. firms the ability to compete for foreign sales of over 1.5 billion dollars annually.

The process, once initiated, becomes a vicious cycle. Lacking adequate foreign sales, U.S. firms becomes less and less efficient and thus increasingly unable to compete. Eventually, the firms go out of business because even the domestic market is captured by

Honorable Harley O. Staggers
Page Two
June 6, 1980

technically superior and more efficient foreign manufacturers, who can now defeat U.S. manufacturers without having to resort to conspiratorial and inequitable trade practices. The net result is a loss of jobs and, before long significantly higher prices to the American consumer because of the lack of real competition in the manufacturing of products dominated by the cartel.

The study alleges that this scenario has already taken place in the hydroelectric turbine field, where Allis Chalmers is the only major domestic manufacturer left. Moreover, the number of U.S. producers of large power transformers has declined from 8 to 5 since 1970. In power circuit breakers, only one U.S. firm, Westinghouse, has its own technology. Three other U.S. firms have formed joint ventures with foreign manufacturers who are cartel members. According to the report, in effect, these companies appear to have become distributors for the equipment manufactured overseas by their former rivals.

In view of the serious issues raised in this report, I directed letters to the three agencies most directly concerned with trade and antitrust matters: the Department of Justice, the Federal Trade Commission and the International Trade Commission. My letter and their replies are printed immediately following this letter. I was most pleased to learn that the Antitrust Division of the Department of Justice has for several months been examining the operations of the International Electrical Association. Assistant Attorney General Sanford M. Litvack has stated that:

> "If agreements between cartel members and U.S. companies are found to have impact on U.S. commerce and are believed to violate U.S. antitrust laws, the Division will take appropriate enforcement action."

I hope that the Antitrust Division will vigorously and aggressively press this investigation, including a strong effort to locate additional cartel documents that may be in the U.S. The continued existence and operation of cartels such as the I.E.A. violates all principles of free trade, is clearly unfair and discriminatory to U.S. manufacturers and, in the final analysis, is an affront to our very sovereignty.

Through its investigation of the activities of an international uranium cartel in 1976 and 1977, the Subcommittee is well aware that laws covering commercial activities, and especially collusive marketing arrangements, in many other countries are significantly different from U.S. statutes. Consequently, the attempt to measure the activities of foreign firms operating outside of the U.S. by U.S. laws has drawn protests on the grounds that such comparisons infringe on the sovereignty of the nations where such firms are headquartered. It is equally true, however, that in the case of the I.E.A., its operations

Honorable Harley O. Staggers
Page Three
June 6, 1980

appear to significantly affect U.S. firms and therefore represent an infringement of U.S. sovereignty. It is important therefore that the Justice Department not confine its activities to a legal and technical review of the evidence before it, but actively enlist the cooperation of the Department of State so that this matter can be pursued through appropriate diplomatic channels. There is no intent here to interfere unnecessarily in the proper duties and responsibilities of the Executive branch. On the other hand, through its clear and longstanding jurisdiction over interstate and foreign commerce generally, the Subcommittee will, in cooperation with other relevant committees, vigorously exercise its oversight responsibilities in this matter if such action becomes necessary.

In addition to providing the Subcommittee with the information contained in this report, publication will insure the broadest possible dissemination. I call upon all corporations and individuals in this country who may have knowledge of or may have been impacted by the operations of the cartel to cooperate promptly and fully with the Justice Department. Moreover, it is my hope that the issuance of this report will warn governments and businesses in developing nations so that they may take appropriate precautions to prevent price gouging by the cartel.

Sincerely,

Bob Eckhardt
Chairman
Subcommittee on
Oversight and Investigations

EXECUTIVE SUMMARY

This report presents information on the activities and impact of the International Electrical Association (I.E.A.), an international cartel in heavy electrical equipment. The cartel comprises over 50 European and Japanese producers and covers sales in most of the markets of the non-Communist world outside the United States, Western Europe, and Japan. From the cartel's documents, it is seen that the I.E.A. covers almost $2 billion of sales annually of heavy electrical, including nuclear power, equipment.

I.E.A. members have signed agreements among themselves that stipulate, among other things, the terms of sale for heavy electrical equipment, mechanisms for arranging meetings in advance of tenders, guidelines for coming to price fixing agreements, and, in certain cases, procedures for allocating orders among members. Most agreements contain provisions by which successful tenderers compensate losers with cash payments, exchanges that amount to millions of dollars annually.

These cartel arrangements directly harm importing countries because of the onerous mark-up on cartelized sales as well as common policies among members restricting technology transfers to nonproducing countries. On the basis of data from one product section, it is estimated that successful collusive agreements may raise prices 15 to 25 percent above the competitive rate. If this rate held for all sales made under the I.E.A. agreements, the amount of overcharge on I.E.A. sales would range from $300 to $500 million per year, which ultimately would be reflected in the cost of electric power and all products dependent on electricity.

Collusion prior to bidding in export markets allows cartel members to gauge the expected degree of competition from non-members, mainly American firms, and adjust prices accordingly to win bids. These discriminatory practices jeopardize U.S. exports, aggravating the United States balance of trade and domestic unemployment problems. Moreover, there is reason to suspect a spillover effect of the I.E.A. into the United States markets, especially as European and Japanese firms initiate production in the United States. In fact, two agreements pertaining to the U.S. market were begun in the early 1970's. One of these has collusive potential.

This report contains an analysis of the cartel's activities and four appendixes of original documents, including cartel agreements, I.E.A. memoranda and correspondence, financial files, and a list of names that appear in the documents. In the analysis written by Drs. Barbara Epstein and Richard Newfarmer, the history of the cartel is traced back to its founding in 1930. Subsequent chapters discuss in detail the current operation of the cartel as brought to light in recently obtained I.E.A. documents. This includes current membership, organization, and the restrictive practices contained in the contractual agreements of the I.E.A.

June 1980